중국어
문법 · 작문
업그레이드

동양b📖ks

중국어
문법·작문
업그레이드

초판 6쇄 | 2014년 4월 20일

지은이 | 임유경
발행인 | 김태웅
총 괄 | 권혁주
기 획 | 조희준
편 집 | 최미진, 한지순, 연윤영, 가석빈
디자인 | 김민정
마케팅 | 서재욱, 김흥태, 정상석, 장영임,
        김귀찬, 왕성석, 김철영
제 작 | 현대순
관 리 | 김훈희, 이국희, 김승훈, 최국호

발행처 | 동양북스
등 록 | 제 10-806호(1993년 4월 3일)
주 소 | 서울시 마포구 동교로 22길 12 (121-842)
전 화 | (02)337-1737
팩 스 | (02)334-6624
웹사이트 | http://www.dongyangbooks.com
          http://www.dongyangTV.com

ISBN 978-89-8300-304-1 03720

중국어

문법 · 작문
업그레이드

임유경 저

동양b🔖ks

필자는 지금까지 중국어 문법을 수년간 강의해오며 이런 저런 교재를 써 왔다. 그리고 과연 문법을 배움으로써 학생들에게 얼마나 도움이 되나 싶은 생각과 어떻게 하면 문법을 이해함으로써 중국어를 더욱 자유롭게 구사할 수 있을까하는 고민도 많이 해 왔다. 또 중국어는 문법이 없다는 말을 종종 듣게 되는데 왜 이런 말이 생겼을까라는 고민도 많이 해 봤다. 중국에 다녀온 후에야 이런 것들이 좀 이해되기 시작했다. 베이징에 가 본 사람이면 다 알겠지만 베이징의 시내 교통 질서는 한 마디로 무질서의 혼돈덩어리다. 하지만 좀 지나다보면 그 무질서의 혼돈덩어리 속에 오히려 질서를 갖고 있고 마치 약속이라도 했듯이 서로 지키며 우리도 어느새 그 속에 그들과 더불어 움직이게 된다는 것을 알게 된다. 이것이 바로 중국어의 언어 질서와도 같은 것 아닐까 싶다. 얼핏 보기에 혼돈덩어리 같지만 몸을 그 속에 담그면 우리도 같이 움직이게 되는 것이다.

언어는 사람이 사용하는 것이어서 수많은 내적, 외적 요인들이 같은 汉语라는 언어 시스템 안에서 서로 영향을 주고받고 서로 제약한다. 언어는 또한 자아 조절 기능을 갖춘 살아 있는 시스템이다. 문법은 다들 지키는 언어 습관이기 때문에 특별한 원인 없이 갑자기 변하지 않는다.

중국어는 문법 형식보다는 语义가 더 중요시하기 때문에 필요에 따라 새로운 단어, 문형이 생성되어 왔다. 이런 과정에서 "汉语"의 기본 틀에 벗어나는 표현도 생겨났다. 그렇지만 나무에 잔가지가 많이 붙었다고 해서 그 나무의 줄기가 변하지 않듯이 汉语는 두드러진 특징과 규칙이 있고, 이것이 바로 우리가 배우게 될 중국어 문법이다. 문법이란 말이 얘기해주 듯이 '법'은 지켜야 하는 것이며, 그래야만 의사 소통이 가능해진다는 것이다.

외국인이 문법 현상을 이해하고 마스터하기란 쉬운 일이 아니다. 문법은 인위적으로 만든 추상적인 것이기 때문에 문법을 배우려면 먼저 문법의 틀부터 한번 그려보라고 권하고 싶다. 문법의 틀은 문법의 체계라고 생각해도 좋다. 독자 여러분은 먼저 이 책의 목차를 참조하면서 중국어 문법의 총체적인 그림을 머리 속에 그려보기 바란다. 이것은 마치 집을 짓는 작업과도 같다.

먼저 중국어 문법의 특징부터 시작하자. 중국어 단어의 구사법, 단어결합, 문장 유형 등이다. 이것이 기초 공사와도 같은 작업이다. 수많은 단어들이 어떻게 만들어지는지, 단어와 단어는 또 어떻게 결합하는지, 문장의 유형에는 뭐가 있는지 등 문법의 기본적인 부분을 먼저 알아야 한다.

기초 공사가 끝나면 1층집을 짓기 시작한다. 이것이 제2장의 내용에 해당한다. 단어의 유형을 범주로 모아 놓고 관련된 문형과 결합하여 진행한다. 예를 들어 첫 번째 방은 동사라는 방이다. 동사, 일반 동사 술어문, 동사의 중첩 그리고 동사 "是"로 구성된 "是字句"으로 내용을 채운다. 각 과의 학습 내용에 예문을 먼저 제시하고, 해설은 뒤에 했다. 또한 혼동하기 쉬운 부분에도 비교 분석을 통해서 정리했다. 틀린 문장을 분석함으로써 학생들이 실제 작문을 하는데에 도움을 주려고 했고 각 과 뒤의 연습문제를 통해서 이해도를 점검하여 실력을 쌓아갈 수 있도록 꾸몄다. 첫 번째 방을 다 채우면 두 번째 방으로 이동한다. 두 번째 방에서 동사 "有"로 구성된 동사술어문인 "有字句", "有"자의 활용법, 동사 "在"로 구성된 "有字句", 그리고 존재를 나타내는 "有", "在", "是"도 비교해 본다. 물론 잘못 쓰는 문장 길들이기와 연습문제로 마무리 한다. 이어서 조동사방, 형용사방, 수사방....이렇게 계속해서 1층의 16개 방을 채워나간다. 1층 방을 다 지으면 2층으로 올라간다. 이것은 제3장, 중국어의 문장성분에 해당한다. 2층에는 모두 5개 방이 있다. 3층에서는 마땅히 들어갈 자리가 없는 특수문형들을 배치한다. 그리고 마지막 4층에는 여태까지 배우는 문장을 기초로 해서 좀 복잡한 복합문을 연습하는 단계에 다다르는 것이다.

이렇게 먼저 중국어 문법의 총체적인 그림을 머리 속에 그리고, 어디에 뭐가 있고, 이것은 어디에 집어 넣어야 되고, 이 방에는 무엇을 더 채워야 되고, 그리고 내가 지금은 어디에 있는지를 알아야 한다. 그렇지 않으면 난데없이 어기조사니, 방향보어니, 동사술어문이니 하는 파편적인 토막만 어수선하게 쌓일 수도 있다. 물론 어느 문법 체계이든지 간에 모든 문법 현상을 다 망라하여 설명하기 어렵다. 문법의 체계를 어떻게 잡고, 내용을 취사선택하는 과정에서 필자는 다년간의 강의 경험을 바탕으로 하여 많이 고심했다. 이 책을 공부할 때 먼저 필자가 그리는 틀을 가지고 한 번 문법 정리를 해 보고, 그 다음에 요령이 생기면 다시 마음대로 리모델링해도 좋을 것이다.

문법을 하다 보면 그 문장에 주어가 어떻고, 술어가 어떻고, 보어가 어떻다는 설명이 나온다. 물론 문법의 기본 술어도 알아야 되지만, 문법은 문법의 술어를 암기하는 것이 아니라, 스스로 느껴야 하는 것이다. 먼저 문장의 정확한 의미를 파악하고 어감을 느끼면서 예문을 많이 암송해야 한다. 많은 예문을 암기하고 반복해서 연습하다 보면 자연스럽게 문법체계가 머리 속에 그려지게 되고, 말할 때나 글을 지을 때 저절로 머리 속에 그려진 틀에 맞추게 된다. 외국어는 문법만 안다고 해서 되는 것이 아니다. 낱말이 가진 각각의 의미와 문장이나 대화의 전후 문맥뿐만 아니라, 그 언어를 사용하는 민족의 역사와 문화, 사회적 배경도 알아야 한다. 그리고 문법이 만능해결사도 아니다. 문장을 하다보면 문법적으로 설명하기 힘든 예문이 등장하기도 한다. 중국인들도 나름대로의 언어습관이 있으니, 그들이 쓰는 말을 그대로 익히고 배우는 것도 중요하다. 때로는 문법을 따지면 더 복잡해지는 경우도 있다.

중국은 1919년 五四운동이 白话文운동을 일으키기 전에 문장은 文言文으로 작성했다. 白话文과 文言文의 차이는 매우 크다. 이 책에서는 중국어의 이런 특색을 감안하면서 白话文의 최고 취지인 我手写我口 (내 손은 내 입을 쓴다, 구어체를 최대한 반영함)에 입각하여 예문과 연습문제를 작성했다. 문법 내용을 이해하고 예문과 낱말 하나 하나의 뜻을 정확히 파악하고 암기하여 연습문제를 풀면서 자신의 중국어실력을 쌓아가는 방법으로 중국어 문법을 학습하기를 권한다.

저자는 학생과 맞대고 강의를 하듯이 이 책을 집필했다. 이 책을 집필하는 과정에서 국내외에 이미 출판된 여러 중국어 문법 관련 서적들의 도움을 많이 얻었다는 점을 밝히며 그 저자와 역자분들께 감사를 드린다. 그리고 특히, 이 책이 완성되기 까지 동덕여대 중국어학과의 학생들에게 빚을 많이 졌다. 이들이 초고를 일일이 읽어주고 함께 토론하는 과정에서 필자는 책을 저술하는 데에 필요한 많은 도움을 얻었다. 한국어는 필자에게 모국어가 아닌 외국어이기 때문에 한국어로 문법을 설명하는 것은 굉장히 어려운 작업이었다. 그럼에도 불구하고 필자가 용기를 내어 이 책을 소개하게 된 것은 여러 해에 걸친 문법 강의 경험을 더 많은 학습자와 공유하고 싶은 바람에서이다. 부족한 부분에 대해 아낌없이 많은 의견을 주시기를 바라며, 이는 차후 개정판을 통하여 보완할 것을 약속한다.

2003년 1월 同德 崇仁館 연구실에서 임유경 씀

*목차

머 리 말

제 3 장 중국어의 문장 성분

제 4 장 몇 가지 특수문형

제 5 장 문장의 분류

중국어문법 개론

1

1 汉语语法概述

一 중국어 문법의 특징

　　다민족으로 구성되어 있는 중국은 언어의 종류 또한 매우 복잡하다. 그 중에서 가장 광범위한 부분을 차지하고 있는 것이 바로 **汉族**이 사용하는 **汉语**이다. **汉族**은 중국대륙 인구의 90%이상이나 차지하고 있어 이들이 사용하는 **汉语**를 중국어라고 할 수 있다.

　　중국어는 다시 크게 9가지의 **方言**으로 나누어지는데 **中华民国**이 성립되면서부터 전국적인 **国语统一运动**이 추진되어 1923년에는 **北京语**가 표준어로 확정되었다. 중국어는 대륙에서는 **普通话, 汉语**라고 부르며, 대만에서는 **国语**라 한다. 또 미국과 싱가포르 등지에선 **华语**라고 부르고, 한국이나 일본에서는 **中国语**라고 부른다. 중국어의 문법적 특징은 다음과 같이 설명될 수 있다.

1. 중국어의 가장 대표적인 특징이라면 단어가 다른 단어와의 연관관계로 인해 그 모양이 변화를 일으키는 일은 없다는 것이다. 예를 들어 한국어의 경우, '가다'라는 단어는 문장의 문맥에 따라 '간다', '갑니다', '갔다' 등 여러 형태로 변화하지만 중국어 단어는 이와 같은 형태의 변화가 없으며 언제나 "去"라는 한 글자가 그대로 사용된다.

2. 중국어는 단어 형태의 변화가 없기 때문에 어순이 매우 중요한 역할을 한다. 예를 들어 "**小华爱妈妈**"의 "**小华**"는 주어이고 "**妈妈爱小华**"의 "**小华**"는 목적어가 된다. 또 "**他的习惯没有完全改**。"(그의 버릇은 완전히 고쳐지지는 않았다)는 부분부정이고 "**他的习惯完全没有改**。" (그의 버릇은 전혀 고쳐지지 않았다)는 전체부정의 뜻을 나타낸다.

3. 중국어는 단어의 형태 변화는 없지만 허사※의 사용이 다양하고 사용 빈도도 높다. 중국어는 어순과 허사가 뜻을 전달하는데 중요한 역할을 한다. 예를 들어 "**他在写一本书**。" (그는 책 한 권을 쓰고 있다)에서 "**在**"는 부사로서 현재 진행을 의미한다. 하지만 "**他写了一本书**。"(그는 책 한 권을 썼다)에서는 "**了**"가 조사로서 현재 완성을 의미한다. 또 "**他曾写了一本书**。"(그는 한때 책 한 권을 썼다) 부사인 "**曾**", 조사 "**了**"는 과거 완성을 표시하고 "**他写一本书来着**。"(그는 책 한 권을 쓰고 있었다)에서 조사 "**来着**"는 과거 진행을 표시한다.

4. 중국어 단어의 구사법(**构词法**)은 주로 다섯 가지 구조관계, 즉 주술관계, 동빈관계, 수식관계, 보충관계, 연합관계로 이루어진다. 중국어에 있어서 이 다섯 가지 구조관계는 단어

의 구성뿐만 아니라 단어와 단어가 결합하여 문장을 구성하는 데 있어서도 똑같이 적용되므로, 이 다섯 가지 구조관계를 정확히 파악하는 일은 매우 중요하다.

5. 중국어의 또 하나의 특징은 양사가 매우 풍부하다는 점이다. 원래 중국어의 단어 구성은 단음절이 우세였는데, 제한된 음운으로 수많은 개념을 표현하는 데 있어 부득이하게 많은 동음어가 생성되었다. 그리고 다량의 동음어로 인해 의사소통에 있어서 효율성이 떨어지게 되자 자연적으로 양사가 발달하게 되었다. 중국어의 양사는 일반적으로 사물에 따라 고정적으로 사용되어 사물에 따라 양사도 달라진다. 이렇듯 사물과 특징적인 관계를 가진 양사가 결합되면 청각적으로 의미 구분에 있어 효율성이 증가하게 된다.

二 중국어 문법의 단위

중국어의 문법 단위는 어소, 단어, 단어결합, 문장을 포함한다. 최소의 문법 단위는 어소이며 어소는 단어를 구성하고 단어는 단어결합을 구성하며 단어결합은 문장을 구성한다. 먼저 어소부터 살펴보자.

1. 어소

어소는 일정한 소리와 뜻을 지닌 단어를 구성하는 최소 단위이다. 예를 들어 "桌", "子", "喜", "欢", "民", "玻璃" 등은 모두 소리와 의미를 지니고 있으며 더 작은 단위로 나눌 수 없는 것이므로 모두 어소라 한다. "玻璃"와 같은 이음절 어소는 만약에 다시 "玻"와 "璃"로 분할한다면 본래의 뜻과 관련된 어떤 의미도 가지지 못하므로 어소가 되지 못한다.

하나의 어소는 적어도 하나의 의미를 포함한다. 예를 들어 "桌"은 비록 단독으로 말할 수 없으나, 그것은 '탁자'의 의미를 가지고 있음을 알게 된다. "子"는 단독으로 쓰일 수 없고, "子"가 다른 어소의 뒤에 놓일 때 일종의 '사물'을 나타내는데, 예를 들어 "桌子", "椅子", "孩子" 등이 있다.

중국어의 어소는 대다수가 단음절이며 일부는 이음절 이상이다. 어소는 다른 어소와 결합하여 단어를 이루고, 어떤 어소는 그 자체로서 단어가 되기도 한다. 예를 들면 "白", "火",

11

"车", "菜" 등이며 이것들이 독립적으로 쓰일 때는 단어이며 다른 어소와 결합하여 "白菜", "菜单", "车辆", "火车" 등의 단어를 구성할 때는 어소가 된다. 독립적으로 단어를 이루지 못하는 어소는 영원히 어소이다.

2. 단어

단어는 단독으로 말할 수 있거나 문장 안에 들어갈 수 있는 최소의 언어단위이다. 단어와 어소는 다 뜻을 지니지만 단어가 지니는 뜻은 어소에 비해 비교적 명확하여 고정적이다. 예를 들어 "经济"의 의미는 명확한데 비해 어소인 "经"과 "济"의 의미는 그다지 명확하지 않다. 단어를 분할하면 다른 단어가 되어 버리거나 단독으로 사용할 수 없게 된다. 예를 들어 "学习"를 분할하면 "学"를 단독으로 사용할 수 있지만 "习"은 단독으로 사용할 수 없게 된다. 또 "开关"(스위치)을 분할하면 각각 두 개의 동사인 "开"와 "关"으로 된다. 어떤 때에는 하나의 언어 단위가 어소인지, 아니면 단어인지를 확정하기가 어렵다. 그러나 이러한 구분상의 어려움은 중국어를 실제 사용하는데 있어 큰 영향을 주지 않으므로 더 이상 거론하지 않겠다.

앞에서 언급한 바와 같이 고대 중국어에서는 단음절 단어들이 우세했다. 하지만 현대 중국어에는 두 개의 음으로 된 이음절 단어가 가장 많아 전체 어휘 중 약 70%이상을 차지하는 것으로 보고되고 있다. 이것은 역사와 문명의 발전에 따라 등장하는 대량의 새로운 개념들을 나타내야 할 필요성에 부응해서 생기는 현상이라고 볼 수 있다.

1. 중국어 단어의 구사법

중국어의 단어는 구조상 단순어와 합성어 두 가지로 나눌 수 있다.

(1) 단순어

하나의 어소로 구성된 단어를 단순어라 한다. 단순어는 단음절일 수 있으며, 이음절일 수도 있고, 삼음절 이상인 것도 있다.

단순어 중 일부분, 특히 삼음절 이상의 것은 중국이 기타 민족과 교류하는 과정에서 그 민족의 언어에서 일부 어휘를 음역하여 생성된 것이다. 예를 들면 "葡萄", "石榴"는 고대 서역어에서 빌려온 음역 어소이며, "罗汉", "菩萨", "塔"은 인도 불교의 범어에서 빌어온 것이고, "胡同", "磨菇", "站"은 몽골어에서 빌려온 것이며, "沙发", "咖啡", "白兰地", "歇斯底里", "奥林匹克", "阿尔及利亚" 등은 영어에서 빌어온 것이다.

(2) 합성어

합성어는 두 개 이상의 어소로 구성된 것이다. 중국어의 합성어는 아래의 두 가지 방법으로 구성된다.

1) 복합식 : 두 개나 두 개 이상의 어소가 결합하여 구성된 것이다. 어소 사이의 관계
　　　　　에서 볼 때 다음과 같은 몇 가지 구성 방식이 있다.

　① 연합형 : 의미가 서로 유사하거나 반대되는 두 개의 어소가 병렬 조합되어 이루
　　　　어진다. 윗줄의 단어는 뜻이 같거나 유사한 어소로 구성된다. 아랫줄의 단어는
　　　　뜻이 서로 상반되거나 대립되는 어소들로 구성된다.

　　　思想　　城市　　帮助　　声音　　停止　　朋友　　删除
　　　呼吸　　反正　　得失　　来往　　安危　　动静　　大小

　② 수식형 : 앞의 어소가 뒤의 어소를 수식하거나 제한하며 뒤의 어소가 주요한 의
　　　　미를 나타낸다.

　　　京剧　　密码　　网页　　火红　　新闻　　鸡蛋　　皮鞋

　③ 보충형 : 뒤의 어소가 앞의 어소를 보충 설명하여 앞의 어소가 주요한 의미를 나
　　　　타낸다. 윗줄의 단어는 뒤의 어소가 동작의 결과를 보충 설명한다. 아랫줄의 단
　　　　어는 뒤의 어소가 사물의 단위를 표시하여 준다.

　　　延长　　改进　　推翻　　提高　　充满　　改善　　降低
　　　人口　　书本　　车辆　　房间　　花朵　　马匹　　纸张

　④ 동빈형 : 앞의 어소는 동작이나 행위를 나타내고 뒤의 어소는 동작이나 행위
　　　　로부터 지배받거나 관련되는 사물을 나타낸다.

　　　举重　　签名　　握手　　关心　　毕业　　负责　　睡觉

　⑤ 주술형 : 앞의 어소는 진술되어지는 사물 즉 주어 부분을 나타내고 뒤의 어
　　　　소는 앞의 어소를 진술하는 내용 즉 술어 부분이 된다.

　　　胆小　　月亮　　头痛　　年轻　　地震　　眼红　　性急

2) 부가식 : 구체적인 어휘 의미를 나타내는 어소와 부가되는 의미를 나타내는 接头
　　　　　词나 接尾词로 구성된다.

　① 接头词 + 어소

　　　老 - 　老虎　　老鹰　　老师　　老鼠
　　　小 - 　小姐　　小孩　　小时　　小李
　　　可 - 　可爱　　可怕　　可笑　　可怜

　② 어소 + 接尾词

　　　- 子　桌子　　孩子　　胖子　　饺子
　　　- 者　作者　　记者　　学者　　读者
　　　- 头　石头　　木头　　甜头　　拳头
　　　- 家　专家　　画家　　亲家　　行家

이 밖에 또 약칭과 수사축약어가 있다

① 약칭 : 사물의 명칭이나 고유명사가 축약된 명칭이다.

大学一年级 → 大一

科学技术 → 科技

人民代表大会 → 人大

联合国安全理事会 → 安理会

② 수사축약어 : 숫자를 이용하여 몇 가지 공통된 성질을 지니고 있는 사물이나 행위를 함축한다.

通邮, 通商, 通航 → 三通

工业现代化, 农业现代化, 国防现代化, 科学技术现代化 → 四化

3. 단어결합

단어결합은 둘 이상의 단어가 일정한 규칙에 따라 결합되는 보다 큰 의미단위이다. 예를 들어 "今天的天气很好"의 "今天的天气"와 "很好"는 모두 단어 결합이다. 단어결합이 일정한 어조를 지니면 문장이 된다. 단어결합에서 단어와 단어는 일정한 관계와 구조 방식을 가지고 있는데 단어와 단어 사이의 관계에 근거하여 단어결합은 다음과 같이 다섯 가지의 유형으로 나눌 수 있다. 이 다섯 가지 구조 관계는 앞에서 언급한 단어의 구성뿐만 아니라 단어결합과 문장 내부의 구조 관계도 기본적으로 일치한다.

1. 연합구조

두 개 이상의 단어들이 동등한 자격으로 결합되는 것으로 각 부분은 병렬, 선택, 점진, 접속 등의 관계가 있다.

政治经济 (병렬관계)　　　我和你 (병렬관계)　　　这儿或那儿 (선택관계)

既聪明又伶俐 (점진관계)　　讨论并通过 (접속관계)

2. 수식구조

두 부분으로 이루어지며 앞부분은 뒷부분을 제한하거나 수식한다. 수식구조의 단어결합은 두 종류로 나눌 수 있다.

(1) 중심어가 명사인 경우

学习计划　　　我的衣服　　　一件衣服　　　好主意

(2) 중심어가 동사나 형용사인 경우

立刻答应	认真地工作	已经掌握
非常高兴	不难	相当正确

3. 보충구조

두 부분으로 이루어지며 앞부분은 동작이나 성질을 나타내고 뒷부분은 앞부분을 보충 설명한다.

学得好	看清楚	好极了	热闹得很
跑过去	看一遍		

4. 동빈구조※

동사와 목적어 두 부분으로 이루어지며, 앞부분은 동작이나 행동을 나타내고 뒷부분은 동작, 행위가 지배하거나 관련되는 대상을 가리킨다.

学习英语	订计划	做准备	是学生	当老师

5. 주술구조

두 부분으로 이루어지며 앞부분은 진술의 대상이고 뒷부분은 진술하는 내용이다.

身体健康	心情舒畅	今天星期天	明天春节	工作结束

일반적으로 단어결합은 한 단어를 다른 한 단어로 바꿀 수 있고 확장할 수도 있다. 그러나 중국어에는 특수한 단어결합이 있다. 이런 단어결합 안에는 다른 글자를 집어넣을 수 없고 다른 글자로 바꿀 수도 없다. 이런 단어결합은 거의가 고유명사, 전문용어와 성어로 예를 들면 "守株待兔(나무를 지키며 토끼를 기다리다; 요행만을 바라며, 융통성이 없다)", "东施笑颦(효빈, 남의 결점을 장점인 줄 알고 본뜬다, 맥락도 모르고 덩달아 흉내 내다)" 등이 있다.

4. 문장

문장은 단어나 단어결합이 일정한 문법 규칙에 따라 구성된 것이다. 문장은 하나의 완전한 의미를 나타낼 수 있고, 앞뒤에는 비교적 큰 휴지(休止)가 있으며 일정한 어조가 있는 언어 단위이다. 문장은 중국어로 "句子"라고 한다. 문장은 서로 다른 각도에서 여러 가지 문법적 특징에 근거하여 다음과 같이 분류할 수 있다.

1. 문장의 유형:

(1) 표현 기능에 따라서 문장을 진술문, 의문문, 명령문, 감탄문으로 나눌 수 있다.

1) 진술문 : 일을 서술하거나 사물에 대해 설명하고 묘사한다.

我出去一下。 나 잠깐 나갔다 올게요.

你是一个聪明的孩子。 너는 똑똑한 아이다.

2) 의문문 : 의문을 제기한다.

你是什么时候来汉城的? 당신은 서울에 언제 오셨어요?

明天是星期五吗? 내일은 금요일입니까?

3) 명령문 : 요구, 명령, 만류나 금지를 나타낸다.

别吵了! 그만 떠들어!

我们赶快回去吧! 우리 빨리 돌아가자.

4) 감탄문 : 감동하는 감정을 나타낸다.

这副画太美了! 이 그림은 너무 아름다워요!

唉! 这件事可不好办哪! 휴, 이 일은 처리하기가 정말 어렵구나!

(2) 구조에 따라 주술문과 비주술문으로 나뉜다.

1) 주술문 : 주어와 술어 두 부분으로 이루어진 문장을 주술문이라고 부른다. 주술문은 비교적 완전한 의미를 나타낸다.

新疆的哈密瓜很好吃。 신장의 하미과는 아주 맛있다.

这本书是去年出版的。 이 책은 작년에 출판된 것이다.

2) 비주술문 : 주어와 술어 두 부분으로 이루어 진 것이 아닌 문장을 비주술문이라 부른다.

下雨了。비 온다.

小心车子! 차 조심해!

多美的花呀! 얼마나 아름다운 꽃인가!

(3) 술어의 성질에 따라 명사술어문, 동사술어문, 형용사술어문, 주술술어문으로 나눌 수 있다.

1) 명사술어문 : 술어가 명사나 명사 단어결합으로 이루어진 문장이다.

今天圣诞节。오늘은 크리스마스이다.

我明年四十岁。난 내년이면 마흔 살이다.

2) 동사술어문 : 술어가 동사 혹은 동사 단어결합으로 구성되는 문장이다.

我们学习汉语。우리는 중국어를 배운다.

他有一件新衣服。그는 새 옷이 한 벌 있다.

3) 형용사술어문 : 술어가 형용사 혹은 형용사 단어결합으로 이루어진 문장이다.

这件衣服漂亮极了。이 옷은 너무 예쁘다.

雪岳山的枫叶红了。설악산의 단풍이 빨갛게 물들었다.

4) 주술술어문 : 술어가 주술 단어결합으로 이루어진 문장이다.

这件事我没听说过。이 일은 들어본 적이 없다.

那里物价很便宜。그곳은 물가가 매우 싸다.

⑷ 문장 구조가 복잡한지의 여부에 따라서 단순문과 복합문으로 나눌 수 있다.

1) 단순문 : 단지 하나의 주술 단어결합만 포함하고 간단한 뜻을 나타낸다.

你喜欢吃中国菜吗? 당신은 중국 음식을 좋아합니까?

我们今天才到。 우리는 오늘에야 도착했다.

2) 복합문 : 둘이나 둘 이상의 의미상 관련이 있는 단순문으로 이루어진 것이다.

除非你答应我的条件，我才告诉你。
당신이 내 조건에 응해야만 얘기해 주겠다.

你是上午来，还是下午来?
당신은 오전에 올 거예요, 아니면 오후에 올 거예요?

문장을 분류하는 목적은 문법 설명의 편의를 위해서이다. 첫 번째 예문인 **我出去一下**"의 경우, 표현기능에 따르면 진술문이고 구조에 따르면 주술문이고 술어의 성질에 따르면 동사술어문이며, 하나의 주술 단어결합만 포함하는 단순문이다.

※ 허사 : 중국어 단어 분류의 주된 근거는 어휘적 의미와 문법적 기능이다. 중국어의 단어는 어휘적 의미와 문법적 기능에 따라 크게 **实词**와 **虚词**로 나눠진다. 실사에는 비교적 구체적인 어휘 의미가 있으며 문장 성분으로 쓰일 수 있다. 실사는 명사(시간사, 처소사, 방위사 포함), 동사, 형용사, 수사, 양사, 대명사, 부사가 있다. 허사는 구체적인 어휘 의미가 없으며, 전치사, 접속사, 조사, 의성어, 감탄사가 이에 해당한다. 허사의 기본 역할은 문법 관계를 표시하는 것이며, 일정한 성조 없이 경성으로 읽는 경우가 많다.

※ 동빈구조 : 주술구조, 동빈구조라는 말이 나온 김에 잠깐 문장성분에 대해 언급하고 넘어가겠다. 중국어 문장은 하나의 단어나 단어 결합으로 이루어지기도 하나 대부분은 단어와 단어 결합을 결합하는 형태로 구성된다. 각각의 단어나 단어 결합은 문장 안에서 일정한 문법적 기능을 담당하고 있다. 이를 바로 문장성분이라고 한다. 중국어의 주요 문장 성분으로는 주어, 술어, 빈어(목적어), 한정어, 부사어, 보어가 있다. 문장 중 진술하고자 하는 부분은 주어 부분이고, 주어에 대하여 진술하는 부분은 술어 부분이다. 빈어(이하 '목적어'라 부른다)는 문장 중에서 동사의 지배를 받거나 동작과 관련된 '누구', '무엇' 혹은 '어디'의 성분이 된다. 한 문장 안에 모든 문장성분이 반드시 다 갖춰져야 되는 것은 아니다.

품사의 분류 2

2 汉城是韩国的首都

一 품사의 분류

품사란 어휘의 문법적 분류이다. 품사 분류의 목적은 단어의 특징과 그 용법을 논하고 단어결합과 문장의 구조를 설명하는 데 있다. 품사 분류의 주된 근거는 어휘적 의미와 문법적 기능이다.

어휘적 의미란 단어의 의미를 문법적 특성에 따라 개괄한 것을 가리킨다. 예를 들어 **拿**, **看**, **跑**, **学习**, **参加**, **整理** 등의 단어는 각각 구체적인 의미가 있으며, 공통적으로 동작, 행위를 나타내기 때문에 동사로 분류된다.

문법적 기능이란 결합 능력과 문장 성분이 되는 능력을 가리킨다.

단어의 결합 능력이란 한 부류의 단어가 다른 부류의 단어와 결합할 수 있는 특성을 말한다. 예를 들어 "**聪明**"과 "**智慧**"는 어휘적 의미로서는 품사분류가 곤란하다. 그러나 각각 결합 상황을 살펴보면 "**很聪明**", "**不聪明**"이라고 할 수 있으나 "**很智慧**"나 "**不智慧**"라고는 할 수 없다. 일반적으로 "**很**"이나 "**不**"의 수식을 받는 단어는 동사이거나 형용사이다. 그래서 "**聪明**" 과 "**智慧**"는 차이가 있음을 알 수 있다.

문장성분이 되는 능력이란 한 단어가 문장 속에서 담당하는 역할을 말한다. 일반적으로 주어나 목적어가 되는 단어는 주로 명사이고 술어가 되는 단어는 동사 혹은 형용사이며, 한정어가 되는 단어는 주로 명사 혹은 형용사이며 부사어가 되는 단어는 주로 부사이다.

중국어의 단어는 어휘적 의미와 문법적 기능에 따라 우선 **实词**와 **虚词**로 대별된다. 하지만 여기서 품사에 대해 한 가지 짚고 넘어가야 할 점이 있다. 즉 중국어는 품사의 분류가 불명확하고, 한 단어가 사용되는 환경에 따라 여러 품사로 분류되는 경우가 비일비재하다는 것이다.

1. 他父亲不在了。그의 부친은 작고하셨다.
2. 我妈妈在银行工作。우리 어머니는 은행에서 근무하신다.
3. 姐姐在做功课。누나는 숙제를 하고 있다.

동일한 단어인 "**在**"가 예문1에서는 동사, 예문2에서는 전치사, 예문3에서는 부사로 쓰였다.

㊁ 동사, 일반 동사술어문

1. 동사(动词)

동사는 사람 혹은 사물의 동작, 변화, 존재 등을 나타내는 단어이다. 동사는 다음과 같이 분류할 수 있다.

(1) 동작, 행위를 나타내는 것. 走, 说, 看, 休息, 学习, 讨论

(2) 존재, 변화를 나타내는 것. 在, 有, 存在, 消失, 扩大, 缩小

(3) 심리활동을 나타내는 것. 想, 爱, 恨, 希望, 害怕, 怀念

(4) 사역을 나타내는 것. 叫, 让, 请, 派, 命令, 禁止, 通知

(5) 가능, 당위, 의지, 능력 등을 나타내는 것(조동사나 능원동사라고도 함). 能, 会, 要, 应 该, 必须, 敢, 肯

(6) 방향을 나타내는 것. 来, 去, 上, 下, 进, 出, 上来, 上去, 下来, 回来, 回去

(7) 판단을 나타내는 것. 판단동사는 "是" 하나뿐이다.

일반 동사술어문

술어가 동사로 이루어진 문장을 동사술어문이라고 한다. 동사술어문의 술어는 주로 주어의 동작 또는 행위를 서술한다. 중국어는 한국어와 어순이 달라 목적어가 동사 뒤에 온다. 목적어의 형태에 따라 동사술어문을 일단 4종류로 나눌 수 있다.

1 我看。 나는 본다.

목적어가 없는 동사 술어문

他去。 그는 간다.

你听! 당신 들으세요.

2 我去办公室。 나는 사무실에 간다.

목적어가 하나인 동사 술어문

她听音乐。 그녀는 음악을 듣는다.

我认识他。 나는 그를 안다.

3 林老师教我们汉语。임 선생님은 우리에게 중국어를 가르쳐 주신다.

　　동사술어문에서 일부 동사는 목적어를 두 개 취할 수 있다. 이 때, 앞에 오는 목적어는 간접목적어(~에게)이고, 뒤에 오는 목적어는 직접목적어(~을/를)이다.

　　王老师送(给)我一本词典。왕 선생님은 나에게 사전 한 권을 주셨다.

　　我想问你一件事。나는 당신에게 한 가지 일을 물어보고 싶다.

　　刚才你交给他什么了? 방금 그에게 무엇을 건네주었니?

4 我希望你明年能来。나는 당신이 내년에 오실 수 있기를 바랍니다.

　　하나의 주술구를 목적어로 취할 수 있는 동사의 경우이다. 이런 동사들은 사고, 발언, 느낌을 나타내는 공통점이 있다. 说, 想, 怕, 忘, 认为, 相信, 觉得, 建议, 同意, 希望, 反对와 같은 것들이 있다.

　　我相信钱不是你偷的。나는 당신이 돈을 훔치지 않았다는 것을 믿어요.

　　我觉得他这么做不太妥当。
　　나는 그가 이렇게 한 것이 그다지 타당하지 않다고 생각한다.

三 동사의 중첩

1. 중국어의 일부 동사는 중첩할 수 있다. 중첩된 동사는 뒤의 음절을 경성으로 가볍게 발음한다.

단음절동사 →　　AA　　看看　　走走　　聊聊天

단음절 동사의 중첩은 그 사이에 "了", "一"를 첨가시킬 수 있다. 예를 들어 "看了看", "看一看"과 같다. "看一看"가운데의 "一"는 생략할 수 있기 때문에 "看一看"은 "看看"이라고 말할 수도 있으며 이는 아직 발생하지 않은 행위에 쓴다. "看了看"은 이미 발생한 행위에 쓰인다.

别站在外面, 进来坐(一)坐吧! 밖에 서 있지 말고 들어오세요.

他进屋来坐了坐, 喝了一杯水, 就走了。

그는 집에 들어와서 잠깐 앉아 있다가 물을 한 컵 마시고 바로 갔다.

쌍음절 동사 →　　ABAB　　练习练习　　休息休息　　研究研究

2. 동사 중첩후의 의미: 동사를 중첩할 경우 그 의미는 단독으로 사용된 경우와 기본적으로 같으나 시도, 짧은 시간의 동작, 열거를 나타내거나 혹은 어기를 부드럽게 해준다.

1. 시도를 나타낸다.

> 这道菜怎么样, 尝尝就知道了。이 반찬이 어떨지는 맛을 보면 알 것이다.

> 我试试。제가 해보겠습니다.

2. 동작이나 행위가 짧은 시간 지속됨을 나타낸다.

> 他想了想说 "还是你去吧!"
> 그는 잠깐 생각하고 나서 '아무래도 당신이 가는 것이 낫겠습니다'라고 얘기했다.

> 看看就给你, 不要你的。보고 금방 준다니까, 니 거 안 가져.

3. 열거하거나 예를 든다.

> 星期天我通常在家里看看电视, 听听音乐什么的。
> 일요일에 난 보통 집에서 텔레비전을 보고 음악을 듣는다.

> 办完事, 买买东西, 回去收拾收拾行李就可以走了。
> 일 끝내고 쇼핑 좀 하다가 집에 가서 짐을 챙기면 바로 떠날 수 있다.

4. 어감을 부드럽게 해준다. 이런 경우에 동사를 중첩하지 않으면 어감이 딱딱해지고, 명령의 느낌이 든다.

> 这本书有意思吗? 给我看看。이 책 재미있어요? 좀 보여 주세요.

> 我的钥匙不见了, 你帮我找找。내 열쇠가 없어졌어요. 좀 찾아 주세요.

5. 동태조사 "着"를 사용하여 "V着V着"의 형식으로 중첩하면 '～하다가 ～하다'의 뜻을 나타낸다.

> 他说着说着笑了。그는 얘기하다가 웃었다.

> 小孩听着听着睡着了。아이는 듣다가 잠이 들었다.

23

四 是字句

"是"는 주로 판단과 관점을 나타내는 판단 동사이다.

1. "A是B" 문형

1. 汉城是韩国的首都。 서울은 한국의 수도이다.

   "A是B"에서 동사 "是"는 A와 B를 같은 것으로 이어주고 'A는 B이다'라는 뜻을 나타낸다. "A是B"의 부정은 "A不是B"이다.

   《家》的作者是巴金。《집》의 저자는 빠진이다.

   老李是这里的负责人。 라오 리는 이곳의 책임자이다.

   我说的那个人不是他。 내가 말하는 사람은 그가 아니다.

2. 我来中国的目的是学习汉语，了解中国。
   내가 중국에 온 목적은 중국어를 배우고 중국을 알기 위해서이다.

   말하는 이의 인정, 판단, 해석, 이유설명을 나타낸다.

   他是老实人。 그는 착실한 사람이다.

   你这样说是根据什么? 너는 뭘 근거로 그렇게 말하니?

   我是来探亲，不是来游览。 나는 친척을 방문하러 온 거지 놀러 온 것이 아니다.

3. 邮局旁边是食堂。 우체국 옆은 식당이다.

   A가 장소나 방위사일 경우, "是"는 판단과 아울러 B의 존재를 표시한다.

   我家前面是海，后面是山。 우리집 앞쪽은 바다고 뒤쪽은 산이다.

   她身上、脸上都是泥。 그녀는 온 몸과 얼굴이 흙투성이다.

   学校的左边是银行，不是医院。 학교 왼쪽은 은행이지 병원이 아니다.

4. 这部电影不是韩国的，是日本的。
   이 영화는 한국 영화가 아니고 일본 영화이다.

   '~이 아니고 ~이다'라는 말은 중국어에서 "不是 ~，是~", 또는 "不是 ~而是~"를 이용해서 표현한다. 이와 유사한 표현으로 "不是 ~就是~"가 있지만, 이는 '~가 아니면, ~이다'라는 뜻으로 "不是 ~是~"와는 의미상 큰 차이가 있다. 세 가지 상황일 경우에는 "不是 ~就是~，要不然就是~"를 쓴다.

   我不是老师，是学生。 나는 선생님이 아니고 학생이다.

   他不是中国人，而是韩国人。 그는 중국사람이 아니고 한국사람이다.

这几天不是下雨，就是刮风。요 며칠은 비가 오지 않으면 바람이 분다.

星期天我不是在家睡觉，就是出去运动，要不然就是去买菜。

일요일에 난 집에서 자지 않으면 운동하러 나가고 아니면 장을 보러 나간다.

5. 你是韩国人吗？　당신은 한국사람입니까?

　　"是"를 사용하는 동사술어문은 "是 ~ 吗?", "是不是 ~ ?", "是 ~ 不是 ?"의 세 가지 형식을 이용해서 의문문으로 바꿀 수 있다.

这是你的书吗? / 这是不是你的书? / 这是你的书不是?

이것은 당신의 책입니까?

2. "是"의 활용법

1. A : 这个孩子真聪明。이 아이는 정말로 똑똑해요.
   B : 这个孩子是很聪明。이 아이는 정말로 똑똑해요.

　　일반적인 서술문에서는 동사나 형용사 앞에 "是"를 쓰지 않는데, 상대방의 말에 동의한다는 의미에서 "是"가 첨가되면 '확실히', '참으로'라는 의미를 나타내고, 강조의 느낌이 더해진다.

　　A : 这家商店的东西很贵。이 가게 물건은 비싸요.
　　B : 你说的对，这家商店的东西是很贵。맞아요. 이 가게 물건은 정말 비싸요.
　　A1 : 韩国的梨真好吃。한국의 배는 참 맛있다.
　　B1 : 韩国的梨是好吃。한국의 배는 정말로 맛있다.

2. 坐出租汽车方便是方便，就是贵了点。
   택시를 타면 편하긴 하지만, 좀 비싸다.

　　"是"의 전후에 같은 단어를 반복하면 '~긴 하나 ~'라는 뜻이며, 양보의 뜻을 나타낸다.

我去是去，可是不在那儿吃饭。

나는 가기는 가지만, 거기서 밥을 먹지는 않을 거예요.

这东西旧是旧，可是还能用。이 물건이 낡기는 낡았지만, 아직 쓸만하다.

3. 他这个人哪，是女人就想追。그는 말이야, 여자라면 사족을 못 써.

　　"是"는 명사 앞에 쓰여 '무릇'의 뜻을 지닌다.

是中国电影我都看过了。나는 중국영화는 다 봤어.

是水果我都喜欢。과일이면 나는 다 좋아해.

✱ 잘못 쓰는 문장 길들이기

틀린문장1 去年我是学生了。

　　"是"는 동사이지만 다른 동사와는 달리 뒤에 완료를 나타내는 "了", 동작의 진행이나 상태의 지속을 나타내는 "着", 경험을 나타내는 "过" 등의 동태조사를 덧붙일 수 없다. 만약에 과거에 '~이었다.'라는 표현을 하려면 과거를 나타내는 말인 "去年", "上星期" 등을 직접 써야한다. "我是学生了"라는 문장의 경우 "了"는 동작의 완료를 나타내는 뜻이 아니고 새로운 상황으로 변화되었음을 나타내는 어기조사이다. 즉 '이제 나는 학생이 되었다.'라는 의미가 되는 것이다. 따라서 '나는 작년에 학생이었다.'는 중국어로 다음과 같이 써야 한다.

去年我是学生。 나는 작년에 학생이었다.

틀린문장2 我不喜欢这儿，这儿是很冷。

틀린문장2-1 A : 这儿好冷。

　　　　　B : 可不是，这儿冷。

　　중국어 형용사는 영어 형용사와 달리 그 앞에 "是"를 쓰지 않는다. 그러나 강조를 위해 "是"를 써서 말할 수도 있다. 상대방의 말에 동의한다는 뜻에서 형용사 앞에 "是"를 써서 단호한 긍정이나 동의의 의미를 표시한다. 강세를 주어 읽어야 한다.

我不喜欢这儿，这儿很冷。 나는 이곳을 안 좋아한다. 이곳은 매우 춥다.

A : 这儿好冷。 여기는 아주 춥네요.
B : 可不是，这儿是冷。 누가 아니래요. 여기는 정말 추워요.

틀린문장3 请你帮忙帮忙吧!

　　"帮忙"은 '동빈구조'로 "帮"이 동사이고 "忙"은 목적어이다. 이런 동빈형의 동사를 중첩할 때에는 앞의 동사만 중첩한다. 자주 쓰는 동빈형 동사의 중첩은 다음과 같다. 洗澡 → 洗洗澡, 见面 → 见见面, 看书 → 看看书, 说话 → 说说话, 开玩笑 → 开开玩笑, 唱歌 → 唱唱歌, 跳舞 → 跳跳舞, 散步 → 散散步

请你帮帮忙吧! 좀 도와 주세요.

틀린문장4 刚才朴先生给我们介绍了介绍景福宫的历史。

　　"介绍"는 쌍음절의 동사인데, 쌍음절 동사의 중복은 "V了V"로 말하는 경우가 거의 없다. 따라서 동사 "介绍" 하나를 삭제해야 한다.

刚才朴先生给我们介绍了景福宫的历史。
조금 전에 박 선생님이 우리에게 경복궁의 역사를 소개해 주셨다.

틀린문장5 你等等我一下儿。

　　"等等"과 "一下儿"은 눌 다 짧은 시간을 뜻하여 한 문장에 쓰이면 같은 의미가 중복된다.

따라서 "等等"이나 "一下儿" 중 양자택일하면 된다.

你等等我。좀 기다려 주세요.

你等我一下儿。좀 기다려 주세요.

틀린문장6 **我忙得很，又要洗洗衣服，又要煮煮饭，累死了。**

　　아직 발생하지 않은 행위는 "V(一)V"의 중첩 형식을 사용하여 '~하기도 하다.'라는 의미
를 나타내며 말투를 부드럽게 하는 역할을 한다. 하지만 틀린문장 6은 **"我忙得很"**과 **"累死
了"**가 있음으로 스트레스가 쌓인 것을 알 수 있다. 따라서 동사를 중첩할 수 없다.

我忙得很，又要洗衣服，又要煮饭，累死了。
나는 너무 바빠, 빨래도 해야 되고, 밥도 해야 되고, 피곤해 죽겠다.

틀린문장7 **明天我有空，可以给你教了教英语。**

　　"可以"는 미래의 가능성을 나타내는 조동사인데 **"教了教"**는 동사 중첩형의 사이에 **"了"**
가 들어간 것으로 행위가 이미 발생했고 진행된 시간이 비교적 짧음을 나타낸다. 따라서
두 개가 같은 문장에 나오면 논리적으로 안 맞는다. 그러므로 동사 중첩형의 형식을 바꿔
야 한다.

明天我有空，可以教教你英语。
나는 내일 시간이 있어서 당신에게 영어를 가르칠 수 있다.

틀린문장8 **这里，人是到处。**

　　"是"가 문장에서 술어로 존재를 나타낼 때, 주어는 일반적으로 장소나 방위사여야 한다.

这里，到处是人。여기엔 온통 사람 천지다.

틀린문장9 **这顶帽子是不是你的吗?**

　　"是"를 사용하는 동사술어문의 의문문은 "是 ~ 吗?", "是不是 ~ ?", "是 ~ 不是?"의 세
가지 형식이 있다. "是不是 ~ ?" 혹은 "是 ~ 不是?"로 문제를 제기할 경우 문장 끝에 다시
의문어기조사 "吗"를 쓰면 안 된다.

这顶帽子是不是你的? 이 모자는 당신 것입니까?

틀린문장10 **我想看贵公司的新产品。**

　　이 문장은 눈에 띄는 오류는 없으나 어감이 다소 강하여 자칫 불쾌하게 받아들여질 수
도 있다. 그러므로 말투를 완화하기 위해 **"看"**을 **"看看"**으로 중첩시켜 어감을 부드럽게 하
는 것이 좋다.

我想看看贵公司的新产品。저는 귀사의 신상품을 좀 보고 싶습니다.

✳ 연습문제

— 다음을 중작하시오.

1. 그녀는 오지 않아요.

2. 나는 신문을 본다.

3. 그는 과일을 먹는다.

4. 선생님께서 나에게 질문을 하나 하셨다.

5. 그는 나에게 오천원을 거슬러 주었다.

6. 선생님께서 학생들에게 종이를 두 장씩 나눠 주셨다.

7. 나는 당신이 사과해야 한다고 생각한다.

8. 요즘은 비가 오지 않으면 흐리고, 그렇지 않으면 바람이 심하게 분다.

9. 나는 당신의 의견에 동의하지 않는다.

10. 그녀는 예전에 간호사였는데 지금은 의사가 되었다.

11. 아파트 앞쪽은 축구장이다.

12. 나는 가르치는 사람(教书)이다.

13. 잠깐 기다려 보세요. 생각 좀 해 보고요.

14. 나는 영화라면 다 좋아한다.

15. 그는 퇴직한 후에 매일 책도 보고, 음악도 듣고, 산책도 하고 , 매우 유쾌하게 보낸다.

二 다음 문장의 틀린 부분을 고치시오.

1. 一个宽阔的广场是火车站前。

2. 我没是老师，我是学生。

3. 那把伞是你的没是吗?

4. 他是你的朋友不是吗?

5. 鲸没是鱼类。

6. 这些书是都儿童读物。

7. 那个人是卖水果。

8. 过去，这个工厂是过我爸爸的。

9. 这个问题我们再研究一研究。

10. 他尝尝了菜说"真好吃。"

11. 我正在休息休息，他来了。

12. 学学骑自行车的时候，不要急。

13. 她一边哭哭，一边说说。

14. 你最好听听清楚了再回答。

15. 小王病了，我想去看了看他。

3 我有很多中国朋友

一 有字句

중국어에서는 '누가 무엇을 가지고 있다'라는 표현과 '어디에 무엇이 있다'라는 표현에 모두 동사 "有"를 사용한다. 이처럼 "有"가 술어로 쓰이는 문형을 "有字句"라고 하는데 주로 소유나 존재를 나타낸다. 그러면 어떤 경우에 소유의 의미로 쓰이고 어떤 경우에 존재의 의미로 쓰이는가? 이는 주어에 달려 있다. 주어가 생물이면 "有"는 소유를 나타내고, 주어가 무생물이면 "有"는 존재를 나타낸다.

1 **我有两张电影票。** 나는 영화표 두 장이 있다.

주어가 생물이니까, "有"는 소유를 나타낸다. "有"의 부정은 "没有"이다.

我有一个哥哥，一个弟弟。 나는 오빠 하나, 남동생 하나가 있다.

他有一个幸福的家庭。 그에게는 행복한 가정이 있다.

我没有钱，要去银行领钱。 나는 돈이 없기 때문에 은행에 가서 돈을 찾아야 한다.

2 **教室里一个学生也没有。** 교실 안에 학생이 하나도 없다.

주어가 무생물이면 "有"는 존재를 나타낸다. 존재를 나타낼 경우에는 처소사나 시간사가 주어로 쓰이는 것이므로 그 앞에 "在"를 덧붙일 필요 없이, 주어 뒤에 "有"를 써서 '~에 ~이 있다'라는 의미를 나타낸다.

这个位子有人坐吗? 이 자리에 사람 있어요?

唐朝有一个著名的诗人，叫李白。
당대에 유명한 시인이 있었는데, 이백이라고 합니다.

3 **最近他的汉语有了明显的进步。** 요즘 그의 중국어에 뚜렷한 발전이 있었다.

"有"는 다른 동사와 마찬가지로 동태조사 "了", "过"를 동반할 수 있다. "了"를 쓰면 '완료'를 나타나고, "过"를 동반하면 '일찌기 ~ 이 있었다'라는 의미가 된다.

近几年来，中国农村有了很大的变化。
요 몇 년 동안에 중국 농촌에 큰 변화가 생겼다.

他有过去中国留学的机会，可是他放弃了。
그는 중국에 유학 갈 기회가 있었지만 포기했다.

4 今年夏天我们有假期吗? 올 여름에 우리 휴가 있어요?

"有"가 술어로 쓰인 문장을 의문문으로 바꾸려면 "有 ~ 吗?", "有没有 ~ ?", "有 ~ 没有?"의 세 가지 형식을 이용한다.

한국에는 중국 음식점이 많이 있나요?
韩国有很多中国餐厅吗?
韩国有没有很多中国餐厅?
韩国有很多中国餐厅没有?

二 "有"자의 활용법

1 他很有钱。그는 돈이 많다

일반적으로 "有"앞에는 정도부사인 "很", "非常", "真", "太" 등을 쓸 수 없다. 다만 "有" 뒤에 추상명사가 있으면 그 앞에 "很", "非常", "真", "太" 등 정도부사를 쓸 수 있다. 이런 형식에 많이 쓰이는 추상명사로는 "意义", "意思", "兴趣", "进步", "学问", "知识", "研究", "钱" 등이 있다.

这个电脑游戏非常有意思。이 컴퓨터 게임은 아주 재미있다.
他对中国现代史很有研究。그는 중국 현대사에 대해 조예가 매우 깊다.
我对政治没有兴趣。나는 정치에 대해 관심이 없다.

2 有一天我不在家的时候，他来了。어느날 내가 집에 없을 때, 그가 왔다.

불특정한 사람, 사물, 날짜 등을 나타낼 때 "有"를 이용해서 표현한다. "总有一天"은 '언젠가'라는 의미가 된다.

有一次我才说她两句，她瞪了我一眼。
한 번은 내가 그녀에게 몇 마디 했더니 그녀가 나를 노려보았다.

刚才有人来找你。방금 어떤 사람이 와서 당신을 찾았다.

很久很久以前，有一个聪明的国王。옛날 옛적, 똑똑한 임금님이 한 분 있었다.

这种问题总有一天会解决的。이런 문제는 언젠가는 해결될 것이다.

总有一天你会明白的。너는 언젠가는 이해할 것이다.

3 我们有的时候吃饭，有的时候吃面。
우리는 어떤 때는 밥을 먹고, 어떤 때는 국수를 먹는다.

사람, 때, 장소를 나타내는 낱말 앞에 "有"가 쓰여 전체 중의 일부분을 가리킬 수 있다. 이것은 한 문장에 "有"를 두 번 이어 쓰면서 말하고자 하는 내용을 두 부분으로 나누어 '일부분은 어떠하고, 또 일부분은 어떠하다'라는 식으로 설명하는 방법이다. 세 가지 이상의 상황을 나열하거나 설명하고자 할 때는 "有的…, 有的…, 也有的…," 라고 하거나 "有的…, 有的…, 还有的~"라고 한다. "有的时候"는 '가끔'이라고 해석해도 된다.

有的学生用功，有的学生懒惰。어떤 학생은 부지런하고, 어떤 학생은 게으르다.

我有的时候坐公共汽车上班，有的时候开车上班。
나는 버스를 타고 출근할 때도 있고, 운전을 해서 출근할 때도 있다.

有的人喜欢梨，有的人喜欢柿子，也有的人喜欢苹果。
어떤 사람은 배를 좋아하고 어떤 사람은 감을 좋아하고, 또 어떤 사람은 사과를 좋아한다.

有的地方干燥，有的地方潮湿，还有的地方根本不下雨。
어떤 곳은 건조하고, 어떤 곳은 습도가 높으며 또 어떤 곳에는 비가 전혀 안 내린다.

她的病有的时候会发作。그녀는 가끔 병이 재발하곤 한다.

4 早就没有了。진작에 다 떨어졌어요.

어떤 물건을 다 써서 없다는 '~이 떨어졌다'라는 표현은 중국어로 "没有了"라고 한다. 여기서 "了"는 어떤 사건이 일어났거나 상황이 새로이 출현했음을 나타내는 어기조사 "了"이다.

没有了，没有了，都卖光了。이젠 없습니다. 없어요. 다 팔렸어요.

没有饭了。밥이 다 떨어졌다.

5 我有的是钱。 나는 돈이라면 얼마든지 있다.

'～이 얼마든지 있다.'라는 말은 "有的是"를 이용하여 표현한다. "有的是钱"은 '돈이라면 얼마든지 있다.'라는 의미로써, 이 때 "钱"을 "有的是"앞에 써서 "钱, 有的是"라고 해도 된다. "有的是"와 같은 의미로 "多的是"라는 표현도 있다.

这样的机会有的是。 이런 기회는 얼마든지 있다.

法文小说，我家里有的是。 불어 소설은 우리 집에 얼마든지 있다.

世界上这种人多的是。 세상에 이런 사람은 얼마든지 있다.

纸? 多的是啊。 종이요? 얼마든지 있습니다.

 在字句

1. "在"는 사람, 사물의 위치를 나타낸다.

1 小王在教室里。 샤오 왕은 교실에 있다.

'특정한', '이미 알고 있는' 것의 존재는 "在"를 사용하여 '명사 (사람 혹은 사물) + 在 + 처소사' 로 표현한다.

圆珠笔在抽屉里。 볼펜은 서랍 안에 있다.

学生食堂在宿舍东边。 학생식당은 기숙사 동쪽에 있다.

2 小王说今天下午他不在家。 샤오 왕은 오늘 오후 집에 없을 것이라고 말했다.

"在"의 부정은 "不在" 혹은 "没在"이다. 해당 물건의 위치가 불변적인 것이라면 "不在"를 쓰고, 해당 대상의 위치가 사람과 같은 움직일 수 있는 유동적인 것이라면 "没" 혹은 "不"를 상황에 따라 선택할 수 있다. 하지만 미래 존재의 뜻을 부정할 때 "不在"만 사용할 수 있다.

图书馆不在这儿，在那栋楼后边。 도서관은 여기에 없고, 저 건물 뒤쪽에 있다.

智英没在宿舍。(智英不在宿舍。) 지영이는 기숙사에 없었다.

明天下午我不在研究室。 내일 오후에 나는 연구실에 없다.

3 上个月我在上海，不在汉城。지난 달에 나는 상하이에 있었고 서울에 없었다.

"在"는 '~에 있다'라는 존재의 뜻만 표시하고 동작을 나타내는 것이 아니므로 "在" 뒤에 "了", "过"를 붙일 수 없다. "在"字句에 과거를 표시하고 싶으면 문장에 과거를 나타내는 시간사를 사용하면 된다.

昨天上午我在图书馆。어제 오전에 나는 도서관에 있었다.

他刚才还在这儿呢。그는 조금 전까지만 해도 여기에 있었는데.

2. 在字句의 처소사

1 妈妈在厨房。어머니는 부엌에 계신다.

车站, 学校, 图书馆, 饭店, 银行 등과 같은 장소 명사는 처소사가 된다.

他今天在学校，不在家。그는 오늘 학교에 있고 집에 없다.

餐厅在一楼。식당은 일층에 있다.

2 钱在口袋里。돈은 주머니 안에 있다.

사람이나 사물을 뜻하는 보통 명사는 장소를 표시하려면 방위사나 지시 대명사인 "这儿", "那儿" 등을 붙여 장소화시켜야 한다. 河边, 门前, 桌子上, 衣柜里, 我这儿, 妈妈那儿 등과 같은 것들이다.

词典在桌子上。사전은 책상 위에 있다.

信在妈妈那儿。편지는 엄마한테 있다.

小王的汉语书在我这儿。샤오 왕의 중국어 책은 나한테 있다.

3 宿舍在西边，图书馆在东边。기숙사는 서쪽에 있고 도서관은 동쪽에 있다.

합성 방위사는 처소사가 된다.

大门在南边。대문은 남쪽에 있다.

他们在前面。그들은 앞에 있다.

中文报都在上边，外文报都在下边。
중국어 신문은 모두 위쪽에 있고, 외국어 신문은 모두 아래에 있다.

사람이나 사물의 존재를 나타내는 "有", "在", "是"의 용법 비교

1. 有 : 장소 + 有 + 존재하는 것

前边儿有一条狗。 앞에 개가 한 마리 있다.

2. 在 : 존재하는 것 + 在 + 장소

我的狗在院子里。 내 개는 뜰에 있다.

3. 是 : 장소 + 是 + 존재하는 것

学校后边就是医院。 학교 뒤쪽은 바로 병원이다.

⑴ '장소 + **有** + 존재하는 것'의 문형에서 "**有**" 뒤의 존재물은 미지의 것이고 불특정의 것이어야 한다. 따라서 앞에 개 한 마리가 있다는 사실만 알지 무슨 개인지 누구의 개인지는 모를 경우에 "**前边有一条狗**"를 쓸 수 있다.

这儿有一本书。 여기에 책 한 권이 있다.

抽屉里有信封。 서랍 안에 편지봉투가 있다.

楼上有没有洗手间? 위층에 화장실이 있습니까?

⑵ '존재하는 것'이 문두에 오면 동사는 "**在**"를 쓰게 된다. "**在**" 앞의 대상은 이미 아는 것, 특정의 것이다.

你的书在这儿。 당신의 책은 여기에 있다.

全部文件都在柜里。 모든 서류는 다 캐비넷 안에 있다.

书包不在桌子上。 책가방은 책상 위에 없다.

⑶ '장소 + **是** + 존재하는 것'의 문형에서 "**是**"는 판단과 동시에 존재하는 사물을 제시한다. 따라서 "**桌子上是什么?** "는 질문자가 책상 위에 무언가가 있다는 것을 알고 있고, 그 물건이 무엇인지를 묻는 것이다.

桌子上是什么? 책상 위에 뭐예요?

书包里都是漫画书。 가방 안에는 모두 만화책 뿐이다.

✳ 잘못 쓰는 문장 길들이기

틀린문장 1 我现在时间没有。

　　"时间"은 목적어이므로 동사인 "没有" 뒤에 나와야 한다.

我现在没有时间。 나는 지금 시간이 없어요.

틀린문장 2 明天你有时间没有吗?

　　"有"가 술어로 쓰인 문장을 의문문으로 바꾸려면 "有 ~ 吗?", "有没有 ~ ?", "有 ~ 没有?"의 세 가지 형식이 있다. "有没有 ~ ?", "有 ~ 没有?"로 문제를 제기할 경우 문장 끝에 다시 의문어기조사 "吗"를 쓰면 안 된다.

明天你有时间吗? / 明天你有没有时间? / 明天你有时间没有?
내일 당신은 시간 있어요?

틀린문장 3 很多杂志在桌子上。

　　"很多"는 불특정 사물을 나타내는 말이므로 이 문장의 동사는 "有"로 고쳐야 한다. "有"로 존재를 나타내는 경우, 어순은 '장소 + 有 + 불특정 사물'이다.

桌子上有很多杂志。 책상 위에 잡지가 많이 있다.

틀린문장 4 桌子上有那本杂志。

　　"有"로 존재를 나타내는 경우 "有" 뒤에 나오는 사물은 불특정 사물이어야 한다. "那本杂志"는 특정한 사물이므로 "一本杂志"로 고쳐 불특정한 사물로 바꿔주어야 한다.

桌子上有一本杂志。 책상 위에 잡지 한 권이 있다.

틀린문장 5 那边儿没有食堂，这边儿有。

　　'~이 아니라 ~에 있다'라는 말은 "不在 ~，在 ~"로 표현한다.

食堂不在那边儿,在这边儿。 식당은 저쪽에 있지 않고 이쪽에 있다.

틀린문장 6 前边儿没有一条狗。

　　윗문장에서 개는 존재하지 않기 때문에 "一条"처럼 수량사를 쓸 수가 없다.

前边儿没有狗。 앞에 개가 없다.

前边儿一条狗也没有。 앞에는 개 한 마리도 없다.

틀린문장7 北京西郊有颐和园。

 '베이징 서쪽 교외에 이화원이 있다'는 문장은 중국어로 어떻게 표현할까? '서쪽 교외'는 "西郊"라면 되는데 만약에 "北京西郊有颐和园"라면 틀린 문장이 된다. 왜냐하면 "颐和园"은 고유명사이며, 특정한 장소이므로 "有" 뒤에 오지 못하고 "在" 앞에 와야 한다.

颐和园在北京西郊。 베이징 서쪽 교외에는 이화원이 있다.

北京西郊有一个公园叫颐和园。
베이징 서쪽 교외에 공원이 하나 있는데, 이화원이라고 한다.

틀린문장8 新年的时候有放假两天。

 "有"는 문장의 술어 동사의 앞에 쓸 수 없다.

新年的时候放假两天。 새해에는 이틀 쉰다.

新年的时候有两天假。 새해에는 휴가가 이틀 있다.

❋ 연습문제

一 문장의 뜻에 근거하여 A B C 중에 적당한 낱말을 골라서 빈칸을 채우시오.

A 是   B 在   C 有

1. 我（　）过这种教训，不会再傻了。

2. 他不（　）一个忘恩负义的人。

3. 你没（　）机会跟他说话了。

4. 妈妈没（　）客厅里。

5. 他非常（　）实力。

6. 他（　）学生代表团的团长。

7. 他可能正（　）飞往美国的飞机上。

8. 近来他的汉语水平很（　）进步。

9. 马路对面那栋房子就（　）我家。

10. 这座大楼（　）三十层。

二 다음을 중작하시오.

1. 이 영화는 아주 재미있다.

2. 우리들은 모두 형이 있다.

3. 나와 같이 구경 갈 시간 있어요?

4. 어떤 물건은 비싸고, 어떤 물건은 싸다.

5. 이런 포스터(海报)는 나한테 얼마든지 있어요.

6. 일주일은 칠일이다.

7. 학교 앞에는 우체국과 빵집이 있다.

8. 집 안에 사람이 없다.

9. 컴퓨터는 어디에 있어요?

10. 중앙우체국은 중국대사관 앞에 있다.

三 다음 문장의 틀린 부분을 고치시오.

1. 我没有一个中国朋友。

2. 我又有机会。

3. 晚上你有时间没有吗?

4. 这种书一般书店里不有卖的。

5. 今天有上课吗?

6. 教室里，一个学生也没。

7. 那家饭店就在河。

8. 信在爸爸。

9. 你怎么这么不有打算。

10. 明天下午我没在家。

4 我不敢吃香菜

一 조동사의 문법적 특징

조동사(助动词)는 능원동사(能愿动词)라고도 한다. 말 그대로 동사를 보조하거나 그 사람의 능력(能力)이나 바람(愿望) 등을 설명해주는 것이다. 조동사는 일반 동사 앞에 쓰여 희망, 당위, 가능, 필요, 허가 등을 나타내는 동사의 한 부류이다. 조동사는 동사의 한 부류이지만 동사와는 다른 문법적 특징을 가지고 있다. 예를 들어 조동사는 동사처럼 중첩할 수 없다. 하지만 뜻이 다른 조동사는 병렬하여 쓰일 수 있는데, 可能会, 应该要, 得要, 应当可以, 会肯 등과 같은 것들이 그러하다.

조동사는 수가 제한되어 있으나 의미는 다양하고 한 개의 조동사가 여러 개의 의미를 갖는다. 조동사의 부정은 보통 "不"를 사용하여 만든다. "没"로 부정할 수 있는 조동사는 "能", "敢" 등 소수이다. 조동사는 긍정과 부정을 병렬하여 의문문으로 만들 수 있다.

你能不能回答我的问题? 당신 내 질문에 대답할 수 있어요?

他肯不肯再等一会儿? 그는 좀 더 기다리려 하나요?

二 자주 쓰는 조동사의 용법

1. 要

1. 我要吃泡菜。나는 김치를 먹고 싶다.

"要"는 '~하고 싶다'라는 의미를 나타낸다. "不要"는 '~ 하지 않겠다'는 주관적인 의지를 나타낸다.

我不要吃饭，我要吃面。저 밥 안 먹고, 국수 먹을래요.

你要不要喝啤酒? 당신 맥주 마실래요?

2. **我要回家。** 나는 집에 돌아가야 한다.
   나는 집에 돌아가고 싶다.

"要"는 사실상의 요구를 나타내는 '~ 해야 한다'의 뜻도 지니고 있다. 따라서 "要回家"
는 '집에 돌아가고 싶다'라는 뜻 이외에 '집에 돌아가야 한다'라는 의미도 가지고 있다.
그래서 문장의 전후 문맥이나 앞뒤 대화 내용을 보고 상황에 따라 적절히 해석해야 한다.
' ~할 필요 없다'의 부정 형식은 "不要"가 아니라 "不用", "不必"이다.

回家以后，你要做作业。 너는 집에 돌아가서 숙제를 해야 한다.

衣服要洗干净。 옷은 깨끗이 빨아야 한다.

你明天不必(不用)这么早来。 당신은 내일 이렇게 일찍 올 필요가 없다.

这个问题不用(不必)回答。 이 문제에 대답할 필요는 없다.

3. **你不要开这种玩笑。** 당신, 이런 농담은 하지 마세요.

주어가 2인칭인 경우 "不要"는 '~하지 말라, ~해서는 안 된다'라는 금지의 의미를 나
타낸다. 이 때 "别"로 바꾸어 써도 된다.

你不要乱讲。 당신은 아무 말이나 해서는 안 된다.

你们不要吵。 너희들 떠들지 말아라.

2. 想

1. **我想睡个午觉。** 나는 낮잠 좀 자고 싶다.

바람을 나타내는 조동사는 "要" 이외에 또한 "想"이 있다. "要"는 어떤 일을 하려는 의
지를 나타내며 "想"은 희망과 계획을 나타내는데 어감은 "要"보다 약하다. "想"은 "要"와
함께 "想要"란 조동사로 쓰이기도 한다. "想"의 부정형은 "不想"이다.

毕业以后，你想要做什么? 졸업한 후에 당신은 무엇을 하고 싶어요?

我想喝汽水，不想喝可乐。
나는 사이다를 마시고 싶지, 콜라를 마시고 싶지는 않다.

41

3 得(děi)

1. 处理这件事，得斟酌当时的情况。
   이 일을 처리하기 위해 당시의 상황을 감안해야 한다.

   "得"는 사실상, 도의상, 의지상의 필요를 나타낸다. "必须"의 뜻을 지니고 있고 구어에 많이 쓰인다. 부정형은 "不用"이나 "不必"로 표시한다.

   家里有事，我得快点儿回去。 집에 일이 있어서 나는 빨리 돌아가야 해요.

   时候不早了，我得走了。 시간이 많이 늦었으니 난 가야 한다.

   你不用在三点以前回来。 당신은 3시전에 돌아올 필요 없다.

4. 该，应该

1. 时间不早了，我该走了。 시간이 늦어서 이제 가야겠다.

   동사 앞에 쓰여서 사실상, 도리상의 필요를 나타낸다.

   今天的事应该今天做完。 오늘 일은 오늘 마쳐야 한다.

   我该叫他什么呢？ 나는 그를 뭐라고 불러야 하나요?

5. 会

1. 他会说好几种外语。 그는 외국어를 여러 개 할 줄 안다.

   주로 학습과 훈련을 통해 어떤 행동을 할 줄 안다는 등의 능력을 나타낸다.

   我会开车。 나는 운전할 줄 안다.

   他不会玩扑克牌。 그는 트럼프를 할 줄 모른다.

2. 他很会下象棋。 그는 장기를 아주 잘 둔다.

   "很", "真", "最", "特别" 등의 정도부사와 어울려서 '어떤 일에 익숙하다', '~를 잘한다'라는 의미를 나타낸다.

   她非常会打扮。 그녀는 멋을 무척 잘 부린다.

   我妈妈最会包饺子了。 우리 어머니는 만두를 가장 잘 빚으신다.

3. 今天不会下雨。오늘은 비가 올 리 없다.

　　가능성 추측이나 필연을 나타낸다.

　　　　A : 他会来吗? 그가 올까?

　　　　B : 会来的，我和他约好了。올 거야. 내가 그 사람이랑 약속했거든.

　　你们的理想一定会实现的。당신들의 이상은 반드시 실현될 것이다.

6. 能，能够

1. 他能看英文报。그는 영자 신문을 읽을 수 있다.

　　'~할 수 있다'. 어떠한 내재적 능력을 갖추고 있음을 나타낸다.

　　大象能搬运东西。코끼리는 물건을 운반할 수 있다.

　　他一分钟能打两百个字。그는 1분에 2백자를 칠 수 있다.

2. 这儿能抽烟吗? 여기서 담배를 피워도 되나요?

　　'~해도 된다'. 객관적인 사정이나 조건상의 허락을 나타낸다.

　　我不能告诉你答案。난 당신에게 답을 얘기할 수 없다.

　　我能进去吗? 들어가도 되요?

3. 汽车一个小时能到机场。자동차는 한 시간 안에 공항에 닿을 수 있어요.

　　~할 것이다.(객관적 조건을 바탕으로 한다)

　　我明天能再来一趟。나는 내일 다시 한 번 올 수 있다.

　　从这儿到南大门市场十五分能到吗?
　　여기서부터 남대문 시장까지 15분만에 갈 수 있습니까?

7. 可以

1. 这儿可以定做西服吗?   여기서 양복을 맞출 수 있어요?

'~할 수 있다'. 동사의 객관적 가능성이나 능력을 나타낸다.

这个体育馆可以容纳两万人。이 체육관은 2만 명을 수용할 수 있다.

她既可以教数学，也可以教物理。
그녀는 수학도 가르칠 수 있고 물리도 가르칠 수 있다.

我可以翻译这篇文章。나는 이 글을 번역할 수 있다.

2. 妈妈，我可以出去玩儿吗?   엄마, 저 놀러 나가도 되요?

'~해도 된다'. 이치 상, 조건 상의 허가를 나타난다.

这儿不可以照相。여기서 사진을 찍으면 안 된다.

我可以问你一个问题吗?   질문 하나 해도 되요?

3. 这儿没有可以介绍的风景。이곳에는 소개할 만한 경치가 없다.

'~해 볼 만하다'. 뭔가를 할 가치가 있음을 표시한다.

东大门市场的东西又多又便宜，你可以去逛逛。
동대문 시장은 물건이 (종류도) 많고 값도 싸다. 당신이 가서 둘러볼 만하다.

你可以尝尝这家的烤肉，很不错。
이 집의 불고기는 먹을 만하다. 아주 맛있다.

会，能，可以의 용법 비교

1. '~할 수 있다'를 나타내는 会，能，可以

'나는 수영을 할 수 있다.'는 문장은 중국어로 "我会游泳", "我能游泳", "我可以游泳"이 있는데 이들은 그 의미에 있어 차이가 있다. 능원동사 "会"는 '할 줄 아는' 것을 나타내며, 이는 어떤 기술을 막 배워서 할 줄은 알지만 아직 잘 하지 못할 경우도 포함된다. 반면에 "能"과 "可以"는 배워서 훈련을 통해 아는 정도의 '기능'을 넘어서서 '능력화'된 것을 나타낸다. 다음의 예문을 비교해 보자.

> **他会游泳，他能游五百米。**
> 그는 수영을 할 줄 아는데, 500m를 수영할 수 있다.

> **我会打字，我一分钟可以打两百个字。**
> 나는 타자를 칠 줄 아는데, 나는 1분에 200자를 칠 수 있다.

2. "能"，"可以"의 같은점

두 가지 다 '객관적 조건 하에서 ~할 수 있다' 혹은 신체적 지능적 기능이 이미 능력화가 되어 '~을 할 수 있다'는 의미로 쓰인다. 따라서 만약에 수영을 할 줄 알지만 몸이 아파서 수영을 하지 못하는 경우는 "我不能游泳" 혹은 "我不可以游泳"이라고 말해야 한다. 또한 허가나 허락과 관련된 것도 주로 "可以"와 "能"을 사용한다. '담배 피워도 됩니까'는 "我可以抽烟吗?" 혹은 "我能抽烟吗?"라고 할 수 있다.

3. "能"，"可以"의 부정형

"不可以"는 '~하면 안 된다'라는 뜻으로 '허가의 부정'만을 가리키고, '가능성의 부정'을 가리키지는 않는다. 따라서 '나는 오늘 일찍 돌아올 수 있다.'는 말은 "我今天可以(能)早点儿回来"로 "能"과 "可以"를 모두 쓸 수 있지만 '나는 오늘 일찍 돌아올 수 없다.'는 말은 "我今天不能早点儿回来"라고만 할 수 있다.

8. 肯，敢，配

1. **不肯吃苦，怎么能赚钱呢?** 고생하려 하지 않으면 어떻게 돈을 벌 수 있겠어요?

무슨 일을 하기를 원하거나 기꺼이 하고자 함을 나타낸다.

> **只要你肯下苦功，就一定能学好汉语。**
> 고된 노력을 하려고 하기만 하면 반드시 중국어를 습득할 수 있어요.

> **他怎么也不肯说。** 그는 아무리 해도 말하려고 하지 않아요.

2. 没有人**敢**出来跟他讲。 아무도 감히 나서서 그에게 말하지 못한다.

어떤 일을 할 용기와 담력이 있음을 표시한다.

我不**敢**吃香菜。 나는 고수(미나리과 식물)를 먹을 용기가 없다.

你**敢**不**敢**一个人爬那座山? 당신 혼자서 그 산을 올라갈 용기가 있어요?

3. 你不**配**当老师。 당신은 선생님이 될 자격이 없다.

'~할 자격이 있음'을 가리킨다.

你**配**说这种话吗? 당신은 이런 말을 할 자격이 있어요?

你**配**得这个奖。 당신은 이 상을 받을 만한 자격이 있다.

9. 喜欢, 爱

1. 我**喜欢**打乒乓球。 나는 탁구 치는 것을 좋아한다.
2. 我**爱**喝啤酒。 나는 맥주를 즐겨 마신다.

1의 "**喜欢**"은 어떤 행동을 하기 좋아한다는 심리를 나타낸다. 2의 "**爱**"도 '~하기를 좋아한다'란 의미가 있는데 "**喜欢**"보다 어감이 더 강하다.

她**喜欢**说别人的坏话。 그녀는 남 흉보기를 좋아한다.

他**喜欢**穿深色衣服。 그는 진한 색 옷을 입기 좋아한다.

他不**爱**念书。 그는 공부를 좋아하지 않는다.

我非常**爱**吃中国菜，特别**爱**吃中国小吃。
나는 중국 요리를 아주 좋아하는데 중국 간식을 특히 좋아한다.

10. 打算，准备，计划

1. 你打算考哪个学校？ 당신은 어느 학교에 응시할 참인가요?
2. 这个周末你准备去哪儿玩？ 이번 주말에 당신 어디로 놀러갈 거예요?
3. 我计划在上海开一家韩国烤肉店。
   나는 상하이에서 한국 불고기집을 개업할 계획이다.

　　1의 "打算"은 '~할 예정이다, ~할 작정이다'라는 뜻을 나타내며 2의 "准备"도 마찬가지로 '~할 참이다, ~할 예정이다'라는 뜻을 나타낸다. 3의 "计划"는 말 그대로 '~할 계획이다'라는 뜻으로, 구체적인 예정을 말하는 것이다.

　　这次你打算待几天？ 이번에 당신은 며칠 동안 머물 예정입니까?

　　我准备考研究生。 나는 대학원 시험을 볼 것이다.

　　过年的时候，我计划去夏威夷姨妈家玩。
　　설 때 나는 하와이 이모 집으로 놀러갈 계획이다.

✱ 잘못 쓰는 문장 길들이기

틀린문장1 这件事，我应该告诉不告诉他?

틀린문장H1 这件事，我应该不应该告诉他吗?

　　'조동사 + 동사' 문형의 의문문은 동사로 정반의문문을 만든 것이 아니라 조동사로 정반의문문을 만들어야 한다. 조동사로 정반의문문으로 문제를 제기할 경우, 문미에 의문조사는 "呢"를 써야 한다. 한 문장에 의문사가 있으면 문미에 의문조사 "吗"를 사용하면 안 된다. 조동사의 정반형은 의문사에 해당됨으로 문미에 의문조사 "吗"를 사용할 수 없고 "呢"를 써야 한다. 또한 '조동사 + 동사'의 문장의 의문문은 문미에 의문조사 "吗"만 사용해도 된다.

这件事，我应该不应该告诉他?
这件事，我应该不应该告诉他呢?
这件事，我应该告诉他吗?
이 일을 내가 그에게 알려 줘야 하나요?

틀린문장2 学汉语最重要的是想跟中国人多说话。

　　"想"과 "要"는 다 바람을 나타내는 조동사이지만 '~하지 않으면 안 된다'라는 당위성을 나타내는 경우는 "要"를 써야 한다.

学汉语最重要的是要跟中国人多说话。
중국어를 배우는 데에 있어 가장 중요한 것은 중국인과 많이 말해야 한다는 것이다.

틀린문장3 天这么冷，不多穿点衣服可以感冒的。

　　조동사 "可以"와 "会"은 모두 가능성을 나타낸다. "可以"로 가능성을 나타낼 때, 일은 일어날 수도 안 일어날 수도 있고, 일의 결과는 주로 바람직한 것이다. 반면에 "会"로 가능성을 나타낼 경우는 일이 발생할 확률이 굉장히 높음을 나타낸다.

天这么冷，不多穿点衣服会感冒的。
날씨가 이렇게 추운데, 옷을 많이 입지 않으면 감기에 걸릴 것이다.

틀린문장4 他今天心情不好，你们不会跟他开玩笑。

　　"不会"는 일이 일어날 가능성을 부정하는 것이지 도리상 합당하지 못함을 나타내는 것은 아니다. 도리상 합당하지 못함을 나타낼 때 조동사는 "不应该"를 써야 한다.

他今天心情不好，你们不应该跟他开玩笑。
그 사람 오늘 기분이 안 좋으니까 당신들은 그에게 농담 걸면 안돼요.

틀린문장5 **我对烹调一窍不通，只会方便面，蛋。**

조동사 "会" 다음에 올 수 있는 명사는 스포츠, 언어, 기능 등의 배울 수 있는 것에 한한다. "方便面", "蛋"은 배울 수 있는 기능이 아니므로 바로 "会" 뒤에 올 수는 없고 적절한 동사와 함께 와야 한다.

我对烹调一窍不通，只会煮方便面，煎蛋。
나는 요리를 전혀 할 줄 몰라요. 단지 라면과 계란 부침만 할 줄 알아요.

틀린문장6 **回国以后一直很忙，不能写信给你，很抱歉。**

귀국한 후에 계속 바빠서 편지를 쓰지 못했다는 과거에 하지 못한 일에 대해 사과하는 내용이다. 과거에 '~을 하지 못했다'는 표현의 경우 "没能"을 써야 한다.

回国以后一直很忙，没能写信给你，很抱歉。
귀국한 후에 계속 바빠서 당신에게 편지를 쓸 수 없었습니다. 정말 죄송합니다.

틀린문장7 **今天晚上我们打算要吃馆子。**

"打算"과 "要"는 둘 다 '~하려고 한다'는 의지를 나타내는 조동사이므로 그 중의 하나만 쓰면 된다.

今天晚上我们要吃馆子。 오늘 저녁에 우리는 외식을 하려고 합니다.

틀린문장8 **你可以睡床，也能睡地板。**

객관적인 사정이나 조건 때문에 허락할 때는 주로 "可以"를 사용하지만 "能"도 가능하다. 따라서 '어떻게 하든 상관없다'는 말은 "可以~ 也可以~"이나 "能~ 也能~"처럼 앞, 뒤에 같은 조동사로 표현하면 문장이 더 세련되어진다. 혹은 "~也行，~也行"이란 문형으로 표현해도 된다.

你可以睡床，也可以睡地板。 당신은 침대에서 자도 되고 방바닥에 누워 자도 된다.

你能睡床，也能睡地板。 당신은 침대에서 자도 되고 방바닥에 누워 자도 된다.

你睡床也行，睡地板也行。 당신은 침대에서 자도 되고 방바닥에 누워 자도 된다.

✳ 연습문제

— 다음을 중작하시오.

1. 당신은 돈을 지불할 필요가 없습니다. 내가 이미 지불했어요.

2. 그는 취했으니, 그에게 술을 주지 마라.

3. 샤오 왕, 나는 당신과 이야기 좀 하고 싶어요.

4. 우리는 선물을 좀 준비해야 해요.

5. 그는 아이를 참 잘 돌본다.

6. 당신은 부모님께 자주 편지 써야 해요. 그렇지 않으면 (부모님은) 마음놓지 못할 거예요.

7. 사과가 익으면 자연히 떨어질 것이다.

8. 여왕벌은 삼 년을 살 수 있으나, 일벌은 길어야 6개월 살 수 있다.

9. 이 빈 병들은 재활용할 수 있다.

10. 김치로는 국을 끓일 수도 있고, 밥을 볶을 수도 있고, 그걸로 만두도 빚을 수 있다.

11. 당신 내일 다시 한 번 올 수 있어요?

12. 나는 내일 비가 절대 안 올 거라고 확신하다.

13. 나는 골프치는 것을 좋아한다.

14. 공공장소에서는 담배를 피우면 안 됩니다.

15. 나는 대한항공으로 가기로 결정했다.

二 다음 문장의 틀린 부분을 고치시오.

1. 月底我就行回到学校。

2. 一个好演员既会跳得好，又会唱得好。

3. 我喜欢说汉语，但是我只说一点儿。

4. 他明天会不会来吗？

5. 你拉开灯，就会看书了。

6. 太晚了，不会他来了。

7. 小丽，我用你的自行车吗？

8. 我敢相信你的话。

9. 我最担心孩子会生病了。

10. 公司决定要派我去中国。

11. 这个箱子应该两个人才能抬走。

12. 旧的杂志可以能借吗？

13. 你能去不去参观？

14. 你把你的学习方法能不能给我们介绍一下儿？

15. 我很要去那儿看看。

5 他比我高一点

一 형용사, 일반형용사술어문

1. 형용사(形容词)

형용사의 주된 기능은 문장에서 한정어로서 명사를 수식하는 것이다. 예를 들어 **慢车, 大苹果, 老实的态度, 胡涂的想法, 好人** 등이 그러하다.

일부 형용사는 문장에서 부사어로서 동사를 수식할 수 있고, 보어도 될 수 있다. 예를 들어 **慢走, 大笑, 老实说, 胡涂地过日子, 坐好** 등과 같다.

1. 일반형용사술어문

형용사가 술어가 되어서 주어의 성질이나 상태 등을 묘사할 수 있는데, 이를 형용사 술어문이라고 한다. 형용사술어문은 다음과 같은 특징이 있다.

(1) 这件毛衣贵，那件毛衣便宜。이 스웨터는 비싸고 저 스웨터는 싸다.

중국어에서는 형용사만으로도 술어가 될 수 있지만 형용사가 단독으로 술어로 쓰일 때는 뭔가 다른 것과 대조, 비교하는 느낌을 나타낸다.

分校的学生多，老师少。 분교에는 학생은 많고, 선생님은 적다.

外边凉快，我们去外边吧。 (안에 비해) 밖은 시원하니까, 우리 밖으로 나가자.

(2) 这个很好，我喜欢。이거 좋아요. 내 마음에 들어요.

'이것이 좋다'는 "**这个好**"라고 번역하면, '다른 것과 비교해서 이것이 좋다'는 의미가 된다. 형용사 앞에 부사 "**很**"을 붙이면 비교, 대조의 느낌이 없어진다. "**很**"은 원래 '매우'라는 의미를 나타내는 부사이지만 형용사와 함께 술어로 쓰이면 가볍게 읽히며 강조의 느낌이 없고 말을 끝마치는 역할만을 할 뿐이다. 만약에 "**很**"를 의식적으로 강하게 읽으면 '매우'라는 의미가 있으며 "**很**"외에 "**特别**", "**非常**", "**十分**", "**好**"도 '매우'의 의미를 나타내는 데 사용된다.

那辆自行车好贵。 그 자전거는 꽤 비싸다.

我最近非常忙。 난 요즘 매우 바쁘다.

(3) **这本教材不难。** 이 교과서는 어렵지 않다.

형용사를 부정하려면 앞에 "不"를 붙인다.

他的个子不高。 그는 키가 크지 않다.

这次考试不难。 이번 시험은 어렵지 않다.

(4) **这本词典好不好?** 이 사전 좋아요?

형용사 술어문은 긍정형과 부정형을 병렬하여 의문문을 만들 수 있다. 쌍음절 형용사는 첫 번째 음절만 중복해서 "A不AB"의 형식을 이용하거나 의문어기조사 "吗"를 문미에 붙여 의문문을 만든다.

你累不累? 당신은 피곤해요?

这件衣服漂(亮)不漂亮? 이 옷은 예뻐요?

那间房子干净吗? 그 집은 깨끗해요?

㈜ 형용사의 중첩

1. 중국어의 일부 형용사는 중첩할 수 있다.

단음절 형용사
→ AA   黑黑（的）   大大（的）   长长（的）   轻轻（的）

쌍음절 형용사
→ AABB   清清楚楚   明明白白   老老实实
整整齐齐   高高兴兴   辛辛苦苦

소수 부정적인 의미의 쌍음절 형용사
→ A里AB   糊里糊涂   土里土气   罗里罗嗦   傻里傻气

단음절 형용사나 단음절 단어에 보조음이 붙은 형태
→ ABB   热乎乎   香喷喷   死板板
乱哄哄   亮晶晶   水汪汪   活生生

2. 중첩된 형용사의 문법적 특징과 의미

1. 형용사를 중첩하면 그 의미는 중첩되지 않은 것과 기본적으로 같으나 정도는 가중되고 묘사성이 비교적 강하다. 따라서 중첩된 형용사는 정도부사의 수식을 다시 받을 수 없고 "不"로 부정할 수도 없다.

   非常高   非常高高的（×）   不漂亮   不漂漂亮亮的（×）
   特别罗嗦   特别罗里罗嗦（×）   不香   不香喷喷（×）

2. "A里AB" 식의 중첩된 형용사는 경멸, 증오의 의미가 부가되므로 부정적인 의미를 뜻하는 형용사에만 쓰인다. 특히 구어체에 많이 쓰이며, 자주 쓰는 이런 종류의 형용사는 小气, 拉杂, 慌张, 流气, 邋遢, 妖气 등과 같다.

3. 형용사라고 해서 모두 다 중첩될 수 있는 것이 아니다. 형용사의 중첩 가능 여부는 꼭 이렇다할 이유가 없는데, 그 이유는 일반적이 언어습관이기 때문이다.

   漂亮   →   漂漂亮亮   美丽   -   美美丽丽（×）
   整齐   →   整整齐齐   整洁   -   整整洁洁（×）

三 비교문

형용사는 비교문에 있어서 가장 중요한 역할을 하는 부분이므로 비교문은 형용사와 한 과로 묶어서 다룬다. 비교문의 종류와 용법은 다음과 같다.

1. "A跟B一样"의 용법

"A跟B一样/相同"은 'A는 B와 같다'라는 의미를 나타내는데, "一样" 앞에 "差不多", "几乎", "不太" 등과 같은 수식어를 덧붙여 그 정도를 나타낼 수 있다. 같거나 다른 정도가 완전할 때는 "完全"과 같은 수식어를 덧붙일 수 있다. 비교 대상인 A와 B의 구조가 수식구조이며, 중심어가 같다면 B의 중심어를 생략할 수 있다.

> 我的看法跟你的一样。내 의견은 당신과 같다.

> 这个字的用法跟那个字的完全不一样。
> 이 글자의 용법은 저 글자의 용법과 완전히 다르다.

> 韩国的风俗习惯跟中国的不太一样。한국의 풍속과 관습은 중국과 좀 다르다.

만약 'A는 B와 같은 정도로 ~하다'라고 말할 경우 "A跟B一样~"의 "一样"은 다른 단어로 바꿀 수 없고, 문장에서 형용사의 앞에 나와 부사어가 될 수 있다.

"A跟B一样 ~"이 부사어가 되는 경우

1. 儿子跟爸爸一样高。아들은 아버지와 키가 같다.

  "A跟B一样 + 형용사/ (심리 활동을 나타내는)동사"

> 这个萝卜跟梨一样甜。이 무는 배처럼 달다.

> 她跟我一样喜欢孩子。그녀는 나처럼 아이를 좋아한다.

> 我的房间的跟你的差不多一样大。내 방은 네 방과 크기가 거의 같다.

2. 这个西瓜跟那个西瓜不一样重。이 수박은 그 수박과 무게가 다르다.

  이 문형의 부정은 "不"를 "一样" 앞에 놓는다.

> 这枝铅笔跟那枝不一样长。이 연필은 저것과 길이가 다르다.

> 这座楼跟那座楼不一样高。이 건물은 저 건물과 높이가 다르다.

3. 他跟你一样大吗? 그는 당신과 나이가 같습니까?

　　이 문형의 의문문은 문장 끝에 "吗"를 붙이거나 'A跟B 一样不一样+ 형용사'의 정반의
문문 형식으로 표현한다.

　　咱们的孙子跟这个男孩儿一样高吗? 우리 손자가 이 남자아이만큼 클까요?

　　我的脚跟你的脚一样不一样大? 내 발은 당신 발과 크기가 같나요?

2. A有B 那么 / 这么 / 那样 / 这样 + 형용사

1. 我儿子有我这么高了。 내 아들은 나만큼 키가 크다.

　　비교에 쓰이는 "有"는 어느 수준에 도달하였음을 뜻하며 '~만큼 하다'라는 뜻이다. 형
용사 앞에 "那么", "这么"와 함께 쓰여 '이만큼 ~하다' 혹은 '저만큼 ~하다'라는 의미를
나타낸다.

　　树上的苹果已经长得有拳头这么大了。 나무 위의 사과가 이미 주먹만큼 자랐다.

　　这个游泳池有那个那么深。 이 수영장은 그 수영장만큼 깊다.

2. 他没有你细心。 그는 너만큼 세심하지 않다.

　　이 문형의 부정은 "有"를 "没有"로 바꾸면 된다.

　　这儿没有台湾那么潮湿。 여기는 타이완만큼 그렇게 습하지는 않다.

　　健美操没有跑步这么累。 에어로빅은 조깅만큼 이렇게 힘들지는 않다.

3. 你弟弟有没有你高? 당신의 동생은 당신만큼 키가 큽니까?

　　"有"를 쓰는 비교문의 의문 형태는 「有没有 ~ ?」, 「有 ~ 没有?」, 「有 ~ 吗?」이다.

　　西安有没有敦煌远? 시안은 둔황만큼 머나요?

　　西安有敦煌远没有? 시안은 둔황만큼 머나요?

　　西安有敦煌远吗? 시안은 둔황만큼 머나요?

3. "比"를 이용한 비교문

1. **他比我高。 그는 나보다 키가 크다.**

   'A는 B보다 ~'라는 비교 표현은 "A 比 B ~"의 형식을 갖는다.

   说比做容易。 말하는 것은 행동하는 것보다 쉽다.

   韩国的冬天比北京的冬天冷。 한국의 겨울은 베이징의 겨울보다 춥다.

2. **这本书比那本书更有意思。 이 책은 저 책보다 재미있다.**

   "比"자 비교문에 있어서, 비교 차이의 정도는 비교 결과의 앞에 "**更**", "**还**", "**还要**"를 덧붙임으로써 나타낼 수 있다. 그러나 다른 정도부사는 안 된다. 그리고 비교 대상인 A와 B가 수식 구조이며, 중심어가 같다면 B의 중심어를 생략할 수 있다.

   韩国的冬天比北京的(冬天)还冷。 한국의 겨울은 베이징의 겨울보다 더 춥다.

   我去比你来更方便。 당신이 오는 것보다 내가 가는 것이 더 편하다.

3. **老百姓的生活比以前好多了。 서민의 생활은 예전보다 훨씬 좋아졌다.**

   "比"자 비교문에 있어서, 비교 차이의 정도는 비교 결과의 뒤에 "**一点儿**", "**一些**", "**得多**", "**多了**"를 붙임으로써 나타낼 수 있다. "**比什么都~**"는 '무엇보다도 ~하다, 가장 ~하다'라는 뜻이다.

   这本书比那本书有意思多了。 이 책은 저 책보다 훨씬 더 재미있다.

   他比我高一点儿。 그는 나보다 키가 좀 더 크다.

   韩国的冬天比北京的冷得多。
   한국의 겨울은 베이징의 겨울보다 훨씬 춥다.

   感冒的时候，充分的休息比什么都重要。
   감기 걸렸을 때, 충분한 휴식은 무엇보다도 중요하다.

57

4. 三年级的学生比四年级的多十个。

   3학년 학생은 2학년 학생보다 10명 많다.

   "比"자 비교문에 있어서 비교한 결과로 나타난 차이의 양은 비교 결과 뒤에 놓음으로써 나타낼 수 있다.

   > 我比小金早来十分钟。 나는 샤오 진보다 10분 일찍 왔다.

   > 他比我大三岁。 그는 나보다 3살 더 많다.

5. 今天没有昨天热。 오늘은 어제만큼 덥지 않다.

   "比"자 비교문의 부정은 보통 'A没有B + 비교결과' 유형으로 표현되지만 'A不比B + 비교결과' 라는 표현도 있다. 이 두 표현은 의미상 차이가 있다. "A没有B" 유형은 'A와 B가 확실한 차이가 있다' 는 뜻인 반면에 "A不比B" 유형은 'A와 B는 비슷한 수준이며 별 큰 차이가 없다' 는 뜻이다.

   > 广州没有北京冷。 광저우는 베이징만큼 춥지 않다.

   > 汉城的物价没有东京的贵。 서울의 물가는 도쿄만큼 비싸지 않다.

   > 国产车不比进口车差，而价钱只有进口车的一半。
   > 국산차는 수입차보다 질이 떨어지지 않는데 (국산차는 수입차와 성능이 비슷한데),
   > 가격은 수입차의 절반이다.

   > 这条裤子不比那条裤子长。
   > 이 바지는 저 바지보다 길지 않다 (바지 길이가 비슷하다).

4. **不如를 이용하는 비교문**

1. 百闻不如一见。

   백 번 듣는 것이 한 번 보는 것보다 못하다 ; '무엇이든지 경험을 해 봐야 확실히 안다'

   "A不如 B", "A不如 B +형용사"는 'A보다 B가 더 낫다, A보다 B가 더 ~하다'는 의미를 나타낸다. B 뒤의 형용사는 일반적으로 긍정적인 의미를 나타내는 형용사이다.

   这个锅子不如那个锅子。이 냄비는 그 냄비만 못하다.

   里间不如外间亮堂。뒷방(안쪽 방)보다 바깥방이 밝다.

5. **越来越를 이용하는 비교문**

1. 天气越来越暖和了。날씨가 점점 따뜻해진다.

   "越来越 ~"는 동일한 대상이 시기에 따라 상태가 변화함을 나타내는 것이다.

   我越来越习惯这里的生活了。나는 여기 생활에 점점 익숙해지고 있다.

   社会风气越来越坏了。사회풍토가 점점 더 악화되고 있다.

✱ 잘못 쓰는 문장 길들이기

틀린문장 1 她有一张非常雪白的脸。

틀린문장 1-1 我喜欢吃很辣辣的面。

대부분의 형용사는 정도부사 "很", "非常", "十分", "太" 등의 수식을 받을 수 있다. 하지만 형용사가 정도부사의 수식을 받는데 있어 일부 예외가 있다. 수식 구조의 형용사, 예를 들어 '雪白 → 눈처럼 하얗다, 冰凉 → 얼음처럼 차갑다, 漆黑 → 칠흑같이 까맣다, 血红 → 피처럼 빨갛다' 등은 단어 앞의 어소에 이미 강조의 뜻이 있으므로 정도부사의 수식을 받을 수 없다. 또 형용사의 중첩도 강조를 나타내므로 정도부사의 수식을 받을 수 없다.

她有一张雪白的脸。 그녀의 얼굴은 아주 하얗다.

我喜欢吃辣辣的面。 나는 굉장히 매운 국수를 좋아한다.

我喜欢吃很辣的面。 나는 아주 매운 국수를 좋아한다.

틀린문장 2 葡萄还不熟。

어떤 상태가 아직 실현되지 않았음을 나타내기 위해서는 "没"를 사용해서 부정해야 한다. 이 때 "没"자 앞에 부사인 "还", 혹은 문장 끝에 어기조사인 "呢"를 더 붙여서 '아직 ~ 하지 않았다'는 뜻을 나타낸다.

葡萄还没熟呢。 포도가 안 익었네요.

틀린문장 3 他汉语说得没有我那样好。

「A 有 / 没有 + B + 那么, 那样 / 这么, 这样 + 비교결과」의 형식으로 비교를 나타낼 때, "那么 / 那样"은 먼 것을, "这么 / 这样"은 가까운 것을 나타낸다. B가 가리키는 사람이나 물건이 화자로부터 가깝거나 말한 시각으로부터 얼마 되지 않았으면 "这么 / 这样"을 사용하고, B가 가리키는 사람이나 물건이 화자로부터 좀 멀리 떨어져 있거나, 말한 시각으로부터 오래 지났으면 "那么 / 那样"을 사용한다. 따라서 "他汉语说得没有我那样好."이라는 문장은 B가 "我" 즉 '나'이므로 "这样"을 써야 한다.

他汉语说得没有我这样好。 그는 중국어를 나만큼 잘하지는 못한다.

틀린문장 4 这本书比那本书很有意思。

"比"자 비교문에 있어서, 비교의 결과, 즉 비교 차이를 나타내는 형용사 앞에 놓일 수 있는 정도부사는 "更", "还", "还要"뿐이며, 다른 정도부사가 와서는 안 된다.

这本书比那本书更(还/还要)有意思。 이 책은 저 책보다 더 재미있다.

틀린문장 5 他长得高比我。

"比"자 비교문에 있어서, 동사에 정도보어가 있을 경우, "比"는 보어 앞에 놓이거나 동사 앞에 놓여야 한다.

他长得比我高。 그는 나보다 키가 더 크다.

他比我长得高。 그는 나보다 키가 더 크다.

틀린문장 6 他比我唱歌唱得好。

　　"比"자 비교문에 있어서 동사에 목적어가 있는 경우에 '比 + 비교대상'은 '동사 + 得 + 보어'의 앞이나 '보어'의 앞에 놓여야 하며 '동사 + 목적어 ~'의 앞에 둘 수 없다.

他唱歌比我唱得好。 그는 노래를 나보다 더 잘 한다.

他唱歌唱得比我好。 그는 노래를 나보다 더 잘 한다.

틀린문장 7 我跑得没有你慢。

틀린문장 7-1 我的房间没有你的小。

　　"不比"로 부정할 때, 뒤에는 긍정적인 뜻의 형용사나 부정적인 뜻의 형용사가 모두 나올 수 있다. 하지만 "没有"로 부정할 때는, 일반적으로 긍정적인 뜻의 형용사가 뒤에 나온다.

我跑得不比你慢。 내가 뛰는 속도는 당신보다 느리지 않다.

我的房间不比你的小。 내 방은 당신의 방보다 작지 않다(크기가 비슷하다).

틀린문장 8 他的脾气没像他哥哥这么好。

　　"像 ~ 一样" 형식의 비교문은 두 사물의 유사성을 나타낼 수 있다. "像 ~ 一样"의 부정형은 "像" 앞에 "不"를 붙인다. 그리고 비교 대상인 "他哥哥"가 화자와 거리가 멀기 때문에 "这么"를 "那么"로 고쳐야 한다.

他的脾气不像他哥哥那么好。 그의 성격은 그의 형처럼 좋지 못하다.

틀린문장 9 她越来越很瘦。

　　"越来越 ~"는 그 자체가 정도를 더해간다는 의미를 포함하고 있기 때문에 정도부사 "很"의 수식을 받지 않는다. 또한 "越来越 ~"는 변화 발전의 의미를 포함하고 있기 때문에 문장의 어미에 항상 "了"를 붙인다. 이 때 "了"는 완료를 뜻하는 것이 아니라 새로운 상황의 출현이나 변화를 뜻한다.

她越来越瘦了。 그녀는 점점 더 야위어 간다.

틀린문장 10 他买的大衣跟我一样贵。

　　앞뒤 비교하는 대상이 일치하지 않기 때문에 서로 비교할 수 없다. "我" 뒤에 "买的大衣"를 덧붙여서 대상을 일치시켜 주어야 하는데 중심어인 "大衣"는 공통적인 것이므로 생략해도 된다.

他买的大衣跟我买的(大衣)一样贵。 그가 산 코트는 내가 산 것과 가격이 같다.

61

연습문제

一 괄호 안의 단어나 단어결합을 이용하여 문장을 새로 고쳐 쓰시오.

1. 这个故事情节简单，那个故事情节复杂。(比)

2. "王" 字四笔，"玉" 字五笔。(比)

3. 我父亲七十岁，我母亲六十五岁。(比)

4. 这本小说没意思，那本小说有意思。(不如)

5. 这件衣服漂亮，那件衣服不漂亮。(不如)

6. 这个字是动词，那个字是名词。(跟)

7. 他从前爱跳舞，现在仍然爱跳舞。(跟)

8. 我想学法语，他也想学法语。(跟)

9. 这块石头很重，那块也很重。(跟)

10. 他的身体以前很健康，现在常常生病。(没有)

11. 今年的冬天跟去年的冬天一样冷。(有)

12. 他高一米六，我高一米七。(没有)

13. 专家对这个问题的研究一天比一天深入了。(越来越)

14. 这本书有两百页，那本书也有两百页。(像)

15. 他爸爸勇敢，他也很勇敢。(像)

二 다음 문장의 틀린 부분을 고치시오.

1. 我觉得他的生活不是快乐。

2. 你看，这个杯子漂亮。

3. 他很吝啬，花钱很小里小气的。

4. 刚下过雨，街上不热热闹闹的。

5. 哥哥比弟弟一点儿高。

6. 昨天有今天那么冷吗?

7. 他比我非常高。

8. 韩国的冬天比北京的冬天最冷。

9. 韩国队比日本队踢得一点儿好。

10. 这儿不如那儿这么安静。

11. 小美很像她妈妈那么漂亮。

12. 你更高比她。

13. 生活一年比一年好一点儿。

14. 我比她十分钟早到。

15. 他的酒量没有你更好。

6 今天我买了十多本书

㊀ 수사, 수를 세는법

数词

　　수사란 수를 나타내는 단어이며, 크게 **基数**와 **序数**로 구분할 수 있는데 기수는 숫자를 표시하고 서수는 순서를 표시한다. 기수에는 정수, 분수, 소수, 배수가 있다. 그리고 중국어는 수사와 양사가 늘 같이 사용된다.

1. 기수를 세는 법

1. 정수를 세는 법

一	二	三	……	九	十	十一	十二	……九十九	一百
一百零一…		一百一十		一百一十一…		一百九十九…			二百
九百零一…		九百五十三…		九百九十…		九百九十九…			一千
一千零一…		一千零十九…		一千一百二十…		一千八百零一…			二千
三千六百四十四…		九千八百九十…		一万…			十万…		一亿

　　이상과 같이 중국어에서 수를 나타내는 방법은 한국말과 대체로 같으나 '0'과 '1'과 '2'의 사용법을 유의하여야 한다.

(1) '0'과 '1'의 표기와 읽기
　　1) 백단위, 천단위, 만단위 등의 숫자에서 십, 백 ,천 단위 등이 '0'일 경우 한국말과 달리 그 단위가 '0'임을 반드시 표시해야 한다.

103	→	一百零三
4052	→	四千零五十二
70038	→	七万零三十八

　　2) 3자리 이상의 수에서 마지막 단위가 '0'일 경우, 마지막 단위는 생략하기도 한다.

350	→	三百五(十)
4600	→	四千六(百)
57000	→	五万七(千)

그러나 뒤에 양사가 있을 때는 마지막 단위를 생략할 수 없다.

350个 → 三百五十个

4600本 → 四千六百本

57000张 → 五万七千张

3) 10, 100, 1000, 10000 등을 읽을 때에는 "一"를 더하여 "一十", "一百", "一千", "一万" 등으로 읽어야 한다. 단 '10'의 경우에는 "一"를 생략하여 "十"라고 읽는 경우가 더 많다. 그러나 3자리 이상의 수에서 10단위가 '1'일 경우 10단위의 '1'은 "一十"라고 읽어야 한다.

618 → 六百一十八

3111 → 三千一百一十一

(2) '2'의 표기 및 읽기

1) "二"과 "两"은 모두 숫자 '2'를 나타낸다. 양사 앞에는 일반적으로 "两"을 쓰고 "二"을 쓰지는 않는다. 그러나 10 이상인 수의 '2'는 뒤에 양사가 오든 안 오든 간에 모두 "二"를 쓰는데, 예를 들어 "二十二个学生", "三十二支铅笔" 등이 그러하다.

2) 단독으로 있는 '2'는 "二"로 읽고, 십자리의 '2'도 "二"로 읽는다. 예를 들면, 20는 "二十", 22는 "二十二"라고 읽는다.

3) 백 단위 이상을 표시할 때, 즉 200, 2000, 20000을 표시할 때 "二", "两"을 모두 쓸 수 있으나 구어체에서는 "两"을 주로 쓴다.

200 → 二百, 两百

2000 → 二千, 两千

20000 → 二万, 两万

(3) 전화번호, 방 호수나 연도를 읽을 때는 습관적으로 숫자를 하나하나 읽는다. "一(1)"는 발음이 "七(7)"와 유사하기 때문에 혼동을 피하기 위해서 습관적으로 'yāo'라고 읽는다.

전화번호 : 941 - 4401 → 九四 yāo 四四零 yāo

방 호수 : 218房间 → 二 yāo 八房间

연 도 : 1999年 → 一九九九年

2. 분수

분수는 '분모分之분자'라고 읽다. 예를 들어 3／4는 "四分之三"으로 읽는다. 분수는 앞에 정수가 있으면 '정수又분모分之분자'로 읽는다.

퍼센트는 "百分之~"라고 읽는다. 예를 들어 40%는 "百分之四十"로 읽고 , 3.8%는 "百分之三点八"로 읽는다.

3. 소수

소수점을 "点"으로 읽고 소수점의 앞은 정수를 읽는 방식에 따르고, 소수점 이하의 숫자는 한국말과 마찬가지로 숫자를 그대로 하나하나 읽는다. 예를 들어 '23.56'는 "二三点五六"나 "二十三点五六"로 읽고, '145.68'는 "一四五点六八"나 "一百四十五点六八"로 읽는다.

4. 배수

배수는 수사 뒤에 "倍"를 붙여준다. "倍"를 나타내는 법은 약간의 주의가 필요하다.

"是 ~ X倍"는 '원래의 숫자의 ~ 배이다'를 나타낸다.

"增加了Y倍"는 '원래의 숫자를 빼고 얼마나 더 증가했는가'를 나타낸다.

예를 들어 고구마의 생산량이 작년엔 2000kg이고 올해는 6000kg이라고 하면, 다음과 같이 표현할 수 있다.

今年的红薯产量是去年的三倍。 올해의 고구마 생산량은 작년의 3배이다.

今年的红薯产量比去年增加了两倍。
올해는 고구마 생산량이 작년보다 2배가 증가했다.

2. 서수

순서를 나타내는 서수는 숫자 앞에 "第"를 붙여 몇 번째임을 나타낸다. 2는 서수에서는 반드시 "二"을 사용하여야 한다.

第一	第二	第三	第一天	第二天	第三天
첫째	둘째	셋째	첫째날	둘째날	셋째날

第一名	第二名	第三名
일등	이등	삼등

하지만 다음과 같은 경우에는 "第"를 붙이지 않는다.

연대 :	一九九零年　一九九三年
월 :	一月　二月…………十二月
날짜 :	一号　二号
친척관계의 서열:	大哥　二哥　；　大姐　二姐　；　大嫂　二嫂
건물의 층수:	一层　二层　；　一楼　二楼

(二) 대략적인 수의 표현법

중국어에서 대략적인 수의 표현법은 다음과 같이 몇 가지 방법이 있다.

1. 서로 인접한 두 개의 수사를 이어서 같이 사용한다.

1. **我们学校有四五千个学生。** 우리 학교에는 사오천 명의 학생이 있다.

   일반적으로 서로 인접한 두 개의 수를 이어서 사용할 때 작은 수는 앞에, 큰 수는 뒤에 놓는다. 다만 九와 十, 그리고 十와 十一는 대략적인 수를 표시할 때 이어서 사용할 수 없다.

   两三个　十一二件　三四十张　　四五千人　五六万吨　　四五百万人

   我去过两三次美国。 나는 미국에 두세 번 가 본 적 있다.

   那是十五六年前的事儿，我都忘了。
   그것은 십오륙 년 전의 일로, 나는 다 잊어 버렸다.

2. **运动场里大约有百八十个人。** 운동장에는 백 명 정도의 사람이 있다.

   인접하지 않은 두 수를 이어서 쓰는 용법에는 "三五", "百八十"가 있다.

   再过三五天就要开学了。 며칠 더 지나면 곧 개학한다.

   我们系大约有百八十个学生。 우리 과 학생은 약 백 명쯤 된다.

2. 수사 뒤에 대략적인 수를 나타내는 단어를 덧붙이는데, "来", "多", "把", "前后", "左右", "上下" 등이 자주 쓰인다.

1. 他开了十来年飞机了。 그는 약 십 년 동안 비행기를 운행했다.

> **来** ~정도, 안팎, ± 1 ~ 2
> "来"는 바로 앞의 수사에 근사한 수량을 표시하고, 그 수에 약간 못 미치거나 약간 많은 것을 가리킨다. "来"의 어순은 다음 몇 가지 상황으로 구분하여 사용한다.

(1) 사용되는 양사가 도량형 양사처럼 연속적인 양을 표시하는 양사일 경우 "来"는 양사의 앞뒤에 다 놓일 수 있지만 나타내는 양이 다르다.

   1) 수사가 '0'으로 끝나는 수인 경우 어순은 '수사 + 来 + 양사 + (명사)'이다.

   做这件衣服要二十来尺(布)。 이 옷을 만들려면 20척 정도의 천이 필요하다.

   这么多人，要三百来斤(米)才够。
   이렇게 사람이 많으니 쌀이 300근 정도는 있어야 충분하다.

   2) 수사가 1 ~ 9으로 끝나는 수인 경우 어순은 '수사 + 양사 (혹은 个) + 来 + 명사 (혹은 형용사)'이다.

   到我家只有五里来路，一会儿就到了。
   우리 집까지 거리가 5리 정도밖에 안되어, 금방 도착할 수 있다.

   这块猪肉有六斤来重。 이 돼지고기는 여섯 근 정도 된다.

   3) 수사 '10'의 경우는 '十 + 来 + 양사 +(명사)'나 '十 + 양사 + 来 + 명사'를 모두 쓸 수 있으나 각기 다른 뜻을 나타낸다. 예를 들어 "十来斤肉"은 '8, 9斤 ~ 11,12 斤'을 가리키고 "十斤来肉"는 '9.8, 9.9 斤 ~ 10.1, 10.2 斤'을 가리킨다.

(2) "来"가 연속성이 없는 양사와 함께 사용될 때 "来"의 위치는 단지 수사 뒤 양사 앞에서만 올 수 있고 수사는 '0'으로 끝나는 것에만 제한된다.

   他买来了四百来张纸。 그는 약 4백장 정도의 종이를 사왔다.

   英文系有二十来个老师。 영문과에는 20명 정도의 교수님이 있다.

2. **今天我买了二十多本书。** 오늘 난 책 20여 권을 샀다.

> **多** ~남짓, + 1 ~ 2
>
> "多"는 정수 뒤의 나머지를 나타내며, "多"의 어순은 다음 세 가지 상황으로 구분하여 사용한다.
>
> (1) 숫자의 마지막 수가 '0'으로 끝나는 수라면 '수사 + 多 + 양사'이다.
>
> **这栋房子有两百多年历史了。** 이 집은 200여 년의 역사가 있다.
>
> **我们班有二十多个学生。** 우리 반은 학생이 20여 명 있다.
>
> (2) 사용되는 양사가 도량형이나 시간 양사처럼 연속적인 양을 표시하는 양사, 숫자의 마지막 수가 '1 ~9'로 끝나는 수일 경우 "多"의 위치는 '수사 + 양사 + 多 +(명사)'이다.
>
> **我今天买了十五斤多的桔子。** 난 오늘은 귤을 15근 남짓 샀다.
>
> **我学了两年多汉语了。** 나는 중국어를 2년 남짓 배웠다.
>
> (3) 수사가 '10'이고, 사용되는 양사가 연속적인 양을 표시하는 양사일 경우는 "十 + 多 + 양사" 또는 "十 + 양사 + 多"는 모두 쓸 수 있으나 각기 다른 뜻을 나타낸다. 예를 들어 "十多年"은 '11년, 12년'이라는 뜻이고 "十年多"는 "十年一个月, 十年两个月"라는 뜻이다.

3. **我来中国个把月了。** 나는 중국에 온지 한 달 정도 됐다.

> **把** "来"와 의미가 같지만 단지 "百", "千", "万"과 "丈", "个" 등 몇몇 수사 및 양사 뒤에만 쓰인다. "把" 앞에는 수사를 쓰지 않지만 '1'을 뜻한다.
>
> **这个厂只有百把个工人，生产的东西可好了。**
> 이 공장은 백 명 가량의 노동자뿐이지만, 생산되는 물건은 아주 좋다.
>
> **那棵松树有丈把高。** 그 소나무는 높이가 3미터 가량 된다.

4. **毕业前后我们聚过几次。** 졸업 전후에 우리는 몇 번 모였다.

> **前后** 시간에만 쓰이며 '전후, 경, 즈음'을 뜻한다.
>
> **晚上六点半前后我去接你。** 저녁 여섯시 반쯤에 널 마중하러 갈게.
>
> **春节前后，到处都挤满了返乡的人潮。**
> 설날 전후에는 도처에 귀향 인파로 꽉 찼다.

5. 那个城市的人口有四百万左右。 그 도시의 인구는 400만 정도이다.

> **左右** 시간, 연령, 중량, 높이 등의 뒤에 쓰이며, '가량, 안팎, 내외'를 뜻한다.
>
> 今年的稻米产量比去年增加了百分之十左右。
> 올해 쌀 생산량은 작년보다 10%정도 늘었다.
>
> 金先生今天晚上九点左右到。 김 선생님은 오늘 저녁 9시쯤에 도착한다.

6. 那个人看上去不过才三十(岁)上下。

> 그 사람, 겨우 서른 살 밖에 안 되어 보인다.

> **上下** 연령, 높이, 돈 등의 뒤에 많이 사용된다. 연령을 나타내는 데 사용될 경우 일반적으로 성인의 나이에 적용된다.
>
> 我男朋友的身高一米八上下。 내 남자 친구의 키는 1미터 80정도 된다.
>
> 一公亩蔬菜收入三千元上下。 야채의 일 아르 당 수입은 삼천 위엔쯤 된다.

3. 수사 앞에 "大概", "大约", "约" 등의 부사를 사용하면 '대략', '약'이라는 뜻을 나타낸다.

> 这里离市政府大概十里左右。 이곳은 시청에서 약 10리 정도 떨어져 있다.
>
> 从汉城到大田大约一小时的车程。
> 서울에서 대전까지는 차로 대략 한 시간 걸린다.

4. "几", "两"을 활용해서 대략적인 수를 표시한다.

1. 院子里有十几个孩子。 정원에는 10여 명의 아이가 있다.

> **几** 대개 10 이하의 수를 막연히 가리키는 것이며, 어떤 때는 수가 적음을 가리키기도 한다.
>
> 春假期间, 我想去看几个朋友。
> 봄방학 동안에, 나는 친구 몇 명을 보러 가려고 한다.
>
> 请您给大家说几句话。 사람들에게 몇 마디 말씀을 좀 부탁합니다.

2. 这两天我有点儿不舒服。 요즘 나는 몸이 좀 안 좋다.

两 적은 수를 막연하게 가리키는데, '적다'는 뜻도 있다.

过两天再说吧。 며칠 후에 봅시다.

上课时间都过了，才来了这么两个人。
수업 시간이 벌써 지났는데, 겨우 몇 명만 왔다.

三 수사의 활용

수사의 용법을 확장하여 수사는 수를 표시하지 않고 수와 관련된 다른 뜻을 나타내는 경우가 많다. 이런 수사의 활용은 관용적인 표현과 성어에 많으므로 마음대로 만들거나 바꿀 수 없다.

1. 단순 수사의 활용

1. 三 : "三"은 "三个臭皮匠，胜过诸葛亮" 과 "三句话不离本行" 과 같이 '적다'는 뜻으로 사용될 때도 있지만, "三思后行", "一问三不知"와 같이 '많다'는 뜻으로 사용될 때도 있다.
2. 九 : "九"는 "九牛一毛", "九死一生", "九霄云外"와 같이 '많다'는 뜻을 가진다.
3. 十 : "十"은 "十全十美", "十全大补汤" 에서처럼 '빠짐없이 갖춤'을 나타낸다.
4. 百 : "百感交集", "百思不解" 등과 같이 '많다'는 의미로 쓰인다.
5. 千, 万 : "千"과 "万"은 "千里迢迢", "千载难逢", "万里长城", "万无一失"에서와 같이 '많다'는 의미로 쓰인다.

2. 결합 수사의 활용

1. "一星半点儿", "一知半解" 등과 같이 "一"와 "半"을 연용하면 '적다'는 의미로 쓰인다.
2. "丢三拉四", "推三阻四", "颠三倒四", "低三下四", "不三不四" 등과 같이 "三"과 "四"를 연용하면 '나쁘다'는 의미가 포함된다.
3. "杂七杂八", "乱七八糟", " 七上八下", "七手八脚", "七嘴八舌" 등과 같이 "七"와 "八"를 연용하면 '난잡하고 질서가 없음'을 나타낸다.
4. "千辛万苦", "千言万语", "千变万化", "千方百计", "千锤百炼" 등과 같이 "千"과 "万", "千"과 "百"를 연용하면 '많다'는 뜻을 가진다.

✱✱ 잘못 쓰는 문장 길들이기

틀린문장1 老师来的第三天，我们学了三课。

틀린문장1-1 老师来了三天，我们学了第三课。

한국말에서는 '3과'라고 하면 '세 번째 과'와 '세 개의 과' 모두를 의미할 수 있지만, 중국어에서는 반드시 "第三课"(세 번째 과)와 "三课"(세 개의 과)를 구분하여 사용해야 한다.

老师来的第三天，我们学了第三课。
선생님이 오신 셋째 날 우리는 세 번째 과를 배웠다.

老师来了三天，我们学了三课。
선생님이 와 계신 삼일간 우리는 세 개의 과를 배웠다.

틀린문장2 她是个九、十岁的姑娘。

틀린문장2-1 她是个十、十一岁的姑娘。

일반적으로 서로 인접한 두 개의 수사는 연용함으로써 대략적인 수를 표현할 수 있다. 하지만 九와 十, 그리고 十와 十一는 대략적인 수를 표시할 때 이어서 사용할 수 없다. 이런 경우는 "来"를 붙여서 표현하면 된다.

她是个十来岁的姑娘。 그녀는 열 살 정도의 소녀이다.

틀린문장3 小姐，找您两块两毛两。

인민폐의 단위는 "块", "毛", "分"(구어체) 혹은 "元", "角", "分"(문어체)이다. "两块两毛两"에서는 마지막 수사인 "两" 뒤에 "分"이라는 양사가 있어야 한다. 따라서 "两块两毛两分"이라고 해야 한다. 마지막의 "分"이라는 양사를 생략하려면 "两" 대신에 "二"을 써야 한다.

小姐，找您两块两毛两分。 아가씨, 여기 2위엔 2마오 2편 거슬러 드릴게요.

小姐，找您两块两毛二。 아가씨, 여기 2위엔 2마오 2편 거슬러 드릴게요.

틀린문장4 教室里有十五个多人。

"多"는 정수 뒤의 나머지를 나타내며, "多"의 어순은 '수사 +양사 + 多 (+ 명사)'일 때, 사용되는 양사가 도량형이나 시간양사처럼 연속적인 양을 표시하는 양사이고 숫자의 마지막 수가 '1~9'로 끝나는 수여야 한다. "十五个多人"은 교실에 15.1사람 혹은 15.2사람이 있다는 뜻이 되므로 "多"를 쓸 수 없다. 이 문장은 서로 인접한 두 개의 수사를 연용함으로써 표현할 수 있다.

教室里有十五六个人。 교실 안에 사람이 열 대여섯 명 있다.

틀린문장 5 我刚才吃了半西瓜。

틀린문장 5-1 开学已经两半个月了。

틀린문장 5-2 还剩一半瓶桔子汁。

　　"半"은 수사이며 1/2을 뜻하는데, 다른 수사와 마찬가지로 명사 앞에 나올 때, 그 뒤에 양사가 있어야 한다. 따라서 "半西瓜"는 "半个西瓜"로 고쳐야 한다. "半"은 어떤 때는 수량사 뒤에 쓰이기도 한다. 즉 '정수 + 양사 + 半 (+ 명사)'이다. 이때의 양사는 주로 시간 양사, 도량형의 단위나 용기를 나타내는 양사다.

我刚才吃了半个西瓜。 방금 나는 수박 반쪽을 먹었다.

开学已经两个半月了。 개학한지 벌써 두 달 반이나 되었다.

还剩一瓶半桔子汁。 오렌지 주스가 아직 한 병 반 남았다.

✱ 연습문제

一 **다음을 중작하시오.**

1. 첫째 달에 학우들은 15일간을 배웠다.

2. 사오백만 원만 썼는데도 좋은 가구 한 세트를 구입할 수 있었다.

3. 난 겨울 방학 내내 책 두 세 권만 봤다. 정말 후회된다.

4. 빨간 스웨터를 입은 저 아가씨는 서른 살 정도 된다.

5. 나는 그를 한 시간 정도 기다렸다.

6. 이 수박은 5근 정도 된다.

7. 우리 집에서 학교까지 4리 정도 된다.

8. 나는 백 위엔 정도밖에 없어서 비프스테이크를 사 먹을 돈이 모자랐다.

9. 나는 중국에서 약 2년 동안 중국어를 배웠다.

10. 한참 동안 골라서 겨우 이 몇 권만 샀다.

11. 오늘 아침 일곱시 쯤에 비가 왔다.

12. 나는 한 달 정도나 걸려서야 그 소설을 다 읽었다.

13. 약 3 개월 전 쯤인가, 나는 도서관에서 그를 한 번 본 적 있다.

14. 중국어를 막 몇 마디 배워서 바로 통역을 맡고 싶어하다니, 정말로 웃긴다.

15. A : 당신은 아는 것이 참 많아요. 틀림없이 책을 많이 읽었겠죠.
    B : 천만에요! 별로 안 읽었어요.

二 다음 문장의 틀린 부분을 고치시오.

1. 这二天老是下雨。

2. 下午二点大家在宿舍楼前边集合。

3. 我吃了两两饺子。

4. 今天我们用了两十五块八毛二。

5. 他们俩个今天晚上也动身。

6. 小丽住院已经十五几天了。

7. 这个礼堂坐得下七百、八百人。

8. 这课生词我写了九、十遍了。

9. 我一个月多没有接到他的电话了。

10. 这是我第两次来中国。

11. 老师，您今年几岁了?

12. 我还有百多块钱。

13. 中午我复习了两多小时。

14. 我有几中国朋友。

15. 今年那儿的水果产量提高了左右百分之二十。

7 我没听懂，请你再说一遍

(一) 양사(量词)및 양사의 특징

양사는 사람, 사물 혹은 동작 행위의 단위를 나타내는 단어이다. 양사가 매우 풍부한 것은 중국어의 특징 중 하나이다. 중국어의 양사는 일반적으로 사물에 따라 특징적으로 고정되어 사용되며 임의적인 것이 아니다. 사물과 특정한 관계를 갖는 양사가 결합되어 사용되면 수많은 개념의 표현과 청각적인 의미 구분에 있어서 효율성이 증가하게 된다. 따라서 양사의 사용은 중국어 표현에 있어서 중요한 의미를 갖는 필수적인 것이다.

양사는 일반적으로 단독으로 사용되지 않고 수사와 결합하여 수량사를 구성한 후에 사용된다. 단지 수사가 "一"이면 수사를 생략하고 양사를 단독으로 사용해도 된다. 중국어의 양사는 명량사(名量词)와 동량사(动量词)로 대별된다.

(二) 명량사(名量词)

명량사는 물건, 사람 혹은 동식물의 수량을 세는 단위이다. 명량사는 전용명량사(专用名量词)와 차용명량사(借用名量词)로 나눌 수 있다. 전용명량사는 개체양사, 집합양사, 도량형 단위를 포함한다. 이밖에 부정양사, 준양사가 있다.

1. 전용명량사(专用名量词)

개체양사(个体量词)

사물을 하나씩 셀 때 사용하는 양사를 개체양사라고 한다. 형태적으로 비슷하다고 판단되는 물건은 하나의 양사를 공유한다. 상용 개체양사는 다음과 같다.

个 응용 범위가 가장 넓은 개체양사이다. 그렇다고 무조건 다 "个"를 갖다 쓰면 중국어 양사 특유의 색깔을 잃게되고 중국인의 언어 습관에도 맞지 않는다.
人　工厂　炒饭　想法　习惯

条 선형(线形)의 사물, 혹은 일부 짐승에 사용한다.
毛巾　领带　河　路　香蕉　鱼

张 평면이 있는 사물이나 열 수 있는 사물에 사용한다.
纸　床　桌子　照片　嘴

片 얇고 작은 사물에 사용한다.
肉　药　云

把 손잡이가 있는 물건에 사용한다.
刀　伞　扇子　椅子

根 가늘고 긴 것을 세는 데 사용한다.
头发　棍子　火柴　竹子

件 옷이나 짐, 사건을 세는 데 사용한다.
衣服　事情　行李

辆 차, 탈 것을 세는 데 사용한다.
车　自行车　摩托车

滴 둥글게 맺힌 액체 덩이를 세는 데 사용한다.
眼泪　水　油　汗

本 출판물, 책을 세는 데 사용한다.
杂志　字典　书　地图

座 크고 튼튼한 것이나 고정된 물체를 세는 데 사용한다.
山　桥　大楼

块 덩어리로 된 것, 딱딱한 것을 세는 데 사용한다.
石头　蛋糕　肉　肥皂

77

집합양사(集合量词)

복수의 사물이 하나의 집합으로 구성된 사물을 셀 때 사용하는 양사를 집합양사라고 한다.

对	쌍	花瓶	夫妻	双胞胎	
双	쌍, 켤레	筷子	袜子	鞋子	手
副	벌, 쌍	对联	眼镜	耳坏	
套	벌	家俱	衣服	纪念邮票	
群	무리, 떼지어 있는 것	孩子	人	牛	
把	한 줌, 한 움큼	花	零嘴	花生	铜板
打	타스	铅笔	圆珠笔		

도량형 단위

길이, 면적, 무게, 용적, 화폐단위 등의 도량형 단위도 양사로 사용된다.

(1) 길이				
킬로미터 公里	500 미터 里	미터 米 , 公尺	센티미터 公分 , 厘米	밀리미터 毫米

(2) 면적			
아르 公亩	아르의 6.667 배 亩	헥타아르 公顷	평방미터 平方米

(3) 무게					
킬로그램 公斤	500 그램 斤	그램 克	돈 钱	톤 公吨	파운드 磅

(4) 용량, 체적			
말 斗	리터 公升	밀리리터 毫升	입방미터(㎥) 立方米

부정양사(不定量词)

　　부정양사는 정해져 있지 않은 수량을 표시하는 양사로서 "些"와 "点儿"의 두 가지가 있는데 "些"와 "点儿"의 앞에는 수사 "一"만이 올 수 있다. "些"와 "点儿"의 사용법은 다음과 같다.

　(1) "些"와 "点儿"은 형용사와 동사 뒤에서 보어로도 사용될 수 있으며 "좀, 약간의"라는 뜻을 나타낸다.

　　　我的病好些(点儿)了。 내 병은 좀 나아졌다.

　　　以后注意些(点儿)。 앞으로 좀 조심하세요.

　(2) 부정문에는 "一点儿"만 사용할 수 있고 "一些"는 사용할 수 없다.

　　　水壶里一点儿水也没有。 물병에 물이 조금도 없다.

　　　今天一点儿也不冷。 오늘은 조금도 춥지 않다.

　(3) 계산할 수 있는 사물에는 "一些"만 사용할 수 있고, "一点儿"은 사용할 수 없다.

　　　湖边有一些人在散步。 호수가에 사람이 몇몇 산책하고 있다.

　　　有些同学的发音不太好。 몇 명 학우는 발음이 별로 좋지 않다

"一点儿"과 "有点儿"

"些"와 "点儿" 앞에는 모두 "有"를 사용하여 "有些", "有点儿"을 구성할 수 있다. "有些"와 "有点儿"은 동사 혹은 형용사 앞에 사용되어 기대치에 못 미치거나 마음에 여의치 않음을 나타낸다. 따라서 "(一)点儿"과 "有点儿"은 둘 다 '좀', '약간' 등 정도가 미미하다는 의미로 쓰이지만 "(一)点儿"은 수량이 적음을 나타내는 부정양사(不定量词)로서 대체로 한정어로서 명사를 수식하거나 보어로서 동사나 형용사를 보충 설명한다. 그리고 "有(一)点儿"은 부사로서 대체로 부사어가 되어 동사나 형용사를 수식한다.

·还有点儿饭。 밥이 좀 남았어요.

·算便宜点儿吧。 좀 싸게 해 주세요.

·刚来中国的时候，我生活有点儿不习惯，现在习惯点儿了。
중국에 막 도착했을 때, 나는 생활하는 데 있어 적응이 잘 안 되었는데, 지금은 많이 익숙해졌다.

· 他刚才喝了点儿酒，头有点儿疼，现在已经好点儿了。

그는 조금 전에 술을 마셔서 머리가 좀 아팠는데, 지금은 좀 나아졌다.

· 这双鞋有点儿瘦，请换一双大点儿的。

이 신발은 좀 작으니 좀 큰 것으로 바꿔 주세요.

준양사(准量词)

준양사란 양사의 성질을 가지는 명사로서, 양사 없이 직접 수사와 결합하는 명사를 가르킨다. 중요한 준양사에는 "年", "天", "星期", "小时", "分(钟)", "岁", "课" 등이 있다. 준양사는 "一个年", "一个天" 등으로 표현하지 않는다. 다만 "星期"와 "小时"는 양사 "个"를 삽입하여 "一个星期", "两个小时"처럼 사용할 수도 있다.

2. 차용명량사

사물과 관련이 있는 용기, 소재, 장소의 명칭 등의 명사를 빌려서 명량사로 사용하는 것을 차용명량사라고 한다.

碗	그릇	饭	面条	粥
瓶	병	水	酒	牛奶
盘	접시	菜	肉	炒饭
车	차	白菜	货	苹果
杯	잔	水	咖啡	茶

③ 동량사 (动量词)

동량사는 동작 또는 변화의 횟수를 표시하는 단어이다. 동량사도 전용동량사와 차용동량사의 두 종류로 나뉜다.

1. 전용동량사(专用动量词)

전용동량사 중 일부는 명량사를 겸할 수 있다. 자주 쓰는 전용동량사는 다음과 같다.

1 你来过这儿几次? 당신은 여기 몇 번 오셨죠?

> **次** 가장 광범위하게 쓰인다.
>
> 我去过苏州三次。(= 我去过三次苏州。) 나는 쑤저우에 세 번 가 봤다.
>
> 我劝过他一次。 나는 그에게 한 번 권했다.

2 一回生，两回熟。 한번 보면 초면이요, 두 번 보면 구면이다.

> **回** 반복적인 동작의 횟수를 나타낸다. "次"에 비하여 구어의 색채가 강하다.
>
> 我去过北京一回。(= 我去过一回北京。)
> 나는 베이징에 한 번 간 적 있다.
>
> 我看过他三回。 나는 그를 세 번 본 적이 있다.

3 你把课文从头到尾念一遍。 본문을 처음부터 끝까지 한 번 읽어라.

> **遍** 한 동작의 처음부터 끝까지의 전 과정을 강조한다.
>
> 我没听懂，请你再说一遍。
> 저는 못 알아들었습니다. 다시 한번 말씀해 주세요.
>
> 上路前，要把车子仔细检查一遍。
> 출발하기 전에 차를 한 번 꼼꼼하게 점검해야 한다.

4 请帮我把桌子抬一下。 같이 책상 좀 한번 들어 주세요.

下 짧은 시간 동안의 동작을 나타낸다. 대명사로 된 목적어는 동량사의 앞에 와야 한다. "一下"는 '좀'이라는 뜻의 관용적 표현으로 어감을 부드럽게 해준다.

妈妈，哥哥打了我两下。 엄마, 형이 나를 두 대 때렸어요.

喂，请找一下小刘。 여보세요, 샤오 리우 좀 바꿔 주세요.

5 刚才刮了一阵大风。 조금 전에 바람이 한차례 세게 불었다.

阵 갑자기 발생하고, 지속된 시간이 비교적 짧은 경우에 쓰인다.

下午下了一阵雨，凉快多了。
오후에 비가 한차례 내려서 많이 시원해졌다.

爸爸下午在田里干了一阵活儿。
아버지는 오후에 밭에서 한 차례 일을 하셨다.

6 今天看了一场精采的足球赛。 오늘은 멋진 축구 시합 한 경기를 관람했다.

场 일의 경과, 운동 경기, 연출, 영화, 자연 현상 따위의 횟수에 쓰인다.

咱们再赛一场吧。 우리 한 판 더 하자.

"明成皇后"演了三百多场了。 '명성황후'는 삼백여 차례 공연했다.

7 那个研究计划，他认真地研究了一番。
그 연구 계획을 그는 한차례 진지하게 검토했다.

番 과정이 비교적 길고 노력이 많이 드는 행위에 사용된다.

他仔细地解说一番后，我终于明白了。
그가 자세히 한 번 설명한 후에야 난 비로소 이해했다.

我费了几番周折才办好签证。
나는 수 차례의 우여곡절을 거친 후에야 비자를 발급받을 수 있었다.

8　一天吃三顿饭。　하루에 밥을 세끼 먹다.

顿　음식, 질책, 권고, 언어활동 등에 사용한다.

又被老师说了一顿。　또 선생님한테 야단을 맞았다.

昨天他狠狠地批评了我一顿。　어제 그는 나를 호되게 비판했다.

2. 차용동량사(借用动量词)

동작 행위시 사용하는 도구 및 신체 부위의 명칭은 차용동량사로 사용될 수 있다.

刀	切两刀	칼질을 두 번 하다
针	打一针	주사를 한 대 맞다
脚	踢一脚	발길질 한 번 하다
拳	打两拳	주먹으로 두 대 치다
口	抽一口	(담배) 한 모금 피우다
眼	看一眼	흘깃 보다

✳ 잘못 쓰는 문장 길들이기

틀린문장1 妈妈买回来一头黄鱼。

명량사와 명사의 결합은 습관적으로 고정되어 사용되므로 임의적으로 변경할 수 없다. 생선에 쓰이는 양사는 "条"이다.

妈妈买回来一条黄鱼。 어머니는 조기 한 마리를 사 오셨다.

틀린문장2 他每天天看电视。

틀린문장2-1 每个个都是好孩子。

대부분의 명량사는 중첩할 수 있는데, 중첩 후에는 '…마다'라는 뜻을 갖게 된다. 따라서 '매일'을 표현하려면 "每天"을 쓰거나 "天天"을 써야지, "每天天"을 쓰면 안된다. 마찬가지로 '모두'를 표현하려면 "每个"를 쓰거나 "个个"를 써야 한다.

他天天看电视。 그는 매일 TV를 본다.

每个都是好孩子。 모두 착한 아이들이다.

틀린문장3 这个星期我只见过一次他。

"次"는 가장 광범위하게 쓰이는 동량사로서 목적어가 대명사로 된 경우는 반드시 동량사 앞에 놓여야 한다.

这个星期我只见过他一次。 이번 주에 나는 그를 한 번 밖에 못 봤다.

틀린문장4 这部电影的观众已达三百万人次人。

"人次(총인원)"는 복합양사로서 그 뒤에 명사를 더 첨가할 수 없다.

这部电影的观众已达三百万人次。 이 영화의 관중은 이미 총 삼백만에 달했다.

틀린문장5 我等他等了三钟头。

일반적으로 양사는 수사와 명사의 중간에 놓여야한다. 하지만 준양사의 경우는 양사 없이 바로 수사와 결합할 수 있다. '시간'을 뜻하는 양사는 "钟头"와 "小时"가 있는데, "钟头"는 준양사가 아니므로 양사인 "个"가 필요하며 "小时"는 준양사이므로 "个"를 안 써도 된다.

我等他等了三个钟头。 나는 그를 세 시간 동안 기다렸다.

我等他等了三(个)小时。

틀린문장6 来中国三月以后，我渐渐习惯了这里的生活。

“三月”은 일년 중의 세 번째 달로서 '삼월'이라는 뜻이다. 한달, 두달처럼 달을 헤아릴 때에는, “月”앞에 양사 “个”를 사용해야 한다.

来中国三个月以后，我渐渐习惯了这里的生活。

중국에 온 지 석달이 지난 후에, 나는 여기의 생활에 점점 익숙해졌다.

틀린문장7 这种药每天吃三遍，每遍吃两片。

동량사인 “遍”은 동작의 처음부터 끝까지의 전 과정을 강조한다. '하루에 약을 세 번 먹는다.'라고 할 때는, 전 과정을 강조하는 “遍”보다는 반복적으로 발생하는 일의 횟수에 사용하는 “次”가 더 적당하다. 참고로 양사 “片”으로 보아 그 약이 얇고 납작하게 생겼다는 것을 알 수 있다.

这种药每天吃三次，每次吃两片。

이런 약은 하루에 세 번, 매 번 두 알씩 먹는다.

틀린문장8 我会说汉语一点儿。

“一点儿”은 부정양사로서 명사 앞에 나오며 양이 매우 적음을 나타낸다.

我会说一点儿汉语。 나는 중국어를 좀 한다.

틀린문장9 他比我一点儿高。

“一点儿”은 “比”자 비교문에 쓰일 때, 그 차이가 매우 적음을 나타낸다. 이 때 “一点儿”은 보어로서 형용사의 뒤에 나와야 한다.

他比我高一点儿。 그는 나보다 키가 좀 크다.

틀린문장10 墙上贴着一幅山水画。

그림의 양사는 “张”과 “幅”가 있는데 “张”은 종이의 양사로 종이 위에 그린 그림 한 장을 “一张画”라고 한다. 그림을 액자에 끼우거나 비단으로 표구한 경우에는 양사 “一幅画”를 쓴다. “一幅”에는 동사 “挂”가 적당하다.

墙上贴着一张山水画。 벽에 산수 그림이 한 장 붙어 있다.

墙上挂着一幅山水画。 벽에 산수 그림이 한 폭 걸려 있다.

✱ 연습문제

一 아래의 빈 칸을 채우시오.

1. 전용명량사로 채우시오.

(1) 两( )信   (2) 一( )绸布   (3) 几( )星星

(4) 一( )针   (5) 几( )石子   (6) 两( )椅子

(7) 一( )帽子   (8) 几( )花   (9) 三( )论文

(10) 一( )屋子

2. 집합양사로 채우시오.

(1) 一( )东西   (2) 两( )西服   (3) 一( )学生

(4) 几( )筷子   (5) 一( )房子   (6) 一( )眼镜

(7) 一( )恋人   (8) 一( )流氓   (9) 一( )马

(10) 一( )家具

3. 도량사로 채우시오.

(1) 几( )苹果   (2) 两( )布   (3) 身高一( )六

(4) 十( )路   (5) 几( )地

4. 차용명량사로 채우시오.

(1) 一( )东西   (2) 一( )汗   (3) 一( )书

(4) 一( )画儿   (5) 五( )糕点   (6) 三( )牛奶

(7) 一( )客人   (8) 一( )泪水

5. 전용동량사로 채우시오.

(1) 下了( )雨   (2) 参观了一( )   (3) 刮一( )大风

(4) 吃了( )西餐   (5) 去了( )北京

6. 차용동량사로 채우시오.

(1) 看了一（　　）　　　　(2) 踢了一（　　）　　　　(3) 吐了一（　　）

(4) 切了一（　　）　　　　(5) 射了一（　　）

二 아래 문장의 틀린 부분을 고치시오.

1. 我头疼，吃了几个药，一点儿好了。

2. 我认识那位人。

3. 我们之间发生了有些矛盾。

4. 一年有十二月。

5. 我听说过他一些的情况。

6. 你等我一点儿，我马上就来。

7. 这些一本地图是朋友送给我的。

8. 这座饭店的生意很好。

9. 我们每个学期要交两个篇论文。

10. 听说，那片电影很有意思。

11. 今天天气一点儿冷。

12. 我已经三次来韩国了。

13. 我们俩个很快成了好朋友。

14. 刚才谁推了一下我？

15. 我住在两楼。

8 我去朴老师那儿

一 명사, 명사술어문

1. 명사(名词)

명사는 사람이나 사물을 표시하는 단어이다. 명사는 다음과 같이 분류할 수 있다.

1. 사람이나 사물을 표시하는 것

   예 : 老师, 记者, 护士, 电脑, 水壶, 花, 大象 ---〉 구체적 대상

   　　 思想, 精神, 经济, 意志 ---〉 추상적 대상

2. 시간사

   예 : 今天, 国庆日, 去年, 上午

3. 처소사

   예 : 上边, 韩国, 邮局, 心里

4. 방위사

   예 : 东, 西, 前面, 外边, 后头

사람을 가리키는 명사 뒤에는 "们"을 첨가하여 복수를 나타낼 수 있다.

2. 명사술어문

문장에서 '~이다'에 해당되는 것이 "是"인데, "是" 없이 주어 뒤에 바로 명사나 명사단어결합을 쓰는 문형을 명사술어문이라고 한다. 명사술어문의 특징은 다음과 같다.

1 今天星期天，明天星期一。오늘은 일요일이고, 내일은 월요일이다.

아무 명사나 다 명사술어문을 구성할 수 있는 것은 아니다. 명사술어문을 만들 수 있는 명사는 시간, 요일, 날짜, 나이, 학년, 출생지, 가격 등을 나타내는 명사이다. 명사술어문은 주어와 술어 사이에 "是"를 넣을 수도 있는데, 이 경우는 명사술어문이 동사술어문으로 바뀌게 되며 강조의 의미를 나타낸다.

现在三点十五分。지금은 3시 15분이다.

我今年五十岁。나는 올해 쉰 살이다.

2 我不是汉城人。나는 서울사람이 아니다.

명사술어문의 부정문은 "是"를 생략할 수 없으며, 반드시 "不是"로 표현해야 한다. 왜냐하면 "不"는 직접 명사를 부정할 수 없기 때문이다.

今天不是三号，是四号。오늘은 3일이 아니라 4일이다.

这件衣服不是三十块钱。이 옷은 30위엔이 아니다.

㈜ 시간사 및 시간 표시법

　　시간을 표시하는 명사 또는 명사단어결합을 시간사라 한다. 시간사에는 두 가지가 있다. 하나는 "三点", "现在" 등과 같이 시간의 흐름 속의 어느 점, 즉 시점(时点)을 나타내는 표현이고 다른 하나는 "三个月", "两年" 등과 같이 시간의 量을 나타내는 것, 즉 시량(时量)표현이다. 하지만 시간을 표시한다고 해서 다 시간사가 아니다. 시간사와 시간부사를 구분해야 한다. 시간사는 "从", "在", "到", "等到" 등과 어울려서 쓸 수 있는 특징이 있다. 하지만 "随时", "立刻", "已经", "本来" 등은 시간을 나타내기는 하지만 "从", "在", "到", "等到" 등과 어울려서 쓸 수 없는 시간부사이다. 주요한 시간 표현법은 다음과 같다.

1. 시량(时量) 표현법

1 你听过 "一千零一夜" 这个童话故事吗?

　　당신은 '아라비안나이트(천일야화)'라는 동화를 들어봤어요?

다음과 같은 준양사 시간사들을 이용해서 시량을 표현할 수 있다.

年　　　星期　　　天　　　夜　　　小时　　　分(钟)　　　秒

　　一(个)星期有七天, 一天有24(个)小时, 一(个)小时有六十分, 一分有六十秒。

일주일은 7일이고, 하루는 24시간이고, 한 시간은 60분이고, 1분은 60초다.

　　中国是八小时工作制吧? 중국은 8시간 노동제지요?

2 我九月来中国, 在中国已经待了九个月了。

　　나는 9월에 중국에 왔는데, 중국에 머문지 벌써 9개월이 되었다.

　　주요한 시량 표현법은 준양사 시간사 이외에 또한 "月"와 "钟头"가 있다. 12개월의 명칭은 1~12까지의 수사 뒤에 "月"을 붙여준다. 한달, 두달, 석달의 경우는 양사 "个"를 쓴다. "钟头"도 반드시 양사 "个"를 써야 한다.

一年有十二个月：一月，二月，三月，四月，五月，六月，七月，八月，九月，十月，十一月，十二月。 일년은 열두달이 있는데 : 1월, 2월, 3월, 4월, 5월, 6월, 7월, 8월, 9월, 10월, 11월, 12월이다.

我一天睡七(个)小时(七个钟头)。 나는 하루에 7시간 잔다.

3　一天有几个小时?　하루는 몇 시간이 있어요?

　　보통 10이하의 수를 예상하고 시간의 양을 물을 때 "几"를 쓴다. 단 10이상이라도 일, 월, 시간처럼 어떤 사이클을 반복하는 경우는 "几"를 쓸 수 있다. 그 외에 "多长时间", "多少时间" 등도 자주 쓴다.

你们一个学期有多长时间? 여러분의 한 학기는 얼마나 되나요?

你织这件毛衣花了多少时间?
당신은 이 스웨트를 뜨는데 시간이 얼마나 걸렸어요?

2. 시점(时点)표현법

1 下个月五号我要去中国。　다음달 5일에 나는 중국에 간다.

시점 표현법은 다음과 같다.

点　　　点钟
刻　　分　　秒
早上　　中午　　下午　　傍晚
晚上　　半夜　　凌晨
×号　　星期×　　×月
(前/昨/今/明/后)天
(前/去/今/明/后)年
(上上个 / 上个 / 这个 / 下个 / 下下个)星期
(上上个 / 上个 / 这个 / 下个 / 下下个)月

시점 표현에서의 '2'는 "二"를 쓴다. 단 '2시'를 나타낼 때는 "两点"으로 한다.

몇 월 며칠의 경우 "×月×号" 혹은 "×月×日"라고 한다. "号"는 구어에 많이 쓰이고 "日"는 문어에 많이 쓰인다. 시간사의 순서는 한국어와 마찬가지로 "年, 月, 日, 星期"로 한다.

去年我是学生，今年我是老师了。

작년에 나는 학생이었는데, 올해는 선생님이 되었다.

我今天凌晨四点才睡。 나는 오늘 새벽 네 시에야 잠자리에 들었다.

2 现在已经十二点过五分了。 지금 벌써 12시 5분이에요.

'X시 5분'의 경우는 "X点五分"이라고도 하지만 X시가 지난 지 얼마 안 되었다는 뜻으로 "X点过五分"이라고도 된다. 반대로 'X시 55분'은 "X点55分"이라고도 하지만 "差5分Y点"이라고 할 수도 있다.

现在两点过五分。 지금은 2시 5분이다.

现在差五分两点。 지금은 2시 5분 전이다.

3 现在几点？ 지금 몇 시예요?

의문을 제기하는 방식은 "几", "什么时候" 등이다

A1 : **今天几月几号星期几？** 오늘은 몇월 며칠 무슨 요일입니까?

B1 : **今天三月二号星期三。** 오늘은 3월 2일 수요일입니다.

A2 : **这件事你是什么时候知道的？** 이 일을 언제 알았어요?

B2 : **我是今天才知道的。** 나는 오늘에야 알았어요.

처소사

1 **我去朴老师那儿。** 나는 박 선생님한테 간다.

　　"在", "到", "从", "去" 등의 목적어는 대개 처소사이다. 사람이나 사물을 뜻하는 보통 명사로 장소를 표시하려면 방위사나 지시대명사인 "这儿", " 那儿" 등을 붙여서 장소화시켜야 한다.

　　书都在书包里。 책은 다 책가방 안에 있다.

　　夏天，人们常在这棵大树下喝茶，聊天。
　　여름에 사람들은 자주 이 큰 나무 밑에서 차를 마시고 잡담을 하곤 한다.

2 **我在邮局(里)等你。** 나는 우체국에서 당신을 기다리고 있을게요.

　　"邮局" 뒤의 "里"는 생략할 수 있다. 왜냐하면 "邮局"는 편지를 부친다는 특정 성격을 가진 기관이자 장소이기 때문이다. "学校", "银行", "教室", "餐厅" 등도 모두 장소를 가리키기 때문에 "里"를 생략할 수 있다.

　　我看见他从医院(里)出来。 그가 병원에서 나온 것을 내가 봤다.

　　他现在在图书馆(里)看书。 그는 지금 도서관에서 책을 보고 있다.

(四) 방위사

방위사는 방향이나 위치를 나타내는 단어이다. 방위사는 단순과 합성의 두 종류로 나뉜다. 단순 방위사의 앞에 "以"나 "之"를 첨가하거나 뒤에 "边", "面", "头"를 첨가하면 합성방위사가 된다. 이 때 "边", "面", "头"는 경성으로 읽어야 한다. 이를 도표로 나타내면 아래와 같다. '+'는 결합할 수 있음을 나타내며, '−'는 결합할 수 없음을 나타낸다.

	东	西	南	北	上	下	前	后	左	右	里	外	内	中	旁
以+	+	+	+	+	+	+	+	+	−	−	−	+	+	−	−
之+	−	−	−	−	+	+	+	+	−	−	−	+	+	+	−
+边	+	+	+	+	+	+	+	+	+	+	+	+	−	−	+
+面	+	+	+	+	+	+	+	+	+	+	+	+	−	−	−
+头	+	+	+	−	+	+	+	+	−	−	+	+	−	−	−

1. 단순 방위사

1. 현대 중국어에서는 단순 방위사가 단독으로 사용되는 경우가 드물고, 대부분 한 쌍을 이루어 사용되는데 하나의 단어로 고정되어 쓰이는 경우가 많다. 한 쌍을 이루는 방위사에는 "上下", "前后", "左右" 등이 있는데, 이들이 대략의 숫자를 나타내는데 쓰인다.

   四十岁上下   一百个人左右   中秋节前后

2. 어떤 단순방위사는 명사나 명사단어결합의 앞이나 뒤에 부가되어 시간 또는 장소를 나타낸다.

   上(个)星期   南极   东郊   三天前   十年后
   地上   窗前

2. 합성방위사

1. 합성방위사의 용법은 단순방위사보다 자유롭다. 합성방위사가 명사를 수식할 때는 일반적으로 "的"가 뒤따라온다. "以前"과 "以后"는 시간을 나타내는 데에만 쓰인다.

   前边的楼都是新建的。앞쪽의 건물은 모두 새로 지은 건물들이다.

   左边的书店专卖中文书。왼쪽의 서점은 중국어책을 전문적으로 취급한다.

这是七号以前的消息。이것은 7일 이전의 소식이다.

不要只顾现在，你要为以后想想。
당신은 현재만 생각할게 아니라, 장래를 고려해야 된다.

2. 합성방위사는 명사 뒤에서 "명사 + ~边(~头, ~面)"의 형식으로 쓰이기도 한다. 이때 명사와 "~边", "~头", "~面" 등의 합성 방위사 사이에는 "的"를 사용하지 않는 경우가 많고, 뜻도 '명사 + 단순방위사'가 나타내는 것과 기본적으로 같다.

桌子上(上边)有一封信。책상 위에 편지 한 통이 있다.

屋子里(里面)一个人也没有。방안에 사람이 하나도 없다.

*✳ 잘못 쓰는 문장 길들이기

틀린문장1 我们系有三百个学生们。

틀린문장1-1 他们都是老师们。

사람을 가리키는 명사의 뒤에는 "们"을 첨가하여 복수를 나타낼 수 있다. "们"은 한국말의 복수를 표시하는 '~들'에 해당하나, 문장에 수량사가 있거나 복수를 나타내는 다른 단어가 있을 경우 "们"은 다시 사용할 수 없음을 주의해야 한다.

我们系有三百个学生。 우리 과에는 학생이 300명 있다.

他们都是老师。 그들은 모두 선생님이다.

틀린문장2 蜜蜂们在花丛里飞来飞去。

사람을 표시하는 명사 외의 사물, 동식물 등을 나타내는 명사는 "们"을 첨가할 수 없다. "蜜蜂"은 그 앞에 수량을 나타내는 말이 없어도 그 자체로 복수이며, 그 앞에 "一些", "许多", "不少"를 붙여서 복수를 표현할 수도 있다.

(许多)蜜蜂在花丛里飞来飞去。 벌이 꽃밭에 날아다닌다.

틀린문장3 刚来中国以后，我很不习惯。

"刚"은 부사이고 "以后"는 시간 명사로서, 각각 가리키는 시간이 달라 같이 쓸 수 없다. "刚"을 삭제하든지 "刚"을 "的时候"와 함께 써서 '막 ~ 했었을 때'라는 뜻을 나타내면 된다.

来中国以后，我很不习惯。 중국에 온 후, 나는 전혀 적응 못했다.

刚来中国的时侯，我很不习惯。 중국에 막 왔을 때, 나는 전혀 적응을 못했다.

틀린문장4 从我家到他家要一点钟三十分。

틀린문장4-1 现在两小时二十分钟。

"点钟"과 "分"은 '~시', '~분'이라는 어떤 시점을 나타낸다. "点钟"과 "分"을 함께 사용하여 '~시 ~ 분'을 말할 때는 "点钟"을 "点"으로 줄여 "~点 ~分"으로 말한다. "小时"과 "分(钟)"는 '~시간', '~분'이라는 시간의 합계인 시량을 나타낸다.

从我家到他家要一小时三十分(钟)。
우리 집에서 그 사람 집까지 한 시간 30분이 걸린다.

现在两点二十分。 지금은 2시 20분이다.

틀린문장5 他每天只喝半牛奶。

틀린문장5-1 去年我在上海住了半个年。

"半"은 하나의 특수한 수사로, 다른 수사와 마찬가지로 명사 앞에 나올 때 뒤에 양사가 있어야 한다. 하지만 "年"은 준양사이므로 직접 수사와 결합할 수 있어서 양사가 필요 없다.

他每天只喝半瓶牛奶。 그는 매일 우유 반 병만 마신다.

去年我在上海住了半年。 작년에 나는 상하이에서 반년 동안 살았다.

틀린문장6 小朋友，到老师来。

틀린문장6-1 请猜一猜我手拿着什么。

사람이나 일반 명사는 처소사가 될 수 없다. 처소사가 되기 위해 명사 뒤에 방위사나 "这儿"혹은 "那儿"를 붙여서 처소사로 만들어야 한다. 틀린문장6은 "老师" 뒤에 "这儿"을, 틀린문장6-1은 "手"뒤에 "里"를 붙이면 된다.

小朋友，到老师这儿来。 얘야, 선생님한테 오렴.

你猜一猜我手里拿着什么。 내가 손에 무엇을 들고 있는지 맞춰 보세요.

틀린문장7 小丽在法国里学习。

틀린문장7-1 小王在北京里工作。

나라나 도시 이름은 그 자체가 장소를 가리키고 처소사가 될 수 있기 때문에 뒤에 방위사 "里"를 쓸 수 없다.

小丽在法国学习。 샤오 리는 프랑스에서 공부한다.

小王在北京工作。 샤오 왕은 베이징에서 일한다.

틀린문장8 精神里的损失很难补回来。

틀린문장8-1 这种金属高温上也不容易熔化。

방위사의 기본 용법은 방향, 장소, 시간을 나타내는데 있지만, 확장된 의미로 사용되면, "上"은 '방면', '범위'를 나타나고 "下"은 '조건'을 나타나고 "中"은 '과정'을 표시하기도 한다.

精神上的损失很难补回来。 정신적인 피해는 매우 회복하기 힘들다.

这种金属高温下也不容易熔化。 이런 금속은 고온에서도 쉽게 용해되지 않는다.

틀린문장9 我家在汉城的北东边儿。

우리말과 달리 중국어에서는 방향을 가리키는 '동서남북'을 표시할 때에 동쪽과 서쪽을 중심으로 해서 "东北", "东南", "西北", "西南"처럼 말해야 한다. 예를 들어 '노스웨스트항공'은 "西北航空"이라고 한다.

我家在汉城的东北边儿。 우리 집은 서울의 동북쪽에 있다.

틀린문장10 开学后的三星期前最忙。

방위사인 "前"을 명사 또한 명사단어결합의 앞이나 뒤에 부가되어 시간을 나타내는데, 각각의 의미는 다르다. "三星期前"은 '삼 주 이전'인 어떤 시점을 나타내고 "前三星期"은 '첫 삼 주'인 '시량'을 나타낸다.

开学后的前三星期最忙。 개학 후의 첫 삼 주가 가장 바쁘다.

✱ 연습문제

— 다음을 중작하시오.

1. 영화를 보러 온 학생들이 많다.

2. 모든 사람이 안다.

3. 그는 대학을 졸업하고 상하이의 한 무역회사에서 일하고 있다고 한다.

4. 그는 책을 책상 위에 올려놓았다.

5. 밖에는 바람이 불고, 비도 온다.

6. 동쪽 길은 매우 가파르다.

7. 예전에 이 정원에는 복숭아나무 한 그루가 있었다.

8. 항저우는 유명한 화원도시이다.

9. 추석 전후는 대단히 떠들썩하다.

10. 학생들은 양쪽으로 서 있고, 선생님은 중간에 서 있다.

11. 나는 전에 여기에 와 본 적이 없다.

12. 토론 도중에 새로운 문제들을 발견했다.

13. 위의 논술은 3개의 문제를 설명했다.

14. 이 문제에 대한 우리의 의견은 완전히 일치한다.

15. 바깥이 추우니, 방으로 들어오세요.

二 다음 문장의 틀린 부분을 고치시오.

1. 对才毕业的大学生们来说，失业是个严重的问题。

2. 现在是二点半。

3. 我已经学了两半个月的汉语了。

4. 明天有几个朋友们要来我家玩。

5. 一个男人教我们汉语。

6. 屋子在开会。

7. 我现在在台北里学习。

8. 他把那张画挂在墙里了。

9. 有一个小孩儿掉进河。

10. 开车的工夫到了，车怎么还不开?

11. 我从九月六号1990年开始学习汉语。

12. 现在已经五分过十点了。

13. 他每天学习四点。

14. 我们上午九小时上课。

15. 因为椅子不够，我坐在床。

9 대명사(一)你自己去跟他说

一 대명사 (代名词)의 문법적 특징

대명사는 다른 것을 대신하거나 가리키는 역할을 하는 단어이다. 대명사가 가리키는 대상은 단어뿐만 아니라 단어결합이나 문장이 될 수도 있다. 대명사는 대신하는 대상에 따라 인칭대명사, 지시대명사, 의문대명사로 나뉜다. 인칭대명사는 사람이나 사물을 대신하는 단어로 명사의 일반적인 특징을 지니고 있다. 지시대명사는 사람이나 사물을 대신할 수 있다. 의문대명사는 의문의 대상을 나타내며 의문문을 구성한다. 대명사는 이처럼 다른 것을 대신하여 불필요한 중복을 피할 수 있어서 표현을 간결하고 매끄럽게 한다. 이 3가지 대명사의 공통적인 문법적 특징은 첫째, 일반적으로 다른 품사의 수식을 받을 수 없고, 둘째, 중첩할 수 없다.

二 인칭대명사

인칭대명사는 사람이나 사물의 명칭을 대신하는 역할을 한다. 자주 쓰이는 인칭 대명사는 다음과 같다.

1. 我, 你, 他, 她, 它

"我"는 1인칭 단수로서, 말하는 사람을 가리킨다. "你"는 "2인칭 단수로서 듣는 사람을 가리킨다. 중국어의 인칭대명사는 한국어와 달리 '나, 저'나 '당신, 자네'와 같은 존댓말의 표현이 없다. 다만 공손한 마음으로 상대방을 호칭할 때 "您"을 쓴다. 3인칭에 한해서 남성은 "他", 여성은 "她", 사물은 "它"로 표시한다. 1인칭 복수는 "我们", 2인칭복수는 "你们"이며, '여러분'이라는 표현은 구어체에서 통상 "您二位(你们二位)", "您三位(你们三位)", "您几位(你们几位)"로 표현한다. 3인칭 복수는 남성이 "他们", 여성이 "她们"이다. 만일 남성과 여성을 합해 '저 사람들'이라고 부를 때는 "他们"을 쓴다.

2. 我们, 咱们

1. **别躲了，我们已经看到你们了。** 숨지 마, 우리는 벌써 너희들을 봤어.

   "我们"과 "咱们"은 한국말로 옮기면 모두 '우리(들)'이 되는데, "咱们"은 말하는 사람과 듣는 사람을 다 포함한다. "我们"은 어떤 때는 말하는 사람과 듣는 사람을 포함하지만 어떤 때는 단지 말하는 사람 쪽만 포함하며 듣는 사람 쪽은 포함하지 않는다.

   咱们走吧。 우리 가자. (말하는 측과 듣는 측을 다 포함한다)

   你是留学生，我们不是，我们是游客。
   당신은 유학생인데 우리는 아니다. 우리는 관광객이다.
   (말하는 사람만을 포함하고, 듣는 사람은 포함하지 않는다)

3. 人家, 别人

"人家"와 "别人"은 화자와 청자 이외의 사람을 가리킨다. 그들의 차이점은 다음과 같다.

1. **你没问人家的地址?** 당신 그 사람 주소를 안 물어 봤어요?

   여기서 "人家"는 앞에서 언급한 제삼자를 가리킨다.

   你没去车站送金先生? 太对不起人家了。

   김 선생님을 기차역까지 배웅하지 않았다고? 그분에게 너무 미안하잖아.

   A: **他们为什么天天迟到?** 그 사람들은 왜 매일 늦니?

   B: **人家住得远嘛!** 그 사람들은 먼 곳에 살잖아요.

2. 人家都急死了，你还在说风凉话。

나는 다급해 죽겠는데, 너는 옆에서 비아냥거려?

"人家"는 때때로 "我" 즉 말하는 사람 당사자를 지칭하기도 한다. 이러한 표현은 대부분 젊은 부녀자들이 애교있게 말하거나, 약한 비난의 어감을 나타낼 때 사용하고, 구어에서만 사용한다.

你不来帮忙，还在笑人家，真讨厌！

와서 도와주지도 않고, 나를 비웃다니, 정말 미워.

A: 你到底去不去? 너 도대체 가는 거야, 마는 거야?

B: 人家不去嘛! 난 안 간다니까.

3. 别人能做的事，我也能做。다른 사람이 할 수 있는 일은 나도 할 수 있다.

"别人"은 3인칭을 총괄적으로 가리킨다.

别人有了困难，咱们应该帮助他才对。

다른 사람이 힘들 때, 우리는 마땅히 그를 도와줘야 한다.

你要多为别人着想，别只顾自己。

너는 다른 사람을 좀 더 많이 배려해 줘야 해, 자기만 챙기지는 마라.

4. 大家, 大伙儿

1. 听到这个消息，大家都很伤心。그 소식을 듣고 모두들 마음 아파했다.

"大家"와 "大伙儿"은 모두 어느 한 범위 내에 있는 사람을 총괄하며 부르는 명칭이다. 어떤 경우에는 "我们", "咱们" 등의 복수 대명사 뒤에 쓰여 반복 지적함으로 전체임을 강조한다. "大伙儿"은 주로 구어에 쓰인다.

大家好，见到你们我很高兴。

여러분 안녕하세요. 여러분을 만나게 되어 매우 기쁩니다.

咱们大伙儿一起干吧。우리 모두 같이 하자.

5. 自己

1. **让我自己来搬。 나 혼자서 옮길게요.**

    "自己"는 1인칭에 국한되지 않고 2인칭, 3인칭도 될 수 있다. "自己"는 문장에서 이미 나온 사람이나 사물을 가리켜, 다른 인칭대명사 또논 명사와 연용하여 쓸 수 있는데, 자기 자신이나 사물의 자체를 강조한다.

    > **你自己去跟他说。** 당신이 직접 가서 그에게 얘기해요.

    > **他自己知道是怎么回事。** 그 사람 자신은 어떻게 된 일인지 안다.

2. **你别老是自己跟自己过不去。 너는 너무 자기 자신을 괴롭히지는 말아라.**

    "自己 +동사 / 전치사 + 自己"라는 문형은 '자기 자신을 …하다'는 뜻을 나타낸다.

    > **你怎么总爱自己哄自己?** 너는 왜 항상 자신을 기만하니?

    > **他只好自己安慰自己了。** 그는 자기 스스로 위안할 수 밖에 없었다.

三 지시대명사

지시대명사란 사람, 사물, 장소, 시간, 성질, 상대, 동작, 정도 등을 대신하거나 가리키는 단어이다. 지시대명사 중에서 가장 기본적인 것은 가까운 것을 표시하는 "这"와 먼 것을 표시하는 "那"이며, 그 밖의 것들은 모두 이 두 낱말에서 파생된 것이다.

1. 这, 那

1. **这是崔老师，那是李老师。 이분은 추이 선생님이고, 저분은 리 선생님입니다.**

    "这"와 "那"가 단독으로 사용될 때나 "这/那 + 수량사 +명사"의 문형으로 쓸 때 모두 대상을 정확히 가리키는 역할을 한다.

    > **这是客厅，那是主卧房。** 여기는 응접실이고 저기는 안방이다.

    > **你问这干什么?** 넌 그런 걸 왜 물어봐?

这三幅画儿是宋朝的，那两幅是明朝的。

이 그림 세 폭은 송나라 것이고, 저 두 폭은 명나라 것이다.

那张桌子是用大理石做的。 그 책상은 대리석으로 만든 것이다.

2. 那些人是从哪儿来的? 저 사람들은 어디서 온 사람들이야?

"这些", "那些"는 복수의 사람 또는 사물을 지칭하며 "这点儿", "那点儿"은 '적은 양', '하찮은 양'을 나타낸다.

这些纸够吗? 종이 이 정도면 충분해요?

这点儿事，一天就办完了，哪里要三天?

그 정도 일은 하루면 다 하지 무슨 3일씩이나 필요한가 ?

别为了那点儿小事发脾气。 그까짓 일 때문에 화내지 마세요.

3. 他做人做事，真有点儿那个。

그 사람은 처세술이나 일하는 태도가 정말 좀 그래.

"那个"는 '그렇다'라는 뜻인데 직접 말하기 난처하거나 불편한 말 대신으로 쓰인다. 주로 부정적인 의미의 말을 대신한다.

你刚才说的话太那个了。 너 방금 한 말은 너무 그렇다.

小李是个好人，只是脾气有点儿那个。

샤오 리는 사람은 좋은데, 성질이 좀 그래.

4. 他这才知道上当了。 그는 그제야 속았다는 것을 알게 되었다.

"这"는 때로 시간의 의미로 쓰이는데 "这 + 才/就/都 + 동사"의 문형을 이루어 '이제서야, 지금'이라는 의미를 나타낸다.

您请稍等，我这就给你拿。 잠시 기다리세요. 곧 가져다 드릴게요.

这都几点了，你还在睡。 지금이 몇 시인데 아직도 자고 있어?

2. 这里, 这儿, 那里, 那儿

1. **这儿有树荫，我们在这儿休息吧！** 여기에 그늘이 있으니, 여기서 쉬자.

   "这里", "这儿", "那里", "那儿"은 장소를 가리키거나 대신한다.

   > **那儿的风景美极了。** 그곳은 경치가 너무 아름답다.

   > **你们的教室在这里吗？ — 不，在那里。**
   > 너희들의 교실은 여기에 있니? — 아니요, 저기에 있어요.

2. **沙发那里光线不好，你到这儿来看书吧。**
   거기 소파가 있는 곳은 어두우니, 여기 와서 책을 봐라.

   인칭대명사나 사람이나 사물은 문장에서 직접 처소사가 될 수는 없다. 처소사가 되려면 그 뒤에 "这里", "这儿", "那里", "那儿"을 반드시 붙여, 사람이나 사물이 소재하는 장소를 가리키는 처소사가 되도록 해야 한다.

   > **昨天我在张老师那里。** 어제 나는 장 선생님한테 가 있었다.

   > **来我这儿一下。** 나한테 좀 와 봐라.

   > **你到车子那儿等我。** 너 차 있는 곳에서 나를 기다려.

3. 这会儿, 那会儿

1. **这会儿才三点。** 이제 겨우 세시다.

   "这会儿"은 '이때'라는 뜻인데 보통 '지금, 현재'를 지칭한다. 상황에 따라 과거나 미래를 가리키기도 한다.

   > **早晨有点儿冷，这会儿暖和多了。**
   > 아침에는 좀 쌀쌀했는데, 지금은 많이 따뜻해졌어.

   > **昨天这会儿我早就睡了。** 어제 이맘때에 난 벌써 잤어.

   > **明天这会儿我在家，你来吧。** 나는 내일 이맘때 집에 있을테니 오세요.

2. 那会儿我傻, 这会儿可不啦! 전에는 철이 없었지만 이제는 안 그래.

"那会儿"은 '그때'라는 뜻으로 과거와 미래를 가리키며, 현재는 가리키지 못한다.

我上大学那会儿, 示威 游行几乎天天有。
내가 대학교에 다닐 때는 시위, 데모가 거의 매일 있었다.

再过几年, 那会儿你就会明白了。 몇 년 더 지나면, 당신은 이해할 것이다.

4. 这么, 那么

1. 大家都这么说。 모두들 이렇게 말한다.

"这么", "那么"는 '이렇게', '저렇게'의 뜻이며 보통 부사어로 쓰인다.

今天怎么这么热闹? 오늘 왜 이렇게 시끌벅적하지?

这件事就这么办吧。 이 일은 이렇게 처리하자.

我不好意思那么说。 나는 그렇게 말하기가 좀 쑥스럽다.

2. 我就这么一个孩子。 나는 이 아이 하나뿐이다.

"这么"는 수량사와 연용하여 수나 양이 적음을 나타내며, '…만'에 해당한다.

这么几天, 她就收到五封情书。
요 며칠 사이에 그는 벌써 5통의 연애편지를 받았다.

我就这么一点儿钱。 나한테는 돈이 이것밖에 없다.

5. 这样，那样

1. 那样的机会可不多。 그런 기회는 정말로 많지 않다.

   "这样", "那样"은 상태나 상황을 표시하고, 명사를 수식할 때는 "的"를 덧붙여서 사용한다.

   那样的发型最近很流行。 저런 머리 스타일이 요즘 유행이다.

   天底下哪有这样的事情？ 세상에 이런 일이 어디 있어?

2. 妈妈，这样写对不对？ 엄마, 이렇게 쓰는게 맞아요?

   "这样", "那样"은 부사어로 쓰여 정도나 방식을 나타낼 수도 있다. 이 용법의 "这样", "那样"은 기본적으로 "这么", "那么"와 같다.

   他没有你这样(这么)细心。 그는 당신만큼 섬세하지 못하다.

   只有那样(那么)做，才能解决问题。 그렇게 해야만 문제를 해결할 수 있다.

3. 这部电影虽然有这样那样的缺点，但还是一部佳作。
   이 영화는 비록 이런저런 단점이 있지만 그래도 좋은 영화이다.

   "这样", "那样"이 병렬되어 사용될 때는 무작위로 아무 것이나 가리키기도 한다.

   她打心眼儿里不喜欢他，这样也不顺眼，那样也不顺眼。
   그녀는 그를 전혀 좋아하지 않아서, 이래도 저래도 다 눈에 거슬린다.

   人一多，当然会有这样那样的意见。
   사람이 많아지면 이런저런 의견이 나오는 게 당연하다.

✳ 잘못 쓰는 문장 길들이기

틀린문장1 暑假咱们要去日本玩儿，你们去哪儿?

인칭대명사 "咱们"은 말하는 사람과 듣는 사람을 모두 포함한다. "我们"은 어떤 때는 말하는 사람과 듣는 사람을 포함하지만 어떤 때는 단지 말하는 사람 쪽만 포함하며 듣는 사람 쪽은 포함하지 않는다. 틀린문장1의 경우는 듣는 사람 쪽을 포함하지 않기 때문에 "我们"으로 고쳐야 한다.

暑假我们要去日本玩儿，你们去哪儿?
여름 방학에 우리는 일본으로 놀러갈 건데 당신들은 어디로 갑니까?

틀린문장2 我很喜欢姐姐的两个儿子，我常和他一起玩儿。

언니의 두 아들이기 때문에 인칭대명사는 "他们"을 써야 한다.

我很喜欢姐姐的两个儿子，我常和他们一起玩儿。
나는 언니의 두 아들을 아주 좋아한다. 나는 그들과 자주 논다.

틀린문장3 小美让我在这等她。

'~여기에서 기다리게 한다.' 라고 하는 데 "这"는 지시대명사이지 장소가 아니다. "这" 뒤에 "儿"를 붙여서 "这儿"로 고치면 된다.

小美让我在这儿等她。 샤오메이는 나에게 여기서 그를 기다리게 했다.

틀린문장4 我在这儿里的生活非常顺利，不要担心。

지시대명사인 "这"와 "那"는 장소를 가리키거나 대신할 때 "里"나 "儿" 중 하나만 붙이면 되며 두개를 동시에 다 붙이면 안 된다.

我在这儿的生活非常顺利，不要担心。
내가 여기서 생활하는 것은 매우 순조로우니, 걱정마세요.

틀린문장5 这个书店没有那个书店这么大。

「A 有 / 没有 + B + 那么 / 这么 + 비교결과 」의 형식으로 비교를 나타낼 때, "那么"는 먼 것을, "这么"는 가까운 것을 나타낸다. B가 가리키는 사람이나 물건이 화자로부터 가깝거나 말한 시각으로부터 얼마 되지 않았으면 "这么"를 사용하고, B가 가리키는 사람이나 물건이 화자로부터 좀 멀리 떨어져 있거나, 말한 시각으로부터 오래 지났으면 "那么"를 사용한다. 틀린문장5은 B가 "那个书店"으로, 가까운 대상이 아니기 때문에 뒤에도 "那么"를 써야 한다.

这个书店没有那个书店那么大。 이 서점은 저 서점만큼 크지는 않다.

틀린문장6 前几天来看我的这位朋友是我在日本认识的。

　　틀린문장6은 "前几天"을 통해 대상이 화자로부터 시간상 거리가 좀 있다는 것을 알 수 있다. 따라서 뒤에 지시대명사는 "这" 대신에 "那"를 써야 한다.

前几天来看我的那位朋友是我在日本认识的。
며칠 전에 나를 보러 온 그 친구는 내가 일본에서 알게 된 친구이다.

틀린문장7 五位那同学都是中文系的学生。

　　한 문장에 지시대명사와 수량사가 동시에 나오면 지시대명사는 수량사 앞에 나와야 한다.

那五位同学都是中文系的学生。 그 학생 다섯 명은 모두 중국어과의 학생이다.

틀린문장8 我们去过汉城很多地方，他们的风景都很美。

　　틀린문장8은 대명사를 잘못 사용했다. "他们"은 인칭대명사이므로, 지방, 장소를 가리키는 대명사 "那儿"을 써야 한다.

我们去过汉城很多地方，那儿的风景都很美。
우리는 서울에서 여러 곳을 가봤는데 그곳의 경치는 모두 아주 아름다웠다.

틀린문장9 请你告诉张老师来我那儿一下。

　　동사 "来"의 목적어는 처소사여야 한다. 보통 명사를 처소사로 만들려면 "这儿", "那儿" 혹은 방위사를 붙인다. "我"는 화자에게서 가까운 대상(화자 자신)이므로 "这儿"만 붙일 수 있다.

请你告诉张老师来我这儿一下。 장 선생님에게 저한테 좀 오시라고 말을 전해 주세요.

*✻ 연습문제

一 다음을 중작하시오.

1. 아버지는 정직한 사람이시니 우리도 그런 사람이 되어야 한다.

2. 언니는 다가가서 그를 보고 '당신 그러지 마세요'라고 말했다.

3. 지난 일을 꺼내서 뭘 하나?

4. 내가 동생에게 사 준 찐빵을 샤오메이가 다 먹어 버려서, 동생이 그것 때문에 울었다.

5. 남의 물건을 함부로 쓰지 마세요.

6. 당신이 그렇게 하면 남들이 당신을 무시할 거야.

7. 다른 사람들은 다 끝났는데, 너는 어떻게 아직도 안 끝났냐?

8. 여기에 우리밖에 없으니 하고 싶은 말이 있으면 솔직히 말해라.

9. 우리 집은 나와 우리 엄마만 있고 다른 사람은 없으니 놀러 와요.

10. 모두들 조용히 하세요.

11. A : 그 사람은 왜 안 가니?

    B : 그는 일이 있어.

12. 네가 이렇게 고집스럽게 굴면, 결국 네 자신에게 해로울 뿐이다.

13. 이런 기계는 자체적으로 컨트롤 기능이 있어서 자동으로 기계가 멈춘다.

14. 이분은 우리 아버지고 저 사람은 우리 남편입니다.

15. 그것은 도움이라 할 수 없다(별거 아니예요).

16. 이 사람은 참 이상해.

17. 이 아이는 머리가 참 좋아.

18. 이것저것 하다가 하루를 그냥 보냈다.

19. 그 책들을 일주일만에 다 읽을 수 있어요?

20. 자기 일은 자기 스스로 하자.

二 다음 문장의 틀린 부분을 고치시오.

1. 你别急，咱们等你。

2. 小兰和小美来了，你问问他。

3. 去年的降雨量没有今年的那么多。

4. 几本这书都是新的。

5. 这时我很小，现在我不但长大了，还做了妈妈。

6. 我也不知道，为什么老师这么对我好。

7. 我不爱看这样电影。

8. 这是我对这个问题自己的看法。

9. 他和一个别人发生了口角(kǒujué)。

10. 人家都来了以后，我们才吃饭。

10 대명사(二)汉语其实不怎么难

一 의문대명사

의문대명사는 묻고 싶은 부분을 그것에 대응하는 의문대명사로 대체하고 의문을 제기한다. 자주 쓰는 의문대명사의 용법은 다음과 같다.

1. 사람과 사물을 묻는 谁, 哪, 什么

1. 那个小姐是谁? 저 아가씨는 누구예요?

   "谁"는 '누구, 어느 분'이라는 뜻으로, 사람을 묻는 의문대명사이다.

   > 刚才谁来找我了? 방금 누가 나를 찾아 왔어요?

   > 这一题谁要做? 이 문제는 누가 풀까요?

2. 您在哪个大学教书? 당신은 어느 대학교에서 가르치십니까?

   "哪"는 '어느 것', '어떤'을 뜻한다. 哪는 'nǎ' 또는 'něi'의 두 가지로 읽을 수 있다. "哪" 뒤에는 항상 양사나 수량사가 뒤따라온다.

   > 哪位是金智英小姐? 어느 분이 김지영 씨인가요?

   > 吃这种药会有哪些负作用? 이런 약을 먹으면 어떤 부작용들이 있습니까?

3. 你喜欢什么音乐? 당신은 어떤 음악을 좋아하십니까?

   "什么"는 '무엇'을 뜻한다. "什么"가 "时候", "地方", "人" 등의 명사를 수식하여 "什么时候", "什么地方", "什么人"과 같은 단어결합을 형성하여, 시간, 장소 또는 사람을 묻는 데 쓰인다.

   > 你在吃什么? 당신은 뭘 먹고 있어요?

   > 你什么时候走? 당신은 언제 갑니까?

   > 你是什么地方人? 당신은 고향이 어디지요?

4. 急什么，还早呢！ 뭘 그렇게 서둘러, 아직 이르잖아!

"什么"는 때로 '부정, 반발'의 어감으로, '~하지 마라'는 뜻을 나타내기도 한다.

> A : **这台电脑挺好的。** 이 컴퓨터는 정말 괜찮아요.
>
> B : **好什么呀，已经修过两次了。**
> 괜찮긴 뭐가 괜찮아요. 벌써 두 번이나 고쳤어요.
>
> **星期天，看什么书，出去玩吧。** 일요일인데 책 보지 말고 놀러 나가자.
>
> **哭什么，快别哭了！** 울긴 왜 울어! 그만 울어라.

5. 做饭、打扫、带孩子什么的，她都很拿手。
밥하고 청소하고 아이를 돌봐주는 것들을 그녀는 모두 잘한다.

"什么"는 여러 개의 병렬되는 성분 앞에 쓰여 열거를 표시하거나, "什么的"의 형식으로 병렬된 명사 뒤에 놓여 '~등등'이라는 뜻이 된다.

> **什么苹果、草莓、梨，我都喜欢。** 나는 사과, 딸기, 배 등을 다 좋아한다.
>
> **我喜欢苹果、草莓、梨什么的。** 나는 사과, 딸기, 배 등을 좋아한다.

2. 장소를 묻는 **哪里, 哪儿**

1. **你在哪里工作?** 당신은 어디에서 근무하십니까?

   "**哪里**"와 "**哪儿**"은 그 의미와 용법이 같다.

   你去哪儿? 당신은 어디로 가요?

   请问, 邮局在哪儿? 우체국은 어디 있습니까?

2. **你的汉语说得太好了。** 당신은 중국어를 너무 잘 하시네요.
   哪里, 您太过奖了。 별말씀을요, 과찬이십니다.

   "**哪里**"는 반어문에 쓰여 부정적 의미를 나타내는데, '어디'라는 장소를 가리키는게 아니라 겸손을 나타내는 '별말씀을'에 해당한다. "**哪儿的话**"도 '천만에요'라는 뜻이 있다.

   他哪里是美国人? 他明明是法国人。
   그 사람이 어디가 미국 사람이야? 그는 틀림없는 프랑스 사람이야.

   A : **你这么照顾我, 真不知道该怎么感谢你才好。**
   　　　네가 나를 이렇게 돌봐줬는데 어떻게 고마움을 표시해야 될지 모르겠다.

   B : **哪儿的话, 朋友嘛, 应该的。** 무슨 소리야, 친구 사이에 당연한 거지.

3. 방법, 상태를 묻는 **怎么, 怎样, 怎么样**

1. **你们怎么(怎样, 怎么样)预防火灾?** 당신들은 화재를 어떻게 예방합니까?

   "**怎么**", "**怎样**", "**怎么样**"은 그 용법상 다소 차이가 있지만, 방법을 물을 때는 모두 '어떻게 (해서)'라는 뜻을 나타낸다.

   泡菜怎么(怎样, 怎么样)做? 김치는 어떻게 만들어요?

   这件事我该怎么(怎样, 怎么样)跟他说? 이 일을 어떻게 그에게 말하지?

2. 最近身体怎么样? 요즘 건강이 어때요?

"怎样", "怎么样"은 상황, 성질 등에 관해 물을 때 사용할 수 있고 '어떠한'이라는 뜻을 나타낸다.

你觉得这件衣服怎(么)样? 이 옷이 어때요?

那个人怎(么)样? 그 사람은 어때요?

3. 今天的菜怎么这么咸呢? 오늘은 반찬이 왜 이렇게 짜요?

"怎么"에는 '왜'라고 원인을 묻는 용법도 있다. "怎么"는 대체로 의심이나 놀라움을 동반한 의문문을 만들며, 답을 요구하지 않는 경우가 많다.

A : 这个字怎么念? 이 글자는 어떻게 읽지?

B : 你怎么不自己查字典? 너 왜 사전을 찾지 않니?

天气怎么这么冷呢? 날이 왜 이렇게 춥지?

4. 我不怎么喜欢他。 나는 그 사람을 별로 좋아하지 않는다.

"不" + "怎么"는 '그리 ~ 지 않다'라는 의미를 나타낸다. 이 경우 "怎么"는 "太", "很"으로 대체될 수 있다.

汉语其实不怎么(太, 很)难。 중국어는 사실 그리 어렵지 않다.

那部电影不怎么(太, 很)好。 그 영화는 그리 재밌지 않다.

5. 怎么, 你跟男朋友有约会? 뭐라고? 남자친구와 약속이 있다고?

"怎么"는 문두에 쓰여 놀람을 나타내기도 한다. 이 때 뒤에 쉼표가 있다.

怎么, 你还不认错? 뭐라고, 너 아직도 잘못을 인정하지 못하겠니?

怎么, 你想休学? 뭐라고, 휴학하고 싶어?

4. 수량을 묻는 几, 多少

1. 你有几个孩子? 아이는 몇 명 있어요?

수를 묻는 의문사에는 "几"와 "多少"가 있는데 그 용법에는 약간의 차이가 있다. 수량이 '10' 미만일 경우에는 "几"를 쓰고 "几"와 "几"의 수식을 받는 명사 사이에 적당한 양사를 넣어야 한다. 10 이상의 수가 예상될 때나, 짐작이 가지 않는 수에 대해서는 "多少"를 사용한다. "多少"는 양사의 유무에 구애받지 않고 두루 쓰인다.

小朋友, 你几岁了? 애, 너 몇 살이니?

你家有几口人? 식구는 몇 명이에요?

你们学校有多少(多少个, 几个)外国学生?
당신 학교에는 외국학생이 몇 명 있어요?

天上有多少(个)星星? 하늘에는 별이 얼마나 있어요?

2. 他的意见多少有点儿道理。 그의 의견은 어느 정도 일리가 있다.

"多少"는 의문을 나타내지 않고 부사가 되어 '얼마간', '다소'라는 뜻을 나타낼 수 있고 "多多少少"로 표현할 수도 있다.

这个人啊, 我多少了解一些。 이 사람은 말야, 내가 좀 알아.

法语我多多少少懂一点。 나는 프랑스어를 어느 정도 안다.

二 의문대명사의 활용법

의문대명사의 주된 역할은 의문을 표시하여 대답을 요구하는 것이다. 그러나 의문을 나타내지 않을 때도 있다. 이런 의문대명사의 활용은 다음과 같다.

1. 谁不知道小李是个讲信用的人！
샤오 리가 믿을 만한 사람인 건 모두가 알아요.

의문대명사는 반문의 의미를 나타낼 수 있다. 이 경우는 대답을 요구하는 것이 아니라, 강조를 나타내기 위하여 의문문의 형식을 빌린 것이다. 이런 문형에서 긍정은 강한 부정을 나타내고 부정은 강한 긍정을 나타낸다. 말미에 물음표를 찍어도 되고 느낌표를 찍어도 된다.

这跟我有什么关系呀? 이게 나와 무슨 관계가 있다는 거야?

谁知道你在这儿呀? 네가 여기에 있는지 누가 알겠어?

2. 我好像在哪儿见过你。 어딘가에서 당신을 본 것 같아요.

의문대명사는 불특정한 사람이나 사물을 지칭할 수 있고 '어떤'에 해당한다. 일반적으로 의문대명사로 의문을 표시할 경우 말미에 어기조사를 붙이려면 "呢"만 붙일 수 있다. 하지만 의문대명사가 불특정의 지칭을 표시하여 '무엇인가'를 나타낼 경우에는 "吗"를 붙여서 의문을 표시한다.

咱们哪天去庆州玩儿吧。 우리 언젠가 경주에 놀러 가자.

咱们吃点儿什么吧。 우리 뭐라도 좀 먹자.

你想吃点儿什么吗? 뭔가 좀 드시고 싶으세요?

你跟谁谈过这件事儿吗? 누군가와 이 일을 의논한 적 있나요?

117

3 **你什么时候来都可以。** 당신은 언제든지 와도 괜찮아요.

의문대명사는 임의의 것이나 총괄적인 것을 가리키기도 한다. '어느 것이라도', '어떻게 하든' 등의 의미를 나타낸다. 의문대명사가 이렇게 쓰일 때는 문장 뒤에 보통 부사 "**都**"나 "**也**"를 써서 호응시킨다.

今天我谁也不想见。 오늘 나는 누구도 만나고 싶지 않아요.

"那" 可以念 "nà" 也可以念 "nèi"，你怎么念都可以。
"那"는 'nà'로도 읽을 수 있고, 'nèi'로 읽을 수도 있으므로 당신이 어떻게 읽어도 괜찮습니다.

4. **谁知道谁回答。** 아는 사람이 대답하세요.

의문대명사는 임의의 것, 불특정한 것을 가리키는 또 하나의 방식은 두 개의 같은 의문대명사를 앞뒤에 호응하도록 하는 것이다. 이때 앞의 의문대명사는 임의의 것을 가리키며 뒤의 의문대명사는 앞의 의문대명사가 가리키는 그것을 나타낸다.

你喜欢哪个，我就送你哪个。 당신이 그게 좋다면, 내가 그것을 드릴게요.

你想吃多少，就吃多少。 당신이 드시고 싶은 대로 드세요.

你什么时候方便，什么时候来。 당신이 편한 대로 오세요.

三 특수대명사: 每，某

1. 每(一)个人都有自己的理想。사람은 다 자기의 이상이 있다.

   "每"는 '매, 각, ~마다, 모두'라는 뜻이다. "每"를 사용한 문장에는 흔히 "都"가 함께 쓰이며 '하나도 예외없이 전부'라는 뜻을 나타낸다. 준양사를 제외하고는 "每"와 명사 사이에는 반드시 양사나 수량사를 써야한다.

   > 你说的每(一)句话我都听懂了。당신이 하는 말들을 나는 다 알아들었다.

   > 今天的每(一)道菜都很好吃。오늘은 반찬마다 모두 아주 맛있다.

2. 据报导，陆军某部队在昨天的军事演习中发生事故，六名死亡。
   보도에 의하면 육군 모부대는 어제의 군사 모의 훈련에서 사고가 일어나, 6명이 사망했다고 한다.

   "某"는 양사 없이 명사 앞에 직접 쓸 수 있으며 알지만 말하고 싶지 않거나 말할 필요가 없거나, 또한 말하기 곤란한 사람이나 사물을 대신 가리킨다. 또 "某"는 성씨 뒤에서 특정한 사람을 가리키거나 스스로를 가리키는데 쓰이기도 한다. "某"가 스스로를 가리키는데 쓰일 때에는 말하는 사람의 자신감을 나타낸다.

   > 听说，某老师涉嫌非礼学生。
   > 듣자하니, 모 교사가 학생을 성희롱했다는 혐의를 받고 있다고 한다.

   > 某人曾目击到他在现场。어떤 사람이 그가 현장에 있는 것을 목격했다.

   > 据说金某人是这次诈欺案的关键人物。
   > 듣자하니 김모씨는 이번 사기사건의 핵심인물이라고 한다.

   > 我李某人不是干这种事的人。나 이모는 이런 일을 하는 사람이 아니다.

* 잘못 쓰는 문장 길들이기

틀린문장1 他画的每一张画儿很漂亮。

"每"는 대명사로써 전체를 구성하는 각각의 개체를 통해 전체를 설명하는 데 치중하며, 뒤에 흔히 "都"가 함께 쓰여 '하나도 예외없이 전부'라는 뜻을 나타낸다.

他画的每一张画儿都很漂亮。 그가 그린 그림은 다 아름답다.

틀린문장2 你要听什么种音乐?

틀린문장2-1 你要听哪音乐?

"什么"는 '무슨'을 의미하여 일반적으로 뒤에는 양사가 오지 않는다. "哪"는 '어느'를 의미하며, 뒤에는 반드시 양사가 와야 한다.

你要听什么音乐? 당신은 무슨 음악을 듣고 싶으세요?
你要听哪种音乐? 당신은 어느 종류의 음악을 듣고 싶으세요?

틀린문장3 你是从哪国家来的?

"哪"는 '어느'를 의미하여, 뒤에는 반드시 양사가 와야 한다. 나라의 양사는 "个"이므로 "国家" 앞에 "个"를 써야 한다.

你是从哪个国家来的? 당신은 어느 나라에서 오셨어요?

틀린문장4 你这位大娘,你几岁?

중국어로 상대방의 나이를 물어볼 때는, 상대방의 나이에 따라 다른 표현을 쓴다. 만약에 상대방이 어린아이거나 동년배인 경우에는 각각 "你几岁?"과 "你多大?"를 써서 묻는다. 손윗 사람이나 나이든 분에게는 "多大岁数"나 "多大年纪"를 써서 물어야 한다.

这位大娘，您多大岁数?/这位大娘，您多大年纪?
아주머니, 연세가 어떻게 되세요?

틀린문장5 从这儿到汝矣岛多少远?

"多少"는 의문대명사이며 정도를 물을 수 없다. 부사 "多"는 의문문에 쓰여 정도를 묻는 말로 '얼마나'라는 뜻이다. "多" 뒤에 나오는 형용사는 대개 단음절인 형용사이다. "多"가 이런 용법으로 쓰일 때 "多" 앞에 "有"가 오는 경우가 많다. 따라서 틀린문장5의 의문대명사 "多少"를 부사 "多"로 바꿔야 한다.

从这儿到汝矣岛(有)多远? 여기서 여의도까지는 얼마나 멀지요?

틀린문장6 你家都有什么口人?

"什么" 뒤에는 양사가 올 수 없으므로 "口"를 삭제해야 한다.

你家都有什么人? 식구는 누구 누구 있어요?

틀린문장7 你们系有几个学生?

수를 묻는 의문사에는 "几"와 "多少"가 있는데 수량이 '10' 미만일 경우 "几"를 쓰고 10 이상의 수가 예상될 때나, 묻고자 하는 수가 짐작이 가지 않을 때는 "多少"를 사용한다. 한 과의 학생 수는 일반적으로 10명 이상이고, "多少"의 적용범위가 "几"보다 넓기 때문에 "几" 대신 "多少"를 쓰는게 적당하다.

你们系有多少(个)学生? 당신네 과는 학생이 몇 명입니까?

틀린문장8 一共几钱?

흔히 '10' 미만일 경우 "几"를 쓰고 10 이상일 경우는 "多少"를 사용한다. 그래서 틀린문장8은 "多少钱"으로 하는 것이 타당하다. 만약에 "几"를 쓸려면 그 뒤에 돈의 양사인 "块"를 붙여 "几块钱"라고 해야 한다.

一共多少钱? 모두 얼마예요?

一共几块钱? 모두 얼마예요?

틀린문장9 每学学校派出两个代表。

"每"는 준양사와 결합하는 경우를 제외하고는 직접 명사와 연용하여 쓸 수 없다. "每"와 명사 사이에 양사 또는 수량사를 써야 한다. 그리고 수사가 "一"일 경우는 보통 생략한다.

每个学校派出两个代表。 각 학교마다 대표 두 명을 파견한다.

✱ 연습문제

─ 다음을 중작하시오.

1. 이것은 누구의 책이에요?

2. 어떤 색의 것을 갖고 싶어요?

3. 이번 출장은 어디로 갈거에요?

4. 이것은 언제 신문입니까?

5. 이 귤과 저 귤 중에서 어느 것이 비쌉니까?

6. 당신 왜 늦게 왔어요?

7. 선생님 이 문장은 어떻게 해석합니까?

8 당신은 어떻게 광동어를 배웠어요?

9 너 어떻게 된 거니?

10. 방안이 왜 이렇게 캄캄하지?

11. 네가 이 일을 어떻게 알았지?

12. 우리 학교에서 이번에 상을 타는 학생은 어느 학생들이지요?

13. 그의 관점은 노신의 영향을 다소 받았다.

14. 물이 왜 안 뜨겁지?

15. 게는 어떻게 걷습니까?

16. 이 조그만 녀석이 뭘 알아!

17. 이 호텔은 종업원이 전부 몇 명 있어요?

18. 이 일은 누군가에게서 들은 적이 있는 듯하다.

19. 이 구두는 얼마예요?

20. 이 끈은 길이가 얼마나 되죠?

21. 나는 중국에 처음 오는 것이라 어디든지 다 가보고 싶다.

22. 난 과일이라면 다 좋아해.

23. 있는 대로 먹자.

24. 하루 종일 전화 안 받던데, 어디에 갔었어?

25. 그가 그 당시에 무슨 말 안했어?

26. 이런 일로 나 김모를 괴롭힐 순 없다.

27. 안 가면 안되는데 어떻게 하지?

28. 우리 집은 여기서 그다지 멀지 않아요.

29. 아무리 노력해도 안돼.

30. 이 아이는 아무것도 겁내지 않는다.

11 부사 (一) 他很聪明，一学就会

(一) 부사의 문법적 특징

부사는 주로 동사 또는 형용사 앞에 놓여, 동사나 형용사를 수식한다. 문장 의미의 핵심은 동사나 형용사에 있고, 이들을 수식하는 부사는 의미 전달의 열쇠가 되어 듣는 사람에게 구체적인 정보를 전해준다. 부사는 정도, 시간, 범위, 빈도 등을 표시하여, 긍정이나 부정의 상황을 설명한다. 때로는 문장 중에서 연결 역할을 한다.

일부 부사는 "原来你在这儿啊!"(당신, 여기에 있었군요!)처럼 동사나 형용사 앞이 아닌 문장의 맨 앞에 놓여 문장 전체를 수식할 수 있다. 또 범위를 표시하는 일부 부사는 명사 혹은 대명사를 제한할 수 있는 경우도 있다.

> 光三年三班，就有五十个学生。 3학년 3반만 해도 50명의 학생이 있다.

> 这件事就我不知道。 이 일은 나만 모른다.

대부분의 부사는 단독으로 질문에 대답할 수 없다. 단독으로 질문에 대답할 수 있는 부사는 "不", "没有", "也许", "一定", "有点儿" 등과 같은 소수의 것들 뿐이다.

> A : 你脸色不好，身体不舒服吗? 당신 안색이 나쁜데, 몸이 안 좋으세요?

> B : 有点儿。 조금.

(二) 문장에서의 연결 역할

부사는 때로는 문장에서 연결 역할을 하는데, 그 유형은 다음과 같다.

1. 하나의 부사로 연결시키는 경우

1. 你怎么问都不问我一声？ 당신은 왜 나한테 한 마디 물어보지도 않았어요?

　都　~조차도

　　今天一点儿都不热。오늘은 조금도 덥지 않다.

　　这种话我听都听烦了。이런 말은 (하도 많이 들어서) 듣는 것조차 귀찮다.

2. 昨天我们看了电影才回家。어제 우리는 영화를 보고 나서야 집으로 갔다.

　才　~에야 비로소, ~해야만 비로소

　　要做完作业才可以看电视。숙제를 다 끝내야 텔레비전을 볼 수 있다.

　　只有多听、多说、多练习，才能学好汉语。
　　많이 듣고, 많이 말하고, 많이 연습해야만 중국어를 잘 배울 수 있다.

2. 두 개의 같은 부사로 연결시키는 경우

1. 韩国的苹果又大又甜。한국의 사과는 크고 달다.

　又 ~ 又 ~　~고 또 ~하다.

　　这孩子又会写又会算。이 아이는 쓸 줄도 알고 계산할 줄도 안다.

　　东大门市场的东西又好又便宜。동대문 시장의 물건은 품질도 좋고 싸다.

2. 我越了解他越觉得他是个了不起的人。
　나는 그를 알수록 그가 대단한 사람이란 걸 느낀다.

　越 ~ 越 ~　~할수록 ~하다.

　　脑子越用越灵活。머리는 쓰면 쓸수록 잘 돌아간다.

　　汉语越学越有意思。중국어는 배울수록 재미있다.

3. 다른 부사와 어울려 연결시키는 경우

1. 你跟我一块儿去吗？那再好也不过了。
   저와 같이 가는 겁니까? 그렇다면 더할 나위 없이 좋죠.

   再 ~ 也 ~   아무리 ~라 하더라도 ~

   再好的机器也要懂得操作才有用。
   아무리 좋은 기계라 하더라도 조작할 줄 알아야 쓸모 있다.

   你再说也没有用。 당신이 아무리 말해도 소용 없어요.

2. 他很聪明，一学就会。 그는 머리가 좋아, 배우자마자 바로 습득해.

   一 ~ 就 ~   ~하자마자 곧, ~하기만 하면 곧

   他一解释，我就懂了。 그가 설명해 주자마자 나는 바로 이해했다.

   门一推就开了。 문은 미니 바로 열렸다.

4. 하나의 접속사와 하나의 부사로 연결시키는 경우

1. 明天如果下雨我就不去。 내일 비가 오면 난 안 갈 겁니다.

   如果 / 要是 / 假如 ~ 就   만약 ~ 하면

   要是你喜欢，就给你男朋友买一件。
   맘에 들면 당신 남자친구에게 하나 사 줘요.

   假如你再推辞，就太见外了。
   자꾸 사양하면, 섭섭하죠.

2. 她虽然年纪小，却很懂事。 그녀는 나이가 어리지만 철들었다.

   虽然 ~ 却 / 还 / 也   비록 …

   虽然房间小了点儿，还挺干净的。 방은 좀 작지만, 그래도 매우 깨끗하다.

   虽然工作量很大，她也不抱怨。
   일할 양이 많은데도 그녀는 불평하지 않는다.

三 부사의 분류

부사는 의미에 따라 몇 종류로 나눌 수 있다. 여기서는 가장 자주 쓰는 부사의 뜻과 용법을 예문과 잘못 쓰는 문장 길들이기, 그리고 다른 유사한 부사와의 대조 비교를 통해 짚어본다.

1. 정도를 표시하는 정도부사

很	非常	十分	太	挺	怪
相当	比较	最	更	稍微	越

2. 시간을 표시하는 시간부사

刚	刚刚	已经	曾经	早	就	正	正在	
在	立刻	马上	才	本来	从来	向来	一直	永远
随时	老(是)	总(是)	回头					

3. 어기를 표시하는 어기부사

可	幸亏	好在	难道	到底	偏偏	简直	反正	反而
却	也许	几乎	差点儿	明明	大概	也许		

4. 범위를 표시하는 범위부사

全	都	一共	总共	共	只	仅仅
就	光	一起	一块儿			

5. 중복, 빈도를 표시하는 빈도부사

再	也	再三	常常	经常	又

6. 긍정, 부정을 표시하는 긍정·부정 부사

不	没(有)	一定	肯定

7. 상태를 표시하는 상태부사

亲自	渐渐	仍然	特地	忽然	顺便	白

㈣ 자주 쓰는 정도부사의 용법

정도부사는 주로 형용사를 수식하여 성질 · 상태의 정도를 표시한다. 정도부사는 일반적으로 동사를 수식하지 않으나 아래의 경우는 예외다.

(1) 심리활동을 표시하는 동사. 예: 他很喜欢我。그는 나를 아주 좋아한다.

(2) 조동사. 예 : 他很会唱歌儿。그는 노래를 아주 잘한다.

(3) 동사의 중첩형식. 예 : 请稍微挤一挤。좀 좁히십시오.

1. 자주 쓰는 정도부사의 용법

1 英语有意思，汉语更有意思。영어도 재미있지만 중국어는 더욱 재미있다.

> 更 　더욱; "更"은 흔히 비교문에서 사람 또는 사물 자신의 비교나 두 사물 간의 비교에 사용된다.
>
> 下了一阵雨，天更冷了。비가 한바탕 내려서, 날이 더 추워졌다.
>
> 现在他的身体更好了。지금 그는 더 건강해졌다.
>
> 这本书比那本书更有意思。이 책은 저 책보다 더욱 재미있다.
>
> 我比你更早来。나는 당신보다 더 일찍 왔어요.

2 我很喜欢兰花。나는 난초를 아주 좋아한다.

> 很 　매우; "很"은 사용 빈도가 높고 쓰임새도 많지만, 형용사, 조동사 및 심리활동을 표시하는 동사 앞에만 사용할 수 있다.
>
> 鹿茸是很名贵的药材。녹용은 아주 진귀한 약재이다.
>
> 她很会体贴别人。그녀는 남을 자상하게 잘 돌본다.
>
> 我很讨厌他。나는 그가 굉장히 싫다.

3 他的个子太高了。 그는 키가 너무 크다.

太 너무, 아주, 매우; "太"에는 도가 지나치다는 '너무'의 의미와 정도가 심하다는 '대단히'의 의미가 있다. 문미에 보통 "了"와 함께 "太 ～ 了"의 형식을 취한다.

这双鞋太小了，穿不进去。 이 신발은 너무 작아서 발이 안 들어간다.

太贵的东西不要买。 너무 비싼 물건은 사지 마세요.

你的儿子太可爱了。 당신의 아들은 너무 귀엽다.

4 你真不简单。 당신은 정말 대단하다.

真 확실히; 긍정의 어기를 강하게 한다.

这话真有意思。 이 말은 정말 재미있다.

我真过意不去。 나는 정말 미안하다.

정도부사인 更, 很, 太, 真의 용법 비교

1. 更 : "更"이 "很", "太", "真"과 다른 가장 큰 차이점은 '비교'의 뜻이 포함되어 있다는 것이다. "更"은 상태나 상황이 원래보다 심해지는 것, 즉 정도의 변화를 나타내기 때문에 문미에 항상 새로운 변화를 뜻하는 어기조사 "了"를 동반한다.

· 他比以前更懂事了。 그는 전에 비해 더욱 철이 들었다.

· 我更喜欢这个地方了。 나는 이곳이 더 좋아졌다.

2. 太와 很 : "太"는 도가 지나치거나 정도가 매우 심한 것에 대한 감탄을 나타낸다. "太"는 문미에 "了"와 어울려서 "太 ～ 了"와 같은 형식을 취하지만 "很"은 그렇지 않다.

· 屋子太乱了，快收拾一下吧。 방이 너무 지저분하다. 빨리 좀 치우자.

· 我们俩很合得来。 우리 둘은 사이가 매우 좋다.

3. **很**과 **真** : "**很**"과 "**真**"은 둘 다 정도가 심함을 나타내는데, "**很** + 형용사"는 문장에서 한정어가 될 수 있지만 "**真** + 형용사"는 한정어가 될 수 없다.

· **你是个很聪明的孩子**。너는 아주 똑똑한 아이다.

· **这个孩子真聪明**。이 아이는 참 똑똑하다.

5. **世界人口越来越多**。세계 인구는 갈수록 많아진다.

越 越는 다음과 같은 두 가지 형식으로 사용된다.
(1) 越 A 越 B : A할수록 B하다. (2) 越来越 ~ :점점/갈수록 ~하다.

人越有钱越小气。사람은 돈이 많을수록 인색하다

天气越来越热了。날씨가 점점 더워진다.

6. **这孩子长得怪可爱的**。이 아이는 매우 귀엽게 생겼다.

怪 아주, 매우; 구어에 많이 쓰이며 뒤에 반드시 "的"를 써야 한다.

其实我心里怪难受的。사실 나는 매우 괴롭다.

这个人怪有意思的。이 사람은 정말 재미있다.

7. **从这里走比较近**。여기서 가면 비교적 가깝다.

比较 "比较"는 '비교적'이라는 의미를 나타낸다.

这件的布料比较好，所以比较贵。
이 옷은 옷감이 좋은 편이라서, 값이 좀 비싸다.

我比较爱看电影。나는 영화를 즐겨 보는 편이다.

8. 他最了解我。그가 나를 가장 잘 이해해.

最 가장

中国是世界上人口最多的国家。중국은 세계에서 인구가 가장 많은 나라이다.

珠穆朗玛峰是世界上最高的山峰。에베레스트산은 세계에서 가장 높은 산이다.

他最不讲道理。그가 제일 억지를 부린다.

9. 我满想他的。나는 그가 매우 보고 싶다.

满(蛮) 매우, 퍽, 완전히; 뒤에 "的"를 써야 한다.

我满想吃刀削面的。나는 칼국수가 매우 먹고 싶다.

他提出的要求是满合理的。그가 제시한 요구는 아주 합리적이다.

10. 当时，我的心情也有些不安。당시 나도 마음이 약간 불안했었다.

有点儿(有些) 조금, 약간; 주로 뜻대로 되지 않을 때 쓴다.

我有点儿后悔。나는 조금 후회한다.

我的头有点儿疼。나는 머리가 좀 아프다.

✳ 잘못 쓰는 문장 길들이기

틀린문장1 上了语法课以后，我更对汉语感兴趣了。

　　"更"은 문장의 부사어로서 그것이 수식하는 성분 바로 앞으로 와야 한다. 따라서 "更"은 동사 "感" 앞에 놓여야 한다.

上了语法课以后，我对汉语更感兴趣了。
문법 강의를 듣고 나서, 나는 중국어에 대해 더 흥미를 느꼈다.

틀린문장2 在中国吃一碗面只要两毛，更我的宿舍离食堂很近。

　　"更"은 정도부사이며 문장에서 주로 부사어의 역할을 한다. 다른 일부 부사와는 달리 "更"은 문장에서 접속사의 역할을 할 수 없다. 따라서 "更"은 접속사인 "还有(또한)" 혹은 "而且(게다가)"로 고쳐야 한다.

在中国吃一碗面只要两毛，还有我的宿舍离食堂很近。
중국에서는 국수 한 그릇을 먹는데 2마오만 있으면 되는 데다가 내 기숙사도 식당에서 매우 가깝다.

在中国吃一碗面只要两毛，而且我的宿舍离食堂很近。
중국에서는 국수 한 그릇을 먹는데 2마오만 있으면 되는 데다가 내 기숙사도 식당에서 매우 가깝다.

틀린문장3 他有个长得很漂漂亮亮的妹妹。

　　"很"은 정도부사로서 형용사를 수식하여 그 정도를 심화시키는 역할을 한다. 하지만 중첩된 형용사는 그 자체에 이미 강조의 뜻이 포함되어 있어서 앞에 "很"과 같은 정도부사가 올 수 없다. 만약 정도부사가 오려면 형용사를 중첩시키지 말아야 한다.

他有个长得很漂亮的妹妹。 그에겐 아주 예쁘게 생긴 여동생이 하나 있다.

틀린문장4 以前我就听说过民俗村，很要去看看。

　　"很"는 조동사를 수식할 수 있지만 모든 조동사를 다 수식할 수 있는 것은 아니다. 조동사 "要"，"得"，"该"는 "很"의 수식을 받을 수 없다. 따라서 틀린문장4의 조동사 "要"를 "想"으로 고쳐야 한다.

以前我就听说过民俗村，很想去看看。
이전에 나는 벌써 민속촌을 들어 본 적이 있어 아주 가보고 싶다.

틀린문장5 最近我越来越太忙，下星期又要考试了。
틀린문장5-1 说汉语的时候不要着急，越你着急越说不好。

　　"越"는 정도부사이며 "越来越 ~"는 시간에 따라 그 정도가 심화됨을 나타낸다. 틀린문장5는 "越来越 ~" 그 자체가 정도의 변화를 나타내기 때문에 뒤에 정도부사 "太"가 올 수 없다. 틀린문장5-1의 "越 A 越 B"와 같은 문형에서 "越"는 그가 수식하는 성분의 바로 앞에 나와야 한다. 따라서 첫번째 "越"는 동사 "着急"의 앞으로 이동시켜야 한다.

最近我越来越忙，下星期又要考试了。
요즘 난 갈수록 바빠진다. 다음주에 또 시험을 봐야 한다.

说汉语的时候不要着急，你越着急越说不好。
중국어를 할 때는 조급해하지 마세요, 당신이 조급해할수록 말이 더 잘 안될 거예요.

틀린문장6 逛了民俗村和景福宫以后，我越喜欢韩国了。

　부사 "越"는 정도의 증가함을 뜻하지만 "越"는 단독으로 사용되지 않고, "越 A 越 B"이나 "越来越 ~"의 형식을 취한다. 단독으로 정도의 증가함을 뜻하는 부사로는 "越发"나 "更"이 있다.

逛了民俗村和景福宫以后，我越发(更)喜欢韩国了。
민속촌과 경복궁을 구경한 후에 나는 한국을 더욱 좋아하게 되었다.

틀린문장7 他这个人太说大话，不可靠。

　정도부사는 주로 형용사를 수식하며 일반적으로 동사는 수식하지 않는다. 다만 심리활동을 나타내는 동사나 조동사 혹은 동사의 중첩형식은 수식할 수 있다. 틀린문장7의 경우는 동사 "说"에 정도부사 "太"가 맞지 않으므로 이를 시간부사인 "老"나 "总" 등으로 고치면 된다. 굳이 "太"를 써서 강조하려면 그 뒤에 "爱"를 첨가하여 "太爱说大话"로 표현하면 된다.

他这个人老(总)说大话，不可靠。 그는 늘 허풍을 떨어서, 믿을 수 없다.

他这个人太爱说大话，不可靠。 그는 허풍 떠는 것을 너무 좋아해서, 믿을 수 없다.

틀린문장8 今天我买到真便宜的牛尾巴，这是韩国人最爱吃的。

　"真 + 형용사"는 문장에서 술어는 될 수 있지만 한정어는 될 수 없다. "真"을 "很"으로 고쳐야 한다.

今天我买到很便宜的牛尾巴，这是韩国人最爱吃的。
오늘 나는 아주 싼 소꼬리를 샀다. 이것은 한국 사람이 가장 즐겨 먹는 것이다.

今天我买到的牛尾巴真便宜，这是韩国人最爱吃的。
오늘 내가 산 소꼬리는 정말 싸다. 이것은 한국 사람이 가장 즐겨 먹는 것이다.

✳ 연습문제

一 다음을 중작하시오.

1. 그는 돈만 있으면 바로 써 버리는 사람이다. (就를 이용)

2. 라오 왕(老王)만 안 간다. (单单을 이용)

3. 그녀는 모자만 서른 몇 개가 있다.(光을 이용)

4. 그녀만 노래를 한 곡 불렀다. (就를 이용)

5. A : 요즘 지영이가 보이지 않는데, 출장갔어요?

   B : 아마 그럴걸요.

6. A : 그 소설은 다 읽었어요?

   B : 아니요.

7. 너 또 이러면 내가 가만히 안 둔다. (再를 이용)

8. 나는 아이가 어렸을 때부터 외국어를 배우는 것에 아주 찬성한다. (很을 이용)

9. 그 사람 말이야, 나까지도 만만하게 본다니까. (连 ~ 都를 이용)

10. 중국에 막 왔을 때 나는 한자를 하나도 몰랐다. (连 ~ 也를 이용)

11. 여럿이 토론할수록 문제는 점점 명확해진다. (越 ~ 越 ~ 을 이용)

12. 와도 좋고 안 와도 좋지만, 나한테 소식은 전해줘라. (也 ~ 也 ~를 이용)

13. 단오절이 지나자마자, 날씨가 아주 더워졌다. (就를 이용)

14. 나는 만두를 가장 좋아해서 단숨에 20개를 먹을 수 있습니다. (最를 이용)

15. 그들은 모두 당신을 몹시 그리워한다. (很을 이용)

16. 그는 책 보는 것을 아주 좋아한다. (非常을 이용)

17. 이쪽으로 가면 비교적 가깝다. (比较를 이용)

18. 이 꽃은 매우 향기롭다. (挺을 이용)

19. 이 임무는 굉장히 어렵고 힘든 것이다. (相当을 이용)

20. 상자가 너무 무거워서 들기에 무척 힘들다. (怪를 이용)

二 다음 문장의 틀린 부분을 고치시오.

1. 他很帮助别人。

2. 我奶奶非常病了。

3. 我十分对你的好意感谢。

4. 这儿比较不干净。

5. 他这个学期的学习挺满好的。

6. 今年的天气比去年比较冷。

7. 中国的传统节日很多，其中更重要的是春节。

8. 他的个子稍微矮。

9. 老王是一个真好的人。

10. 越来越我的头疼得历害。

12 부사(二) 这个人怪有意思的

(一) 시간부사

시간부사는 동작 발생의 시간을 표시하는 것이므로 주로 동사 앞에 나온다.

1. 자주 쓰는 시간부사의 용법

1. 我刚来一会儿。 나는 온 지 얼마 되지 않았다.

> **刚** 막, 방금전에; "刚"은 시간부사로서 어떤 상황이 발생한지 얼마되지 않았음을 나타낸다. "刚"은 동사와 변화를 나타내는 일부 형용사를 수식한다. "刚"은 "刚刚"과 비슷하다.
>
> 他刚出门儿。 그는 방금 나갔다.
>
> 现在是清晨五点，天刚亮。 지금은 새벽 5시다. 날이 막 밝았다.

2. 我又给她解释了一遍，她仍然听不懂。
   내가 다시 한번 설명해 주었지만 그녀는 여전히 알아 듣지 못했다.

> **仍然** 변함없이, 여전히, 원래대로; 형용사를 수식하며, 상황이 변함없이 지속됨을 나타낸다. "还是"와 같은 의미인데 "仍然"은 문어에 많이 쓰이고 구어에서는 주로 "还是"를 쓴다.
>
> 十年不见，你还是这么漂亮。 십 년 만에 만났는데, 당신은 여전히 예쁘군요.
>
> 药劲一过，伤口仍然很疼。 약효가 떨어지자, 상처는 여전히 아팠다.

3. 他明天才能到。 그는 내일에야 도착할 수 있다.

> **才** 이제서야, ～이 되어서야, ～해야만; 일의 발생이나 완료가 늦었음을 나타낸다.
>
> 催了好几次他才来。 몇 번이나 재촉한 후에야 그가 왔다.
>
> 你为什么这会儿才说呢? 너는 왜 이제야 말하니?

"才"는 이 밖에도 복합문 안에서 분구와 분구의 관계가 특정 조건 하에서 또는 어떤 원인, 목적으로 인해 어떻게 되었음을 나타낸다. 앞에는 항상 "因为", "只有", "为了" 등을 써서 호응한다.

只有你的话，他才听得进去。 그는 당신이 하는 말만 듣는다.

我为了见你一面，才到这儿来的。 나는 너를 한 번 만나기 위해서, 이곳에 왔다.

4. **你现在就去吧。** 너 지금 바로 가거라.

就 곧, 즉시, 일찌기, 바로; "就"는 어떤 일이 아주 짧은 시간 내에 이루어지거나, 두 개의 동작이 시간상 거의 연속적으로 일어남을 나타낸다. 또 시간, 때를 나타내는 말 뒤에서 '일찌기, 벌써'라는 뜻을 나타낸다.

我这就去。 나 곧 갈게.

我吃了饭就走。 나는 밥을 먹고 바로 갈게요.

他四岁就开始学小提琴。 그는 4살때부터 이미 바이올린을 배우기 시작했다.

5. **这家快餐店开业以来，生意一直很好。**
이 패스트푸드점은 오픈한 후 줄곧 장사가 잘 된다.

一直 계속, 줄곧. 동작이 계속되거나 상태가 지속됨을 나타낸다.

这件事我一直很怀疑。 나는 이 일에 대해 줄곧 의심했다.

我们一直讨论到深夜。 우리는 깊은 밤까지 계속 이야기했다.

6. **别老待在屋子里，出去走走。** 늘 집 안에만 있지 말고, 나가서 바람 좀 쐬세요.

老(是) 줄곧, 늘

别老开玩笑，说点儿正经的。 늘 농담만 하지 말고 진지하게 말해봐요.

老给您添麻烦，真过意不去。 늘 당신에게 폐를 끼쳐서 정말 미안합니다.

7. 有困难，随时来找我。어려움이 있으면 언제든지 나를 찾아 오세요.

随时 언제라도, 언제든지

出租车随时可以叫到。택시는 언제든지 부를 수 있다.

一个人在外，要随时注意安全。
혼자서 밖에 있으니 언제나 안전에 주의해야 한다.

8. 他已经走了。그는 이미 떠났다.

已经 이미; 동작이나 변화가 종료되었거나 어느 정도에 이르렀음을 나타낸다.

问题已经解决了。문제는 이미 해결됐다.

孩子已经长大了。아이는 벌써 다 자랐다.

㊁ 어기부사 : 강조, 전환, 반문의 역할

1. 자주 쓰는 어기부사의 용법

1. 他们到底有什么关系? 그들은 도대체 무슨 관계인가?

到底 도대체; 의문문에 쓰여 의문의 뉘앙스를 강조한다. "到底"는 일반적으로 동사 혹은 의문대명사 앞에 쓴다.

这到底是怎么回事? 이게 도대체 어떻게 된 일이야?

你到底去不去? 당신은 도대체 가 안 가?

我们到底几点出发? 우리는 도대체 몇 시에 출발할 거죠?

2. 大娘大概六十多岁了。아주머니는 60여 세정도 되셨다.

大概 대략, 대체로, 아마; "大概"는 문장에서 수량이나 시간, 상황에 대한 추측을 나타낸다.

今年的稻米产量增加了大概百分之十五。
올해의 쌀 생산량은 대략 15% 증가했다.

我大概明年回国。나는 아마 내년에 귀국할 것이다.

会议大概要延期。회의는 아마도 연기될 것이다.

3. 善美住得最远，反而最先到。

선미는 제일 먼 곳에 살지만 제일 먼저 도착한다.

> **反而** 오히려; 앞의 문장과 상반된 뜻이거나 예기치 못한 일을 표시하며, 문장의 의미를 전환시킨다. "反倒"와 같은 뜻이며, "反倒"는 주로 구어에서 많이 쓰인다. "反而"는 단독으로 쓸 수 있고, "不但没(有)", "不但不"와 호응하여 쓸 수도 있다.

他退休以后，身体反而更好了。
그는 정년 퇴직한 후에 몸이 예전보다 오히려 더 좋아졌다.

风不但没停，反而越来越大。
바람은 멈추지 않을뿐만 아니라, 오히려 갈수록 점점 더 거세졌다.

他不但不生气，反而笑了起来。
그는 화내지 않을 뿐만 아니라, 오히려 웃기 시작했다.

4. 不管你怎么说，反正我不相信。

네가 어떻게 말하든지 간에, 나는 믿지 않는다.

> **反正** 어쨌든, 어차피; 어떤 상황에서도 결론이나 결과가 바뀌지 않음을 나타낸다. "反正"은 단독으로 쓸 수 있고, "无论", "不论", "不管" 혹은 정반의 두 가지 상황과 호응하여 쓸 수도 있다.

反正你不是外人，知道也没关系。
어차피 당신은 남이 아니니 알아도 상관없어요.

反正不远，我们就走着去吧。어차피 멀지 않으니 우리 걸어서 갑시다.

不管你有什么理由，反正你得跟我走。
무슨 이유가 있든지 간에 너는 어쨌든 나를 따라가야 한다.

去不去由你，反正我不去。
가거나 말거나 당신 마음이지만, 나는 어쨌든 가지 않을 것이다.

5. **难道这是命运吗?** 설마 이것이 운명이란 말인가?

> **难道** 설마 ~란 말인가; 반문의 어기를 강조한다. 문장 끝에는 "吗"나 "不成"을 붙일
> 수 있다. "难道说"라고도 할 수 있다.
>
> **难道让我看一下都不成?** 한 번 보는 것도 안 되는 것은 아니겠지?
>
> **你难道一直不知道吗?** 설마 너 계속 몰랐던 건 아니겠지?

6. **路很滑, 差点儿(没)摔倒。** 길이 아주 미끄러워서, 하마터면 넘어질 뻔했다.

> **差点儿** "差点儿"의 주요 용법은 3가지이다.
> (1) '하마터면, 바라지 않던 일이 일어날 뻔했으나 다행히도 일어나지 않았다'라고
> 할 때 동사 앞에 "没"가 있든 없든 문장의 의미는 같다.
> (2) 일어났으면 하는 일에 대해 '~할 것 같지 않았는데 운 좋게 ~하다'라고 할 때 "差
> 点儿没"로 표현한다.
> (3) 일어났으면 하는 일에 대해 '할 뻔 했지만 아쉽게도 ~하지 못했다'라고 할 때 "差
> 点儿"로 표현한다.
>
> **今天我差点儿(没)迟到。** 오늘 난 지각할 뻔했다.
>
> **我差点儿没见到他。** 하마터면 그를 만나지 못할 뻔했다.
>
> **我们差点儿没赶上火车。** 우리들은 간신히 기차를 탔다.
>
> **我差点儿就抓到那只鸽子。** 잘하면 내가 그 비둘기를 잡을 수 있었을텐데.
>
> **我差点儿中了头奖。** 잘하면 내가 일등상에 당첨되었을 텐데.

7. **我可没说过这种话。** 나는 그런 말을 한 적이 없다.

> **可** 강조의 역할을 하며, 주로 구어에서 사용한다.
>
> **咱们可要说话算数的。** 말을 했으면 지켜야 된다구!
>
> **这下我可放心了。** 이제야 나는 정말 안심할 수 있다.

8. **不叫我去，我偏要去。** 나를 가지 못하게 하는데, 나는 기어코 가야겠다.

偏 일부러, 기어코, 꼭; 객관적 요구나 상황과 다르게 행동할 경우에 쓰인다. "偏偏"을 써도 된다.

我说黑，他偏要说白，存心唱反调。
내가 검다고 말하면, 그는 꼭 희다고 말하니, 나랑 반대로 하기로 작정한 것이다.

美华的病还没好，可她偏要去上课。
미화는 병이 아직 낫지 않았는데도 기어코 수업을 들으러 가려 한다.

*✱ 잘못 쓰는 문장 길들이기

틀린문장1 刚你干什么去了?

　　"刚"은 시간부사로서 동작이나 상황이 말하기 바로 전에 발생했음을 나타낸다. "刚"은 주어 앞에 나올 수 없고 주어 뒤, 술어 앞에만 나올 수 있다. "刚"을 쓰면 '얼마 전에 발생한 상황이 지금도 어떤 영향을 미치고 있다'는 뜻도 내포하고 있다. 예를 들어 "我刚回来。"라고 하면 은연중에 "我有点累，想休息一下"라는 뜻도 내포하고 있다. 이러한 어감의 문제는 오랜기간 그 언어를 사용했을 때에야 느낄 수 있는 것이다. 만약에 문장이 동작이나 상황이 일어나는 시간에만 중점을 둔다면 "刚才"로 표현하는 것 더 적당하다. "刚才"는 '방금 전'을 뜻하는 시간명사로서 주어 앞이나 뒤 그리고 술어 앞에도 나올 수 있다.

刚才你干什么去了? (= 你刚才干什么去了?) 방금 너 뭐하러 갔었니?

"刚"과 "刚才"의 용법 비교

1. "刚"과 "刚才"는 의미는 비슷하지만, 품사가 다르다. "刚"은 부사로 동사, 형용사 앞에만 쓰일 수 있는 반면에 "刚才"는 시간 명사이며 주어 앞이나 주어 뒤, 술어 앞에 다 나올 수 있다.

2. "刚"을 쓴 문장의 동사 뒤에는 시간을 나타내는 단어를 쓸 수 있으나, "刚才"를 쓰는 문장에서는 안 된다.

   · 我刚来一会儿。나는 지금 막 왔다.

   · 他刚走了两天你就来了。그가 떠난 지 이틀 만에 네가 왔다.

3. "刚才" 뒤에는 부정형이 올 수 있지만, "刚" 뒤에는 부정형을 쓸 수 없다.

   · 你为什么刚才不说，现在才说?　너는 왜 아까 말하지 않고, 지금에서야 말하는 거야?

   · 刚才你没有叫我吗?　너 방금 전에 나 안 불렀어?

틀린문장2 我现在刚要去吃饭，你一会儿再来好吗?

　　"刚"이 부사어로 쓰이는 문장에서 행위나 상황은 이미 일어난 것이어야 하며, 곧 발생할 행위면 안된다. 만약에 "我刚要出门，电话铃就响了"라면 이는 과거에 있었던 일을 서술하는 것이다. 틀린문장2의 경우는 시간명사 "现在"와 조동사 "要"가 있으므로 동사 "去"는 아직 일어나지 않았다는 뜻이다. 따라서 "刚"을 삭제하거나, 그대신 상황이나 동작이 곧 발생할 것임을 나타내는 부사인 "马上"을 쓰면 된다.

我现在要去吃饭，你一会儿再来好吗?
난 지금 밥 먹으러 나가니까, 너 조금 후에 다시 올 수 있겠니?

我现在马上要去吃饭，你一会儿再来好吗?
난 지금 바로 밥 먹으러 나가니까, 너 조금 후에 다시 올 수 있겠니?

틀린문장3 刚昨天我们参观了民俗村。

다른 대부분의 부사와 마찬가지로 "刚"은 주어 뒤, 술어 앞에만 나올 수 있다.

昨天我们刚参观了民俗村。 우리는 어제 막 민속촌을 구경했다.

틀린문장4 这个人虽然在美国生活了许多年，仍然他的发音不太好。

틀린문장4-1 虽然已经四月了，但是仍然这里很冷。

"仍然"은 의미의 전환을 나타내며 뒷 분구에서 많이 쓰인다. "仍然"은 주어 뒤, 술어 앞에 나와야 한다. 틀린문장4과 틀린문장4-1은 "仍然"이 분구의 주어 앞에 나왔기 때문에, 주어인 "发音"과 "这里"의 뒤로 이동해야 한다.

这个人虽然在美国生活了许多年，他的发音仍然不太好。
이 사람은 비록 미국에서 수 년간 생활했지만, 발음은 여전히 그다지 좋지 않다.

虽然已经四月了，但是这里仍然很冷。
4월이 다 되었지만, 이곳은 여전히 많이 춥다.

틀린문장5 我排队排了半天，买到票。

이미 일어나는 동작이나 상황이 순조롭게 진행되지 못했거나, 지연되었음을 나타낼 때에는 시간을 나타내는 단어 외에도 부사인 "才"를 써야 한다. 틀린문장5 중에 "半天"이란 단어가 있어서 동작의 진행이 순조롭지 못했고, 완료가 지연되었음을 알 수 있으므로 동사 "买" 앞에 "才"를 붙여야만 한다.

我排队排了半天，才买到票。 난 한참동안 줄을 서고 나서야 표를 살 수 있었다.

틀린문장6 除非你去请他，才他会来。

대부분의 부사는 부사어로 쓰일 때 주어 뒤, 술어 앞에 나온다. 주어 앞에 나올 수 있는 부사는 몇몇 어기부사 예를 들어: 大概，到底，难道，也许，难怪，幸亏，反正，果然，其实，明明 등뿐이다. 따라서 "才"를 "他" 뒤, "会来" 앞으로 이동시켜야 한다.

除非你去请他，他才会来。 네가 그를 부르러 가야만, (비로소) 그가 올 것이다.

틀린문장7 北京离长春很远，我们坐了二十多个小时的火车就到了。

동작의 진행이 빠르고 순조로움을 나타낼 때는 "就"로 동사를 수식한다. 이와 반대로 느리고 순조롭지 못하다는 뜻을 표시할 때는 "才"로 동사를 수식한다. 틀린문장7의 경우는 "离长春很远"과 "坐了二十多个小时的火车"란 말이 있어서 늦게 도착했다는 뜻을 내포한다. 따라서 "就"를 "才"로 고치고 "了"를 삭제해야 한다.

北京离长春很远，我们坐了二十多个小时的火车才到。 베이징은 창춘에서 광장히 멀다. 우리는 이십 여 시간동안 기차를 타고 가서야 그곳에 도착했다.

*✳ 잘못 쓰는 문장 길들이기

틀린문장8 我们一到体育馆，就演唱会开始了。

　　"就"는 시간부사 외에 '오직'이라는 뜻의 범위부사로 쓰이기도 한다. 범위부사로 쓰일 경우 "就"는 주어 앞에 나온다. 하지만 틀린문장8의 경우는 "就"가 두 개의 동작이 시간적으로 연속되어 일어남을 나타내는 시간부사이므로 그 위치는 동사 "开始" 앞이 되어야 한다.

我们一到体育馆，演唱会就开始了。
우리가 체육관에 도착하자마자 콘서트가 바로 시작되었다.

틀린문장9 就算没有多少成功的机会，反正你可以试试。

　　"反正"과 호응하여 쓸 수 있는 단어는 "无论", "不论", "不管"이다. "就算"과 호응할 수 있는 단어는 "也"이다. 틀린문장9는 뒷 분구의 "反正"을 삭제하고 "你" 뒤에 "也"를 첨가하거나 앞부분의 "就算"을 "无论(不论, 不管)"으로 고치면 된다.

就算没有多少成功的机会，你也可以试试。
성공할 기회가 얼마 안 되더라도 네가 시도해 볼 수는 있다.

无论(不论, 不管)有没有成功的机会，反正你可以试试。
성공할 기회가 있는지 없는지를 떠나, (아무튼) 네가 시도해 볼 수는 있다.

틀린문장10 你到底同意吗?

　　"到底"는 의문문에 쓰여 의문의 뉘앙스를 강조하지만 모든 유형의 의문문에 다 쓸 수 있는 것은 아니다. "到底"가 쓸 수 있는 의문문은 의문대명사 의문문, 정반의문문, 선택형 의문문이다. 하지만 "吗"가 있는 의문문에는 "到底"를 쓸 수 없다. 따라서 틀린문장10은 "到底"를 삭제하고 그냥 의문문으로 고치거나 정반의문문 혹은 선택형 의문문으로 고쳐야 한다.

你同意吗?　당신은 동의합니까?

你到底同意不同意?　당신은 도대체 동의합니까? 동의 안 합니까?

你到底同意还是不同意?
당신은 도대체 동의하는 겁니까? 아니면 동의 안 하는 겁니까?

틀린문장11 哪一个到底好?

　　만약 "到底"가 부사어로 쓰이는 의문문의 주어가 의문대명사이거나, 주어 앞에 의문대명사가 한정어로 나올 경우, "到底"는 의문대명사 앞에만 나올 수 있다.

到底哪一个好?　도대체 어떤 것이 좋아요?

틀린문장12 **已经十点了，他不会来了大概。**

　　"**大概**"는 주어 앞뒤에 다 나올 수 있다. 예를 들어 "**大概你还不了解**" 혹은 "**你大概还不了解**"(너 아직 잘 모르는 것 같다) 모두 가능하다. 하지만 술어 뒤에는 "**大概**"가 나올 수 없다.

已经十点了，大概他不会来了。 벌써 10시인데, 그는 오지 않을 것 같다.

已经十点了，他大概不会来了。 벌써 10시인데, 그는 오지 않을 것 같다.

틀린문장13 **台弯的夏天和上海的差不多，大概比较潮湿。**

　　"**大概**"는 추측의 어기를 나타내며, 높은 가능성을 뜻한다. 습도가 높다는 것은 하나의 사실이므로, 추측을 뜻하는 어기로 수식하면 안된다. 틀린문장13은 "**大概**"를 삭제하거나 중복부사인 "**也**"로 고치면 된다.

台弯的夏天和上海的差不多，比较潮湿。
타이완의 여름은 상하이의 여름과 마찬가지로 비교적 습기가 많다.

台弯的夏天和上海的差不多，也比较潮湿。
타이완의 여름은 상하이의 여름과 마찬가지로 비교적 습기가 많다.

틀린문장14 **他喜欢爬山，我反而喜欢游泳。**

　　"**反而**"은 어떤 상황이나 전제 하에서 어떤 상황이 필연적으로 나타나야 되는데, 그렇지 못하다는 것을 나타낸다. 따라서 "**反而**"를 쓸 때는 반드시 어떤 상황이나 전제가 있어야 한다. 틀린문장14의 경우는 "**反而**"을 쓸 수 있는 전제가 존재하지 않으므로 "**反而**"을 삭제하거나, 뒷 분구 앞에 상대되거나 상반된 뜻을 나타내는 접속사인 "**而**"을 쓰면 된다.

他喜欢爬山，我喜欢游泳。 그는 등산을 좋아하고 나는 수영을 좋아한다.

他喜欢爬山，而我喜欢游泳。 그는 등산을 좋아하지만 나는 수영을 좋아한다.

틀린문장15 **他长得很高大，胆子反而很小。**
틀린문장15-1 **大家都以为智英是中国人，反而她是地道的韩国人。**

　　"**却**", "**但是**"는 앞분구와 상반된 결과를 끌어내고 문장의 의미를 전환시킨다. "**反而**"은 '오히려, 역으로'라는 뜻으로 문장의 의미를 전환시키는 데에서 그치지 않고 그 뜻을 더욱 심화시키는 역할을 한다. "**其实**"는 앞분구 내용을 고치거나 보충설명하여 문장의 의미를 전환시킨다. 따라서 틀린문장15의 "**反而**"은 "**却**"로, 틀린문장15-1의 "**反而**"은 "**其实**"로 고쳐야 한다.

他长得很高大，胆子却很小。 그는 키가 매우 크지만 겁은 아주 많다.

大家都以为智英是中国人，其实她是地道的韩国人。
다들 지영이가 중국 사람인줄 알았는데, 사실 그녀는 순수한 한국 사람이다.

✳ 연습문제

一 다음을 중작하시오.

1. 그가 방금 이곳을 지나갔으니 자전거를 타면 따라잡을 수 있다. (刚을 이용)

2. 상처가 아문지 얼마 안 되었으니 아직은 많이 조심해야 한다. (刚을 이용)

3. 그는 계속 공부하다가 12시가 되어서야 잠자리에 든다. (才를 이용)

4. 너는 어째서 이제야 오니? (才를 이용)

5. 내가 2, 3분 기다리자 차가 바로 왔다. (就를 이용)

6. 잠깐만 기다리세요. 밥이 곧 됩니다. (就를 이용)

7. 비가 계속 내리며 그치지 않는다. (一直을 이용)

8. 몇 년 전에 나는 그를 만난 적이 있다. (曾经을 이용)

9. 그는 원래부터 열심히 했다. (本来를 이용)

10. 이런 일을 나는 지금까지 들어본 적이 없다. (从来를 이용)

11. 밥부터 먹어라. 잠시 후에 다시 얘기하자. (回头를 이용)

12. 이따 보자. (回头를 이용)

13. 방안이 더워서 정말 가만히 있지 못하겠다. (简直을 이용)

14. 자세히 찾아보세요, 혹시 찾을 수 있을지도 모릅니다. (也许를 이용)

15. 이것은 분명히 그가 말한 것이다. (明明을 이용)

16. 그 날은 도대체 어떤 사람들이 그와 함께 있었어? (到底를 이용)

17. 그녀는 여전히 단념하지 않았다. (仍然을 이용)

18. 그 약을 먹고, 병이 오히려 더 악화됐다. (反而를 이용)

19. 어차피 바쁘지 않으니 우리 놀러가자. (反正을 이용)

20. 그는 하마터면 차에 치어 죽을 뻔 했다. (差点儿(没)를 이용)

二 다음 문장의 틀린 부분을 고치시오.

1. 刚我三年级的时候，妈妈去世了。

2. 下课以后，仍然我想着老师问的的那个问题。

3. 只要坚持锻炼，身体才会好起来。

4. 剩下的活儿不多，我们索性干完就休息吧。

5. 他大学毕业以后，一直研究了针灸。

6. 有什么困难，随时我可以帮助你。

7. 他已经今年八十岁了，还很健康。

8. 你到底还进城吗?

9. 时间快到了，我只能很大概地讲讲。

10. 偏我不走，你有什么办法?

13 부사(三) 我们星期六、星期天不上课

一 범위부사

범위부사는 상태나 사물의 수량의 범위를 나타내는 부사이다.

1. 자주 쓰는 범위부사의 용법

1. **大家都同意。** 사람들 모두 동의한다.

   都 모두, 전체, 다; 부사 "**都**"는 주로 다음과 같은 의미로 쓰인다.

   (1) 서술문에서 "**都**"는 그 앞에 있는 복수의 의미를 총괄하여 '예외없이 전부'라는 뜻을 나타낸다.

   > **每个学生都有十本书。** 학생마다 책이 열 권 있다.

   > **他们都是我的学生。** 그들은 모두 내 제자다.

   (2) 의문사가 있는 의문문에서 동사 앞에 "**都**"가 놓이면 '몇 개인가 있을 법한 것에 대해 모두 대답해 주세요.'라는 의미를 나타낸다.

   > **你家里都有什么人?** 식구는 누구 누구 있어요?

   > **这几天你都干什么了?** 요즘 무슨 일들을 했어요?

   (3) "의문대명사 + **都**"는 대상을 총괄함을 나타낸다.

   > **我谁都不怕。** 나는 아무도 안 무서워한다.

   > **什么时候都可以来找我。** 아무 때나 나를 찾아와도 돼요.

2. **凡是帮助过我的人，我都不会忘记。**

   나는 나를 도와 주었던 모든 사람들을 잊지 않을 것이다.

   > **凡是** 대체로, 무릇; "只要是"와 같은 뜻으로, 일정한 범위에서는 예외 없이 전부 그러하다는 뜻이다. "凡是"는 주어 앞에 쓰이며 문장 뒤에 통상 "都", "就", "没有不 ~ 的" 등이 나와 호응한다.

   凡是中国菜我都爱吃。 무릇 중국 요리라면 나는 다 좋아한다.

   凡是老年人没有不喜欢聊天的。
   나이 많은 사람이라면 다 잡담을 좋아한다.

3. **《三国演义》这本书，我只听说过，没看过。**

   《삼국지》라는 책은 나는 들어만 봤지, 본 적은 없다.

   > **只** 오로지, 단지; "只"는 다음과 같은 경우에 쓰인다.

   (1) 동작을 제한하는 부사어로 동사 앞에 쓰인다.

   我只学过韩语，没学过日语。 나는 한국어만 배웠지, 일어는 배운 적이 없다.

   那本书我只翻了翻，还没看呢。
   그 책을 나는 대충 뒤적여 보았을 뿐, 아직 보지 않았다.

   (2) 사물의 수량을 제한하여 직접 명사 앞에 쓰인다.

   这件事只他一个人知道。 이 일은 단지 그만 알고 있다.

   现在瓜果只苹果便宜。 요즘은 과일 중에 사과만 싸다.

二 중복 · 빈도부사

중복 · 빈도부사는 동작의 중복, 누적, 연속을 나타내는 부사로서 주로 동사와 소수의 형용사 앞에 쓰인다.

1. 자주 쓰는 중복 · 빈도부사의 용법

1. 中国人过农历年，韩国人也过农历年。
   중국사람은 구정을 쇠고, 한국사람도 구정을 쇤다.

   也 ～도(하고) ～ 도(하다), 또; "也"는 다음과 같은 경우에 쓰인다.

   (1) 주어가 다르고 술어가 같은 경우

   他上了汽车，我也跟着上了汽车。 그가 차에 올라타고 나도 차에 올라탔다.

   风停了，雨也住了。바람도 멈췄고, 비도 그쳤다.

   (2) 주어가 같고 술어는 다른 경우

   北京是中国的首都，也是政治、文化的中心。
   베이징은 중국의 수도이며 정치, 문화의 중심이기도 하다.

   王安石是宋朝伟大的文学家，也是伟大的政治家。
   왕안석은 송나라의 위대한 문학가이며 위대한 정치가이다.

   (3) 몇 개의 동작이나 행위가 동시에 존재하면 두 개 이상의 "也"를 쓸 수도 있다.

   你去也可以，不去也可以，随你的便。
   당신은 가도 되고 안 가도 됩니다. 마음대로 하세요.

   地也扫了，玻璃也擦了，东西也整理了。
   바닥도 쓸고, 유리도 닦고, 물건도 정리했다.

2. 你怎么又不交作业？ 너는 왜 또 숙제를 안 냈니?

   又 또, 다시, 한편; "又"의 용법은 다음과 같다.

(1) 하나의 동작(상태)이 반복적으로 발생함을 나타낸다. "又" 전후에 같은 동사를
반복할 때는 "V 了又 V"의 형식을 취한다.

这个人昨天来过，今天又来了。이 사람은 어제도 왔었는데, 오늘 또 왔네.

老师讲了又讲，他还是听不懂。
선생님이 계속해서 말씀하셨지만 그는 여전히 알아듣지 못했다.

(2) "又～了" 문형으로 예상되는 중복을 나타낸다.

明天又是星期五了。 내일은 또 금요일이다.

后天又轮到我值班了。 모레는 또 내가 당직설 차례다.

(3) 몇 가지 동작, 상태, 상황이 동시에 존재, 발생, 누적함을 나타낸다.

地铁是很经济的交通工具，又快又安全，载客量又大。
지하철은 매우 경제적인 교통수단이다. 빠르고, 안전하고, 승객 수송량도 많다.

他是个聪明人，又肯学习，又能抓住要领。
그는 머리가 좋은 사람으로, 열심히 배우고 요령도 잘 파악한다.

3. 我没有听清楚，请你再说一遍。
잘 못 들었어요, 다시 한 번 말해 주세요.

再　다시; 하나의 동작 또는 상태의 반복 혹은 계속됨을 나타낸다. "再"의 용법은 주
로 다음과 같다.

(1) 같은 동작, 행위의 중복, 계속을 나타낸다.

再来一个。 앵콜 !/하나 더 주세요.

去过了可以再去。 가 봤어도 또 가도 된다.

(2) …한 후에 …하다.

别急，等水开了再下饺子。 서두르지 마세요. 물이 끓은 후에 만두를 넣으세요.

吃了饭再吃水果。 밥을 먹고 나서 과일을 먹어라.

(3) "再也没(有) / 再也不"는 '다시는 … 하지 않(았)다', '영원히 … 하지 않겠다'
의 뜻이며, "一而再，再而三"은 여러 번, 반복됨을 나타낸다.

那次以后，我再也没看到他。그 후로 나는 다시는 그를 보지 못했다.

我再也不理你了。난 다시는 너를 상대하지 않을 거야.

他一而再，再而三地解释这件事。그는 이 일을 재차 설명했다.

"再"，"也"，"又"의 용법 비교

1. "再"와 "又"의 비교:

(1) 동작의 중복이나 진행을 의미할 때, "再"는 일어나지 않은 일에 쓰이며, "又"는 이미 일어난 일에 쓰인다. 따라서 "又" 뒤에 통상 "了"가 있다.

· 请再说一遍。다시 한 번 말해 주세요.

· 又说了一遍。다시 한 번 말했다.

(2) "再"는 가정문에 쓸 수 있지만, "又"는 안된다.

· 你再哭，我就不跟你玩儿了。너 자꾸 울면 나 너하고 안 놀거야.

· 你再推辞，大家就有意见了。당신이 또 거절한다면, 모두들 불만을 갖게 될 거야.

(3) "再"는 능원동사 뒤에만 "又"는 능원동사 앞에만 쓸 수 있다.

· 你能再帮我一次吗? 나를 한 번만 더 도와줄 순 없나요?

· 他又能走了。그는 다시 걸을 수 있게 됐다.

2. "也"와 "又"의 비교

(1) "也"와 "又"는 둘다 반복의 의미를 지니지만 "也"는 통상 서로 다른 주체가 같은 행위를 하는 경우에, "又"는 한 주체의 행동이 반복됨을 나타낸다.

· 智英病了，美华也病了。지영이 아프고 미화도 아프다.

· 英敏上个月病了一场，这个月又病了。
영민은 지난 달에 한 번 아팠는데, 이번 달에 또 아프다.

三 자주 쓰는 긍정 부정 부사의 용법

1. 我明天一定来。 난 내일 반드시 올 것이다.

一定 반드시, 틀림없이, 꼭, 의지가 확고함을 나타낸다.

你一定听说过长城吧。
당신은 물론 만리장성에 대해 들어봤겠지요?

天天锻炼，身体一定好。 매일 운동하면 건강은 반드시 좋아져요.

你放心，我一定会准时到。 걱정 마세요. 나는 반드시 제시간에 도착할거예요.

2. 他从来不迟到。 그는 여태 지각한 적이 없다.

不 부정부사이며 동사, 형용사 및 다른 부사 앞에 쓰여 부정을 나타낸다. "**不**"는 주로 다음과 같은 경우를 부정하는 데에 쓰인다.

1. 일상적이고 습관적인 행위동작이나 상황을 부정.

我不坐地铁上班，我开车上班。
나는 지하철로 출근하지 않고, 자가용으로 출근한다.

我们星期六、星期天不上课。 우리는 토요일, 일요일에 수업을 안 한다.

2. 현재 혹은 미래의 동작 행위를 부정.

我现在不吃，待会儿再吃。 난 지금 안 먹고 조금 있다 먹을래.

我们今天不上课，明天也不上课。
우리는 오늘 수업 안하고 내일도 수업 안한다.

3. 판단이나 심리적인 동사를 부정.

我不是学生，我是老师。 나는 학생이 아니고 선생이다.

我不喜欢他。 나는 그 사람을 안 좋아한다.

4. 성질이나 상태를 뜻하는 형용사를 부정.

这家饭馆不干净，咱们换一家吧。
이 식당은 깨끗하지 않으니, 우리 다른 집으로 가요.

这种习惯不好。 이런 습관은 안 좋다.

3. 他去了，我没有去。 그는 갔지만, 나는 가지 않았다.

没(有) "没有"는 "没"와 같은데, 구어에서는 "没"를 많이 쓴다. 주로 다음의 경우를 부정한다.

1. '가지고 있다', '갖추다', '있다' 등 소유나 존재에 대한 부정

我没有多余的钱。 나는 여분의 돈이 없다.

电影票早没有了。 영화표는 벌써 다 팔렸다.

今天没有风。 오늘은 바람이 불지 않는다.

2. 과거의 상황을 부정한다.

我没有看见你的钱包。 나는 네 지갑을 못 봤어.

我昨天没有喝酒。 난 어제 술을 마시지 않았어요.

3. 동작이 아직 완전히 실현되지 않았거나 상황이 아직 나타나지 않았음을 표시하는데, '아직 ~하지 않았다'는 뜻을 나타낼 때에는 "没有" 앞에 부사 "还" 혹은 문장 끝에 어기조사 "呢"를 더 붙여서 표현한다.

衣服没有干。 옷이 마르지 않았다.

老师还没来呢。 선생님이 아직 안 오셨다.

"不"와 "没有"의 용법 비교

1. "不"는 현재와 미래뿐만 아니라 과거도 부정할 수 있다. 주관적인 의지로 '~하지 않았다'를 나타내는데 비해 "没有"는 객관적인 과거나 동작의 진행을 부정하는 데에 쓰인다.

· 昨天请他他不来，今天请他他也不来，明天请他他更不会来了。
그는 어제 초청했는데 오지 않았고, 오늘 초청해도 오지 않았으니, 내일 초청해도 올 리가 없어.

· 昨天他没有来，今天也没有来。 어제 그는 오지 않았는데, 오늘도 오지 않았다.

· 爸爸没在看报，他在看电视。
아버지는 신문을 보고 있지 않고, 텔레비전을 보고 있다.

2. "不"는 동사 그 자체를 부정하는 반면에 "没有"는 동직이나 상태가 발생하지 않았음을 나타낸다.

· **我不知道他是谁。** 나는 그 사람이 누군지 모른다.

· **刚才我没听清楚，请你再说一遍。**
방금 잘 못 들었어요. 다시 한번 말해 주세요.

· **我没看过这么大的蟑螂。** 나는 이렇게 큰 바퀴벌레를 본 적이 없다.

3. 문장에 조동사인 "会", "可以", "应该"가 있을 경우 과거의 상황이라 하더라도
"不"를 써서 부정한다.

· **我以前不会做饭，现在会了。** 나는 전에 요리를 못했었는데 지금은 할 수 있다.

· **你昨天不应该那么早走。** 당신은 어제 그렇게 일찍 떠나지 말았어야 했어.

四 자주 쓰는 상태부사의 용법

1. **忽然下起雨来了。** 갑자기 비가 내리기 시작했다.

忽然 갑자기, 돌연

我正在看电视的时候，忽然停电了。
내가 텔레비전을 보고 있을 때, 갑자기 전기가 나갔다.

他说着说着，忽然不说了。 그는 한참 이야기 하다가 갑자기 멈췄다.

2. **这次来汉成开会，顺便看看你。**
이번에 서울에 회의하러 오는 김에 당신을 보러 왔다.

顺便 …하는 김에, 겸사겸사

回来的时候，顺便买点儿吃的回来。
돌아오는 길에 먹을 것 좀 사와요.

你顺便帮我寄封信好吗？ 가는 김에 나 대신 편지 한 통 부쳐줄래요?

3. **今天我白跑了一趟。** 오늘 난 한 번 허탕쳤다.

白 헛되이, 거저, 공짜로

天底下没有白吃的午餐。 이 세상에 공짜는 없다.

我不白要你的东西。 네 것을 내가 거저로 갖겠다는 건 아니다.

✳ 잘못 쓰는 문장 길들이기

틀린문장1 内蒙古很好玩，明年我又要来这儿玩儿。

틀린문장1-1 你再要吃吗?

　　"又"는 이미 실현된 동작에 쓰이고, "再"는 아직 실현되지 않은 동작에 쓰인다. "还"는 아직 실현되지 않은 동작에 쓰여 상황의 중복을 나타내며, 주관적 의지와 가능성의 중복을 나타낸다. 따라서 조동사 "要", "能" 등과 어울려서 사용하기도 한다. 틀린문장1의 "又"와 틀린문장1-1의 "再"는 "还"로 고치면 된다. 혹은 "还"로 고치면서 "再"를 덧붙여도 된다.

内蒙古很好玩，明年我还要(再)来这儿玩儿。
내몽고는 아주 재미 있어요. 내년에 난 다시 이리로 놀러 올 것입니다.

你还要(再)吃吗? 당신 더 드실래요?

틀린문장2 我有两个姐姐，也有一个弟弟。

　　"也"는 부사이며 앞의 상황이나 동작이 반복되는 것을 가리키는데 비해. "还"는 부사인데 '정도나 범위가 한층 더 확장되거나 증가하는 것'을 뜻한다. 틀린문장2의 경우는 본인이 언니 두 명 있다는 것 외에 범위를 더 넓혀서 남동생이 한 명 더 있다는 사실을 설명하는 것이다. 따라서 "也"를 "还"로 고쳐야 한다. 만약에 상대방이 "**我有一个弟弟**"라고 하면 "**我也有一个弟弟**"라고 대답할 수 있다.

我有两个姐姐，还有一个弟弟。 나는 언니가 두 명 있고 남동생도 한 명 있어요.

틀린문장3 他在语言上很有天分，除了汉语以外又会日语和法语。

　　"又"와 "还"는 모두 두 가지의 상황이 존재하는 것을 뜻하지만 "又"는 두가지 상황이 동시에 존재한다는 것을 설명하고 "还"는 어느 범위 외의 상황에 대한 보충을 강조한다. 틀린문장3는 "除了…以外"를 써서 그가 중국어 이외에 또한 일어와 불어도 할 수 있다는 것을 설명하는 것이므로 "还"를 써야 한다. 혹은 "除了…以外"를 삭제하고 "又 … 又~"을 써서 두 가지 이상의 상황이 동시에 존재한다는 뜻을 나타내도 된다.

他在语言上很有天分，除了汉语以外还会日语和法语。
그는 언어에 매우 소질이 있다. 중국어 외에 일어와 불어도 할 수 있다.

他在语言上很有天分，又会汉语又会日语和法语。
그는 언어에 매우 소질이 있다. 중국어도 할 수 있고 일어와 불어도 할 수 있다.

틀린문장4 受爸爸的影响，我非常也喜欢钓鱼。

　　한 문장에 "也" 이외에 다른 부사어도 있을 때, "也"는 다른 부사어의 앞으로 나와야 한다. 따라서 틀린문장4의 "也"는 정도부사인 "非常" 앞으로 이동시켜야 한다.

受爸爸的影响，我也非常喜欢钓鱼。
아버지의 영향을 받아서 나도 낚시를 매우 좋아한다.

틀린문장5 我对文学没感兴趣。

　　'…에 대해 관심이 있다'의 중국어 표현은 "对~感(有)兴趣"이다. "感兴趣"를 부정할 때는, "感"이 심리활동을 나타내는 동사이기 때문에 "不"로 부정하고 "有兴趣"는 존재를 부정하는 "没"로 부정해야 한다.

我对文学不感兴趣。 나는 문학에 대해 관심이 없다.

我对文学没有兴趣。 나는 문학에 대해 관심이 없다.

틀린문장6 **韩国的苹果又很好吃又很便宜。**

　　"又 … 又~"는 두 가지 성질이나 상황이 동시에 존재한다는 것을 나타내는 문형이다. "又 … 又~"는 사물에 대해 강조 설명을 하는 문형이기 때문에 더 이상 정도부사의 수식을 받지 않는다.

韩国的苹果又好吃又便宜。 한국의 사과는 맛있고 싸다.

틀린문장7 **A : 我喝咖啡，你呢？　　B : 我也。**

　　대화에서 '나는 커피를 마실건데, 너는?'이라고 상대방이 나의 의향을 물을 경우 만약 나도 커피가 마시고 싶으면 '나도'라고 대답한다. 그렇다고 해서 중국어로도 "我也"라고 말하면 틀린다. "也"는 부사이므로 그 뒤에 동사가 나와야 하기 때문이다. 따라서 "我也要咖啡"라고 하거나 "我也喝咖啡"라고 해야 한다. 혹은 "我也是"라고 대답해도 되는데, 이는 "我也是咖啡"에서 "咖啡"가 생략된 것이다.

A : 我喝咖啡，你呢？ 나는 커피를 마실 건데, 당신은요?

B : 我也要咖啡。 나도 커피를 마실래요.

틀린문장8 **都多少钱？**

틀린문장8-1 **我家都四口人。**

　　한국어의 '모두'는 중국어의 "都"와 "一共"의 용법을 겸하고 있어서 주의해야 한다. "都"는 대상을 총괄하여 개괄되는 대상이 모두 가리키는 범위 안에 있으며 한 개의 예외도 없음을 나타낸다. "都"가 총괄하는 대상은 다수이어야 할뿐만 아니라 반드시 "都"의 앞에 두어야 한다. 반면에 수량을 합계할 때 "一共" 혹은 "总共"을 써야 한다.

一共多少钱？ 모두 얼마에요?

我家一共四口人。 우리 집은 모두 네 식구이다.

틀린문장9 **针灸了几次以后，我的腰痛一定好了。**

　　"一定"은 의지의 단호함이나 상황에 대한 강도 높은 추론을 나타낸다. 하지만 화자가 이미 겪었던 경험이나 기정 사실을 서술할 때에는 "一定"을 쓰면 안된다. 틀린문장9는 '~ 허리 아픈 것이 확실히 나았다'는 과거 사실을 서술하는 것이기 때문에 "一定" 대신에 "真的", "的确"과 같은 부사를 써야 한다.

针灸了几次以后，我的腰痛真的(的确)好了。
침을 몇 번 맞고 났더니 내 허리의 통증이 정말로 나았다.

✳ 연습문제

— 다음을 중작하시오.

1. 큰 일이든 작은 일이든 그는 굉장히 열심이다. (不论 ~ 都를 이용)

2. 바람이 불든 비가 오든 나는 학교에 가야 한다. (不管 ~ 都를 이용)

3. 무릇 문제라면 다 이곳에서 발생한다. (凡是를 이용)

4. 말만 하고 행동으로 안 옮기면 되나? (光를 이용)

5. 나는 물만두만 먹어봤지, 군만두는 안 먹어봤다. (只를 이용)

6. 일학년에는 전부 몇 명의 학생이 있습니까? (一共을 이용)

7. 그는 단지 몇 마디만 말하고는 가버렸다. (仅仅을 이용)

8. 세탁기가 또 고장났다. (又을 이용)

9. 우리는 19년 동안 같이 일을 했다. (一起을 이용)

10. 그는 몇 번이나 나에게 부탁했다. (再三을 이용)

11. 외국어를 배우는데 있어 가장 중요한 것은 자주 연습해야 한다는 것이다. (经常을 이용)

12. 오늘 아침에 너무 바빠서 일기예보를 듣지 못했다.(没를 이용)

13. 그가 어제 일부러 너를 보러 왔었는데 네가 없었다. (特地를 이용)

14. 이 일은 내가 직접 처리할게. (亲自를 이용)

15. 추석이 지나자 날씨가 점점 추워졌다. (渐渐을 이용)

二 다음 문장의 틀린 부분을 고치시오.

1. 我都读过这些书。

2. 都中国人喜欢喝茶。

3. 我满足了凡是你的要求。

4. 他买了四本书，我也买了三本书。

5. 先给他打个电话，如果他在家，又去找他。

6. 下学期你又教汉语语法吗？

7. 那个同学上课一定迟到，真没办法。

8. 我昨天不见到他。

9. 我以前没有认识他。

10. 我从来不见过熊猫，今天是第一次。

11. 我在中国喝过普洱茶，味道很特别。 昨天在林老师家再喝了一次。

12. 我说完了再你说，行吗？

13. 这本书的都课文学完了。

14. 我要只一杯啤酒。

15. 我有弟弟，不有妹妹。

14 报告一定要用手写

一 전치사의 문법적 특징

전치사는 명사, 대명사 혹은 일부 단어결합 앞에 놓여 전치사 단어결합을 이루어 동작이나 행위의 시간, 장소, 방향, 원인, 방식, 대상 등을 나타내는 단어이다. 대부분의 현대 중국어 전치사는 고대 중국어의 동사가 어휘적 의미를 점차 상실하고 문장성분 간의 관계를 밝히는 기능이 위주가 되는 과정을 거치며 생성되었다. 하지만 이런 단어 기능의 전환 과정은 각 단어에 따라 다르다. 어떤 단어들은 본래의 어휘적 의미를 여전히 가지고 있으면서 문장성분 간의 관계를 밝히는 역할도 한다. 이러한 전치사는 동사로도 쓰인다. 예를 들면, "给"는 "我给了他一件礼物。"에서는 동사이고, "我给他买了一件礼物。"에서는 전치사이다.

문장에서 전치사 단어결합의 위치는 동사 앞이며 주요한 기능은 부사어가 되는 것이다. 하지만 일부 전치사, 예를 들어 "到", "在" 등으로 이루어진 전치사 단어 결합은 동사 뒤에 보어로 나올 수도 있다.

书放在抽屉里。 책은 서랍 안에 둔다.

每个星期日孩子们都睡到九点。 일요일마다 아이들은 9시까지 잔다.

전치사는 중첩될 수 없으며, 동태조사인 "了", "着", "过" 등을 수반할 수도 없다. "为了", "除了", "沿着", "随着" 등과 같은 일부 전치사의 "了", "着"는 전치사 자체의 고유한 구성성분인 것이다.

전치사는 일반적으로 정반의문문의 형식을 취할 수 없다. 예를 들어 "你把没把礼物带给他?", "你从不从香港去中国?"라고 할 수는 없다.

（二）전치사의 분류

전치사는 의미에 따라 몇 종류로 나눌 수 있다. 전치사는 사용 빈도가 높고 또한 전치사 하나하나마다 다양한 용법을 가지고 있다.

1. 시간을 표시하는 전치사

从　　当　　在　　于　　由　　趁　　到　　离

2. 장소, 방향을 나타내는 전치사

在　从　自　打　向　朝　往　离　沿　沿着　顺　顺着

3. 대상을 나타내는 전치사

对　　对于　　关于　　替　　跟　　为　　把　　被
叫　　让　　给　　朝　　向　　至于

4. 목적을 나타내는 전치사

为　　为了　　为着

5. 근거, 방법, 수단을 나타내는 전치사

按　　照　　按照　　依　　依照　　据　　根据　　本着　　用　　拿

6. 비교, 배제를 나타내는 전치사

比　　跟　　除了　　除去

7. 행위자(주체)를 나타내는 전치사

由

161

三 전치사의 용법

1. 시간을 표시하는 전치사

1. 他的态度从开始就不好。 그의 태도는 처음부터 안 좋았다.

> **从** 주로 시간이나 공간의 시점을 표시한다. 그 외에 출처, 발전, 변화, 경유한 노선, 그리고 근거도 표시한다. "从"으로 시간의 시점을 표시할 때 주로 다음과 같은 구조로 한다.

(1) 从 ~ 就 ~ : 어떤 상태가 처음부터 줄곧 존재해 왔음

这件事我从开始就反对。 이 일은 난 처음부터 반대했다.

我从去年就在这儿学习。 나는 작년부터 여기서 공부해 왔다.

(2) 从 ~ 到 ~ : ~ 로부터 ~ 까지

他从年初到年底都在忙这件事。
그는 연초부터 연말까지 내내 이 일때문에 바빴다.

从开学到现在，他一天也没缺过课。
개학한 후부터 지금까지 그는 하루도 수업에 빠진 적이 없다.

(3) 从 ~ 起 / 开始 : ~부터

从那时起，我就把酒戒了。 그때부터 난 술을 끊었다.

从明天开始，你给我辅导吧。 내일부터 과외지도를 해주세요.

2. 当我回来的时候，他已经睡着了。
내가 돌아왔을 때 그는 이미 잠들어 있었다.

> **当** 사건이 발생한 시간을 나타낸다.

当听到我考上大学的时候，妈妈高兴得哭了。
내가 대학교에 붙었다는 소식을 듣고, 어머니는 기뻐서 울었다.

当我大学毕业那一年，爷爷去世了。
내가 대학교를 졸업하던 그 해에 할아버지가 돌아가셨다.

3. 我就是在那时候认识他的。 나는 바로 그때 그를 알게 되었다.

在 "在"가 전치사로 쓰일 때는 동작이 일어나는 시간과 장소를 제시하는 것 외에 범위, 조건, 행위 주체 등도 표시할 수 있다.

这件事，我是在到了汉城以后才知道的。
이 일은 서울에 도착하고 나서야 알았다.

飞机在下午六点到达。 비행기는 오후 6시에 도착한다.

"在 ~"는 시간을 표시할 때, 동사 앞에 온다. 하지만 문장의 술어 동사가 "生, 死, 定, 改, 出生, 发生, 出现" 등과 같은 존재, 소멸 등을 나타내는 동사일 경우 "在 ~"는 동사 뒤에 온다.

这件事发生在十年以前。 이 일은 10년 전에 일어났다.

他生在1895年。 그는 1895년에 태어났다.

运动会改在十月三号举行。 운동회는 10월 3일에 하는 걸로 변경되었다.

4. 姜茶要趁热喝。 생강차는 뜨거울 때 마셔야 한다.

趁 (조건이나 기회를) 틈 타; 뒤에 "着"가 올 수 있다.

你知道 "打铁趁热" 这句成语的意思吗?
당신은 '쇠뿔도 단김에 빼랬다'는 성어의·뜻을 알아요?

我想趁这个机会讲几句话。 나는 이 기회를 빌어서 몇 마디 하려 한다.

你该趁着年轻多学点儿技术。 당신은 젊었을 때 기술을 더 배워야 한다.

5. 离寒假还有一个月。 겨울 방학까지 아직 한 달 남았다.

离 ~로부터; 시간적 거리를 나타낼 때 기준점이 되는 시간명사 앞에 쓰인다.

离期末考还有几天? 기말시험까지 며칠 남았어요?

离春节还远呢。 설날까지 아직 멀었어요.

2. 장소, 방향을 표시하는 전치사

1. 我刚从学校回来。 나는 지금 막 학교에서 돌아왔다.

   从 ~에서; 장소를 표시할 때 주로 다음과 같은 의미를 나타낸다.

   (1) 출발점이나 출처를 나타낸다.

   他从教室出来就直接回家了。 그는 교실에서 나와서는 바로 집으로 갔다.

   我是从报上看到这个消息的。 나는 신문에서 이 소식을 봤다.

   (2) 경유한 장소, 노선을 나타낸다.

   他刚从这儿走过去。 그는 방금 여기를 지나갔다.

   从小路走比较快。 지름길로 가면 비교적 빠르다.

2. 学校离我住的地方很近。 학교는 내가 사는 곳에서 아주 가까워요.

   离 공간적 거리를 나타낼 때 기준점이 되는 명사 앞에 쓰인다.

   你家离机场远不远? 당신의 집은 공항에서 멉니까?

   我家离学校不过两站地。 우리 집은 학교에서 불과 두 정거장 거리이다.

3. 我们是在公共汽车上认识的。 우리는 버스 안에서 알게 되었다.

   在 ~에(서); 동작이 일어나는 장소를 가리킨다.

   这首歌现在在韩国很流行。 이 노래는 지금 한국에서 유행하고 있다.

   我妈妈在银行工作, 不在邮局工作。
   어머니는 은행에서 일하시지 우체국에서 일하시는 건 아니다.

   你在哪个单位工作? 당신은 어느 부서에서 일합니까?

4. 朝南走，就对了。 남쪽으로 가면 된다.

向前走，再往右拐就到了。 곧장 가다가 오른쪽으로 돌면 된다.

人往高处爬，水往底处流。

사람은 높은 곳으로 가고, 물은 낮은 곳으로 흐른다.

"朝", "向", "往"은 모두 동작이 진행되는 방향을 나타내지만 이들의 용법은 다소 차이가 있다.

"朝", "向", "往"의 용법 비교

(1) "往"과 "向"은 각각 "开", "送", "飞", "通", "派", "逃", "运" 그리고 "流", "转", "漂", "推", "通" 등 일부 단음절 동사 뒤에도 사용할 수 있지만 "朝"는 동사 뒤에 쓸 수 없다.

· 大批的医药品送往地震灾区。 대량의 의약품을 지진재해지역으로 보낸다.

· 黄河和长江都往东流向太平洋。

황하, 양자강은 모두 동쪽 태평양으로 흘러 간다.

· 他说着说着，眼光忽然转向我。

그는 말을 하다가 갑자기 나에게로 눈을 돌렸다.

(2) "朝", "向"은 뒤에 사람과 관련된 명사가 나와 동작의 대상을 이끌 수도 있다. 하지만 "往"은 동작의 대상을 이끌 수 없고, 방향사나 처소사와만 결합한다.

· 他登上了飞机，朝(向)大家挥了挥手。

그는 비행기에 올라타며 모두를 보고 손을 흔들었다.

· 他朝(向)我笑了笑。 그는 나를 보고 살짝 웃었다.

· 你应该向星驰学习。 당신은 싱츠에게 배워야 해.

· 车为什么往回开? 차는 왜 되돌아갑니까?

· 大家往我这儿看，笑一笑，照了。 다들 나를 보세요, 살짝 웃어요, 찍습니다.

3. 대상을 표시하는 전치사

1. 我对他有一点儿意见。 나는 그에게 불만이 좀 있다.

> **对** 동작의 대상을 제시하며 '～ 에게', '～을(를)향하여'라는 뜻을 나타낸다. '～에 대해 말하자면' 즉 '어떤 사람, 어떤 일이라는 관점에서 볼 때'를 표시하고 싶으면 "对 ~来说"의 문형을 써야 한다.

社会大众不应该对残疾人有偏见。 장애인에게 편견을 가지면 안된다.

爸爸对谁都很好。 아버지는 누구에게나 잘 대해 주신다.

这件事对我来说，简直易如反掌。 이 일은 나에게 그야말로 누워서 떡먹기지요.

2. 早晚散步，对于养病很有帮助。
   아침 저녁으로 산보하면 치료에 매우 도움이 된다.

> **对于** 동작의 대상을 이끌어내며 '～ 에게', '～을(를)향하여'라는 뜻을 나타낸다.

我刚来，对于这里的情况还不太了解。
나는 온지 얼마 안 되어서 이곳의 상황에 대해 아직 잘 모른다.

对于这个问题，我会想办法解决的。
이 문제에 대해 나는 방법을 모색하여 해결할 것이다.

3. 关于这个问题，还要再研究研究。
   이 문제에 관해서는 좀 더 검토해 봐야 한다.

> **关于** 사물의 범위, 내용을 제시한다.

昨天我看了一些关于外劳问题的资料。
어제 나는 외국 노동자에 관한 자료를 좀 보았다.

他写的剧本不少，主要是关于战争与和平的。
그는 많은 극본을 썼는데 주로 전쟁과 평화에 관한 것이다.

对, 对于, 关于의 용법 비교

1. 对와 对于의 비교

(1) 对와 对于의 용법은 대체로 같다. "对"를 쓰는 곳은 모두 "对于"로 바꿀 수 있으나 목적어가 사람과의 관계를 나타내거나, 한 단어로 구성되어 있을 경우에 "对"만 쓸 수 있다.

· **我对你说的话你可别告诉别人。**
  내가 당신에게 한 말, 다른 사람에게 말하지 말아요.

· **你为什么对中国感兴趣?** 당신은 왜 중국에 대해 관심을 가지시나요?

· **房东对我很好，就像一家人一样。** 집주인이 나를 마치 한 식구처럼 잘 해준다.

(2) "对"는 조동사의 앞이나 뒤에 다 쓸 수 있지만 "对于"는 조동사 뒤에 쓸 수 없다.

**我会对这件事做个交代。/ 我对这件事会做个交代。/
对这件事，我会做个交代。** 이 일에 대해 난 확실히 설명할 거에요.

对于这件事，我会做个交代。 이 일에 대해 난 설명할 거에요.

2. 对于와 关于의 비교

"对于"는 주어의 앞, 뒤에 다 놓일 수 있다. "关于"는 주어 앞에만 놓일 수 있고, 문장의 표제일 경우 "关于"를 쓴다.

· **对于这个问题，大家都很感兴趣。(大家对于这个问题都很感兴趣。)**
  모두들 이 문제에 대해 관심이 많다.

· **关于中国历史，我知道得不多。** 나는 중국 역사에 관해 아는 것이 많지 않다.

· **我的论文题目是《关于污染与温室效应的调查报告》。**
  내 논문 제목은 《오염과 온실효과에 관한 조사 보고》이다.

---

4. **到了以后，要尽快跟我联系。** 도착한 후에 되도록 빨리 나에게 연락해라.

   跟 동작의 참여자를 이끌어 동작의 대상을 제시하며, 사람을 나타내는 명사와만 결합하여 주로 다음과 같은 의미를 나타낸다.

(1) ~에게

这件事是他亲口跟我说的。이 일은 그가 직접 나에게 얘기한 것이다.

我常常跟老师用汉语说话。나는 종종 선생님과 중국어로 이야기를 한다.

我跟你说，这个秘密只有我们俩知道。
있잖아, 이 비밀은 우리 둘만 아는 거다.

(2) ~로부터

我想跟你打听一个人。난 너한테 어떤 사람에 대한 소식을 알아보고 싶다.

他跟我借了两万块钱，还没还呢!
그는 나한테서 2만원을 빌려갔는데 아직 돌려주지 않았어.

5. 医生给我动了两次手术。 의사는 내게 수술을 두 번 해주었다.

给　~위해, ~에게, ~를 대신해서; "给"는 동사 뒤에 나올 수도 있다.

我给你看着行李。짐은 내가 보고 있을게요.

我给你介绍一下，这位是新来的金老师。
제가 당신께 소개해 드리지요, 이분은 새로 오신 김 선생님이세요.

张老师有事，今天我给他代课。
장 선생님이 일이 있어서 오늘은 내가 대리 수업을 한다.

请借几本中文小说给我。제게 중국어 소설을 몇 권 빌려 주세요.

6. 我再为大家唱首歌。 제가 여러분을 위해 노래 한 곡 더 부를게요.

为　동작의 대상을 제시하는데 "为"가 이끄는 대상은 거의가 동작의 수혜를 받는 자이다.

我在这里一切都好，不用为我担心。
나는 이곳에서 잘 지내니 걱정하지 마세요.

为我们的友谊干杯! 우리들의 우정을 위해 건배하자!

你为我们想得真周到，谢谢。
당신은 우리를 정말 세심하게 생각해 주시는군요. 감사합니다.

4. 목적을 표시하는 전치사 : 为了

1. 为了提高汉语水平，我天天听录音。

   중국어 실력을 향상시키기 위해 나는 매일 테이프를 듣는다.

   为了 목적과 동기를 제시하여 문두나 주어 뒤에 나온다.

   我移民是为了孩子的教育，也是为了我自己。

   내가 이민온 것은 아이들의 교육을 위해서이기도 하고, 나 자신을 위한 것이기도 하다.

   为了备课，我暑假期间也天天到学校。

   강의 준비를 위해 나는 여름 방학 동안에도 매일 학교에 나온다.

   为了医治儿子的病，他什么方法都试过了。

   아들의 병을 고치기 위해 그는 모든 방법을 다 시도해 봤다.

5. 근거, 방법, 수단을 표시하는 전치사

1. 按照上级的规定办事就错不了。

   상급기관의 규정에 따라 일을 처리하면 잘못될 수 없다.

   按照 ~에 근거하여, ~에 따라; 단음절 명사에는 "按"만 사용할 수 있다.

   按照每人分两本，一共需要两千本。

   한 사람에 두 권씩 나눠주면 모두 2천 권이 필요하다.

   这件衣服是按照我的身材量做的。이 옷은 내 몸매에 맞춰 만든 것이다.

   按理说，他不会不同意的。이치대로라면, 그가 반대할 리 없다.

2. 《甜蜜蜜》这首歌是根据印尼民谣改编的。

   '첨밀밀'이라는 노래는 인도네시아 민요를 편곡한 것이다.

   根据 ~을 전제 혹은 근거로 하여; "根据"는 기본적으로 "据"와 같은 용법으로 사용되나 단음절 명사에는 "据"만 사용할 수 있다. "据"는 종종 "据说", "据报", "据闻" 등과 같이 사용된다.

   根据老师们的意见，教材又修改了一次。

   선생님들의 의견에 따라 교재는 또 한 번 수정되었다.

根据医生的判断，他的病不太严重。

의사의 판단에 의하면 그의 병은 그다지 심하지 않다.

这次的坠机事故，据说是因为驾驶的疏忽引起的。

들자하니 이번의 비행기 추락 사고는 비행기 조종사의 과실로 인해 발생한 사고라고 한다.

根据天气预报今天下午有雷阵雨。

일기예보에 의하면 오늘 오후에 소나기가 내릴 것이다.

3. **申请表请用圆珠笔写清楚。** 신청서는 볼펜으로 분명하게 써 주십시오.

用 ~(으)로(써); 수단을 나타낸다.

中国人用筷子吃饭，韩国人也用筷子吃饭。

중국사람은 젓가락으로 밥을 먹고, 한국사람도 젓가락으로 밥을 먹는다.

报告一定要用手写。 리포트는 반드시 손으로 써야 한다.

6. 비교, 배제를 표시하는 전치사

1. **他跑得比我快。** 그는 나보다 더 빨리 뛴다.

比 ~보다; 상태와 정도를 비교하는 데 쓰인다.

姐姐比妹妹漂亮。 언니는 동생보다 예쁘다.

今年夏天比去年夏天还热。 올 여름은 작년 여름보다 더 덥다.

他长得比我高得多。 그는 나보다 키가 훨씬 크다.

2. **我去跟你去一样。** 내가 가나 네가 가나 마찬가지다.

跟 비교용법에 쓰이는데 뒤에 나오는 "一样", "不一样", "差不多"와 호응한다.

我的看法跟你的差不多。 내 의견은 당신과 비슷하다.

今天跟昨天一样凉快。 오늘은 어제처럼 시원하다.

3. 除了游泳，我还喜欢篮球。수영 이외에 나는 농구도 좋아한다.

除了 ~을 제외하고; 뒤에 "外", "以外", "之外"를 덧붙일 수 있다.

除了四楼，全都住满了。4층을 제외하고는 다 찼다.

除了这部以外，张艺谋的电影我都看过了。
이 작품을 제외하고는 장이머우의 영화를 나는 다 봤다.

除了颜色稍微深了点儿以外，这件衣服还不错。
이 옷은 색깔이 좀 진하다는 것을 빼면 그래도 괜찮은 편이다.

7. 행위자를 표시하는 전치사

这次的会议由我负责。이번 회의는 내 소관이다.

由 ~으로, ~에 의해; 행위자를 이끌어 내거나 원인을 나타낸다.

这个访问团由七个国家的代表组成。
이 방문단은 7개국의 대표로 구성된다.

这几年，父母小孩都由妻子照顾。
지난 몇 년 동안 부모님과 아이는 모두 아내가 보살폈다.

你的偏头痛是由压力引起的。당신의 편두통은 스트레스가 원인이예요.

✳ 잘못 쓰는 문장 길들이기

틀린문장 1 从三点我们要上两个小时的语法课。

> 행위나 동작이 어떤 시점로부터 시작된다는 것을 의미할 때는 "从 … 起"와 같은 문형을 써야 한다.

从三点起我们要上两个小时的语法课。
3시부터 우리는 두 시간의 문법 수업을 할 것이다.

틀린문장 2 我们到达仁川国际机场在晚上八点二十分。

> "在"는 시간사와 결합하여 시간을 표시할 때 주로 동사 앞에 나와 동작의 발생 시간을 설명한다. 문장의 술어 동사가 "生, 死, 定, 改, 出生, 发生, 安排, 出现, 发现" 등과 같은 동사의 경우에만 "在 …"가 동사 뒤에 나올 수 있다.

我们在晚上八点二十分到达仁川国际机场。
우리는 저녁 8시 20분에 인천 국제공항에 도착한다.

틀린문장 3 在上课，慧琳问了很多问题。

> "在"가 시간을 표시할 때 "在" 뒤에 시간사가 나와야 한다. "在" 뒤에 동사나 동사 단어결합이 나오면 이 동사의 뒤에 "的时候", "之前", "之后", "期间", "以前", "以后" 등을 붙여야만 시간을 표시할 수 있다.

在上课的时候，慧琳问了很多问题。 수업 시간에, 훼이린은 질문을 많이 했다.

틀린문장 4 我家从学校很近。

> 전치사 "从"과 "离" 뒤에는 모두 처소사가 올 수 있는데 "从+처소사"는 동작 행위의 출발점이나 경유한 노선, 장소를 표시하는 반면 "离"는 공간, 시간 상의 두 지점 사이의 거리를 계산하는 기점을 나타낸다. 또 "离+ 처소사"는 거리를 표시하여 '~까지'라는 의미를 나타내지만, "从"에는 그런 의미가 없다. 틀린문장4는 "从 …到"의 문형을 쓰든지 "从"을 "离"으로 고치면 된다.

从我家到学校很近。 우리 집에서 학교까지는 아주 가깝다.

我家离学校很近。 우리 집은 학교와 매우 가깝다.

틀린문장 5 在庆州有很多三国时代的古迹。

> 장소를 나타내는 말이 바로 주어의 위치에 놓이면 그 앞에 "在"를 굳이 쓸 필요가 없으며, 주어 뒤에 "有"를 써서 '…에 …이 있다'로 표현하면 된다.

庆州有很多三国时代的古迹。 경주에는 삼국시대의 고적이 많이 있다.

틀린문장 6 我很感兴趣汉语。

틀린문장 6-1 他打听我你的消息。

> 중국어에 있어서 목적어 두 개를 취할 수 있는 동사는 "教", "给", "送", "还", "卖", "递",

"告诉", "通知", "报告", "赔", "租", "借", "问", "回答" 등에 한정된다. 틀린문장6의 동사 "感"은 두 개의 목적어인 "兴趣", "汉语"를 가지는데, "感"은 목적어 두 개를 취할 수 있는 동사가 아니다. 따라서 동작의 대상인 "汉语"는 전치사 "对"로 끌고 나와 동사 "感" 앞에 놓아야 한다. 마찬가지로 틀린문장6-1의 동사도 두 개의 목적어를 취할 수 없으므로 동작의 대상인 "我"를 전치사 "跟"으로 끌고나와 동사 "打听" 앞에 위치시켜야 한다.

我对汉语很感兴趣。 나는 중국어에 아주 흥미가 있다.

他跟我打听你的消息。 그는 나한테 너의 소식을 알아봤다.

틀린문장7 真抱歉，又添你麻烦了。

틀린문장7-1 来，我倒酒你。

'폐를 끼친다'는 "添麻烦"이라고 한다. "麻烦"은 동사 "添"의 목적어이다. "添"은 목적어 두 개를 취할 수 없으므로 동사 "添"의 대상인 "你"는 전치사 "给"로 이끌어 동사 앞에 나와야 한다. 틀린문장7-1도 마찬가지이다.

真抱歉，又给你添麻烦了。 정말로 미안합니다. 또 폐를 끼쳤군요.

来，我给你倒酒。 자, 내가 술을 따라줄게.

틀린문장8 这只是我个人的意见，关于到底要怎么做，还要再仔细研究。

"关于"는 기존의 화제 이외에 새로운 화제를 이끌어내는 역할을 하지 못한다. 틀린문장8과 같이 화제를 바꾸거나 다른 화제를 제시할 때에는 "至于"를 써야 한다.

这只是我个人的意见，至于到底要怎么做，还要再仔细研究。
이것은 단지 내 개인적인 의견일 뿐이고, 어떻게 해야 할 지는 아직 자세히 검토해봐야 한다.

틀린문장9 我想见面你。

동사 "见面"은 '동빈형' 구조로 그 자체에 목적어를 포함하므로 다시 목적어가 오지는 못한다. 틀린문장9는 동작의 대상을 "跟"이나 "和"로 이끌어 동사 앞으로 빼든지 동사 "见"이 목적어를 하나만 취하도록 하면 된다.

我想跟你见面。 나는 당신을 만나고 싶다.

我想见你。 나는 당신을 만나고 싶다.

틀린문장10 她每个月都朝家里寄一封信。

"朝"의 목적어는 사람과 관련된 명사이어야 한다. "家里"는 처소사이기 때문에 "朝"를 "往"으로 고쳐야 한다.

她每个月都往家里寄一封信。 그녀는 매달 한 번씩 집으로 편지 한 통을 부친다.

✱ 연습문제

一 다음을 중작하시오.

1. 어머니는 집에서 텔레비전을 보신다.

2. 나는 그에게 옷을 하나 사주었다.

3. 한국의 사과는 미국의 사과보다 맛있다.

4. 우리 어머니는 타이완에서 오셨다.

5. 그는 책가방을 땅에 툭 던져놓고는 바로 놀러 나갔다.

6. 남향집은 여름에 시원하고 겨울에 따뜻하다.

7. 이들 연해 도시는 비교적 일찍 서양화됐다.

8. 우리가 처음 만난 것은 1985년의 여름이었다.

9. 내가 이번에 온 것은 일 때문만이 아니라, 아이들 때문이기도 하다.

10. 두 사람의 관계는 처음부터 좋았다.

11. 그가 베이징을 떠난 후, 나는 다시는 그를 보지 못했다.

12. 식기 전에 드세요.

13. 당신은 집에서 오는 겁니까?

14. 그는 자기 어머니 전화번호조차도 모른다.

15. 여러분 필요한 것이 있으면 저한테 달라고 하세요.

16. 가는지 안 가는지는 네 스스로 결정해라.

17. 나를 대신해서 당신의 부모님에게 안부 전해 주세요.

18. 크리스마스까진 아직 일주일 남았어요.

19. 그는 아이에게 아주 엄하다.

20. 나 대신 전화 좀 받아 줄래요?

二 다음 문장의 틀린 부분을 고치시오.

1. 我从今天要努力学习。

2. 我从心讨厌他。

3. 上星期，在莫斯科下了一场史无前例的暴雪。

4. 你经常对于国内的朋友写信吗?

5. 智英对我问 ： "你明天什么时候来?"

6. 我对他的看法同意。

7. 妈妈从小就给我教汉语。

8. 我们对于朋友要真诚。

9. 有件事我想商量你。

10. 他跟我很亲切。

15 我一直把你当作我最要好的朋友

(一) 把字句

현대 중국어의 전치사 중 상당수가 고대 중국어의 동사가 어휘적 의미를 잃어가고 문장성분 간의 관계를 밝히는 역할이 위주가 되는 과정을 거치며 생성된 것이다. "把"는 고대 중국어에서 쓰이던 동사로서의 '잡다'라는 어휘적 의미는 거의 상실되고, 현대 중국어에서는 목적어를 동사 앞으로 전치시키는 기능으로 주로 쓰인다. "把字句" 문형은 동사 앞에 전치사 "把"를 사용하여 동작을 받는 대상을 이끌어내는 문형이다. 한국어에는 "把字句"에 해당하는 문형이 없기 때문에 중국 사람이 "把字句"를 쓰게 되는 발상부터 이해해야 한다.

중국어에서 목적어를 갖는 문형은 일반적으로 〈주어 + 동사 + 목적어〉의 형식이다. 이런 문형은 주어 즉 행위자의 행위가 강조된다. 반면에 〈주어 + 把 + 목적어 + 동사〉의 형식을 취하는 "把字句"는 동작 행위의 대상에 초점이 맞추어져 있다. "把字句"는 동사가 표시하는 동작이나 행위를 당하는 대상, 즉 '목적어'에 대한 처치에 중점을 두기 때문에, "处置句"이라고도 한다.

1. 把字句의 특징

1. 문장의 주어는 동작을 일으키는 주체이다.

　　我把信寄出去了。나는 편지를 부쳤다.

　　惠英把桌子擦得很干净。혜영이는 책상을 아주 깨끗하게 닦았다.

2. 문장의 술어 동사는 원칙적으로 처치를 나타내는 타동사이어야 한다. 따라서 판단. 상태를 나타내는 동사 예를 들어 "是", "有", "像", "在" 등과 감각이나 심리활동을 나타내는 동사 예를 들어 "知道", "觉得", "希望", "要求", "听见" 등은 "把字句"에 쓸 수 없다.

3. "把"가 이끌어낸 목적어는 술어 동사의 대상이고 '행위, 처치를 가하는' 특정한 것으로 말하는 이나 듣는 이가 모두 알고 있는 것이어야 한다.

　　你把信读一遍。네가 편지를 한 번 읽어봐.

　　你把孝春从中国寄来的信读一遍。
　　효춘이가 중국에서 부친 편지를 네가 한 번 읽어봐.

　　"把"의 목적어로 불특정한 대상이 쓰이기도 하는데, 이는 통상 한 종류의 사물이나 추상적인 사물을 가리키는 경우이다.

　　别把钱看得这么重。돈을 그렇게 대단하게 생각하지 마.

　　他不停地喝酒，好像要把一切的痛苦都忘掉。
　　그는 쉬지않고 술을 마셨는데, 마치 모든 고통을 다 잊어 버리려는 듯했다.

4. "把字句"는 목적어에 동작에 의한 변화가 발생했거나 어떤 영향에 따라 어떤 결과가 생겨났음을 나타낸다. 따라서 술어 동사는 처치 또는 영향을 나타내는 타동사여야 하고, 동사의 뒤에 반드시 다른 단어들이 나와야 한다. 이 단어들은 "把字句"의 중심 내용으로서 처치, 변화, 영향의 결과를 설명하는데 다음과 같다.

　　(1) 동태조사 "了", "着"를 붙인다. 다만 경험을 나타내는 동태조사 "过"는 붙일 수 없다. "着"가 붙으면 명령표현이 되는 경우가 많다.

　　　你怎么一个人把糖果都吃了？ 너 어떻게 혼자서 사탕을 다 먹어버렸니?

　　　她把门窗关了。그녀는 문과 창문을 닫았다.

　　　你把这本书拿着。너 이 책을 들고 있어라.

(2) 동사를 중첩한다.

把杯子洗洗。컵을 씻어라.

他把那封信读了又读。그는 그 편지를 읽고 또 읽었다.

(3) 동사 뒤에 보어를 사용한다. 하지만 가능보어는 올 수 없다. 가능보어는 일종의
가능을 나타내는 것일 뿐 동작의 결과가 아니기 때문이다.

你怎么把我的书弄脏了！너 왜 내 책을 더럽혔어!

把头抬起来。고개를 들어라.

把羊肉在汤里涮一下就可以吃了。
양고기를 국물에 살짝 데치면 바로 먹을 수 있다.

我已经把课文背得滚瓜烂熟了。나는 본문을 완전히 외웠다.

他把英语练得跟美国人一样流利。
그는 영어를 미국 사람처럼 유창하게 익혔다.

(4) 扩大, 提前, 延长, 改进, 推翻, 降低 등과 같은 보충형의 동사(뒤의 어소가 앞
의 어소를 보충 설명함)는 그 자체에 결과 또는 완성의 의미를 포함하고 있으므
로 단독으로 "把字句"의 동사가 될 수 있다.

把室内温度降低。실내온도를 낮춘다.

把考试时间延长。시험시간을 연장시킨다.

把出发时间提前。출발시간을 앞당긴다.

5. "把字句"의 부정형은 "把"앞에 "没(有)", "不", "别"를 붙인다. 능원동사와 시
간사도 "把" 앞에 놓여야 한다.

我没有把你的照相机弄坏。 나는 당신의 카메라를 망가뜨리지 않았다.

你怎么不把饭吃完？ 너는 왜 밥을 다 안 먹어?

别把这件事告诉别人。이 일을 다른 사람에게 말하지 마세요.

你昨天不应该把这件事说出来，这是秘密。
당신은 어제 이 일을 말하지 말았어야 했어, 이 일은 비밀이거든.

2. 반드시 "把字句"를 써야 하는 경우

목적어가 있는 문장 중 어떤 문장은 반드시 "把字句"를 써야 하지만, 어떤 경우는 "把字句"로 표현할 수도 있고 일반 동사술어문으로 표현할 수도 있다. 그렇다면 언제 꼭 "把字句"를 써야 하는가?

1. 把 + 목적어 + 동사 + 成 / 为 / 作 + 변화된 것

동사 뒤에 "成", "为", "作"가 포함되어 있어, 처치를 받은 목적어가 동작을 통해 다른 것으로 변화되었음을 설명할 때는 "把字句"를 써야 한다.

我要把美金换成人民币。 나는 달러를 인민폐로 환전하려고 한다.

我一直把你当作我最要好的朋友。
나는 너를 줄곧 나의 가장 친한 친구로 여겨 왔다.

大家把他选为学会代表。 모두들 그를 학회대표로 뽑았다.

2. 把 + 목적어 + 동사 + 在 / 到 / 进 + 장소

동사 뒤에 "在", "到", "进"이 있고, 그 뒤에 처소 목적어를 동반하여, 처치를 받은 사람 혹은 사물이 동작을 통해서 그 지점에 있음을 설명할 때는 "把字句"를 쓴다.

把东西放在桌子上。 물건을 책상 위에 놓아라.

我把智英送到家才回来。 나는 지영이를 집까지 배웅해 주고 돌아왔다.

我已经把多余的钱存进银行里了。 나는 남은 돈을 벌써 은행에 저금했다.

校长把他留在分校担任会计工作。
교장은 그를 분교에 남겨 회계업무를 담당하도록 하였다.

3. 把 + 목적어 + 동사 + 给 + 대상

동사 뒤에 간접목적어를 이끄는 "给"가 오고 처치를 받은 사물이 그 간접 목적어에 귀속되는 것을 나타낼 경우에는 "把字句"를 써야 한다.

你快把这封信交给王老师。 빨리 이 편지를 왕 선생님에게 전해 줘.

我已经把那本书寄给你了。 나는 이미 그 책을 당신에게 부쳤다.

4. 把 + 목적어 + 都 / 全 + 동사

동사 앞에 "都", "全"과 같은 범위부사가 있을 때 만약 목적어가 있으면 "把字句"를 사용한다.

谁把饼干都吃掉了? 누가 과자를 다 먹었니?

是我把饼干全吃掉了。 내가 과자를 다 먹었어.

3. 여러 가지 "把字句"

이상은 "把字句"의 가장 두드러지는 특징이며 기본원칙이다. "把字句"의 기본 형식은 "주어 + 把 + 목적어 + 동사 + 보어"인데 실제로는 기본원칙에 벗어나는 예들을 쉽게 발견할 수 있다.

1. "把字句"의 동사는 예문(1)처럼 '처치'라는 의미에 어울리지 않는 경우가 종종 있고, 말하는 이가 가리키는 대상을 듣는 이가 모른다고 가정하여 목적어를 "一本"처럼 불특정한 대상으로 표현할 수도 있다. 그리고 "把字句"의 동사는 예문 (2), (3)처럼 심리적인 동사일 수도 있다.

   ⑴ 我把一本书掉了。 나는 책 한 권을 분실했다.

   ⑵ 妈妈把儿子爱得太过分了。 어머니는 아들을 너무 지나치게 사랑한다.

   ⑶ 你怎么把我的话忘了? 너 어떻게 내가 한 말을 잊어버렸니?

2. "把字句"의 주어가 (4)번처럼 반드시 동작을 일으키는 자가 아니며, (5)번처럼 목적어도 반드시 술어 동사의 행위, 처치를 가하는 대상이 아니다. 이런 문장은 많지 않으므로 관용어(惯用语)로 분류하면 된다.

   ⑷ 他们把个儿子死了。 그들의 아들이 죽었다.

   ⑸ 怎么把人跑了? 어째서 사람을 놓쳤어?

3. 동사 뒤에 "的"자로 마무리하며, 보어가 없어서 반절말(半截子话)이 되는 것이다. 이런 문형은 말이 덜 끝난 상태지만, 의미는 문맥을 통해 파악할 수 있다.

   ⑹ 把我高兴的呀, 就不用说了。 내가 얼마나 기쁜지, 그것은 말할 필요도 없다.

   ⑺ 瞧把你神气的。 당신 뽐내는 것 좀 봐라.

이처럼 "把字句"의 기본 형식과 다른 예들이 적지 않게 존재한다. 이는 중국어에 있어서 문법 형식보다는 어의(语义)가 더 중요하다는 것을 간접적으로 말해주고 있다. 중국어는 어의(语义)가 문법보다 더 중요시되기 때문에 필요에 따라 새로운 문형이 계속해서 생성된다. 하지만 대다수의 "把字句"는 "把字句"의 특징과 기본 원칙의 틀 안에서 사용된다.

二 피동문 및 被字句

피동문

피동문이란 술어의 동작, 행위를 받는 대상이 주어가 되는 문장을 가리킨다. 중국어에서 피동의 뜻을 나타내는 문형은 두 가지가 있다. 한 가지는 일반적인 '주어+ 동사'의 문형과 같은 것으로, 일반적으로 의미상의 피동문이라 부른다. 다른 한 가지는 피동의 뜻을 나타내는 전치사 "被", "叫", "让", "给"등을 사용하여 동작, 행위의 주체를 이끌어내는 문장으로, 이러한 종류의 문장은 일반적으로 "被"자를 대표로 삼기 때문에 "被字句"라 한다.

1. 의미상의 피동문

의미상의 피동표현은 전치사를 사용하지 않고, 주어(행위를 받는 주체)는 일반적으로 화자와 상대가 서로 알고 있는 특정한 사물이며, 그 뒤에 나오는 동사는 주어의 동작을 말하는 것이 아니라, 주어에 대해 행하여지는 (누군가의) 동작임을 나타내는 문장이다.

> 我的入学申请批准了。 내 입학신청이 통과되었다.
>
> 今天的报放在哪里了? 오늘 신문은 어디에 놔 두었니?
>
> 碗打破了。 그릇이 깨졌어요.
>
> 下届世界杯足球赛决定在韩国和日本举行。
> 차기 월드컵 축구대회는 한국과 일본에서 거행되기로 결정되었다.
>
> 小孩儿抱走了。 아이는 (다른 사람이) 안고 갔다.
>
> 衣服都洗好了。 빨래는 다 빨았다.

그렇다면 어떤 문장이 피동문인지 아닌지는 어떻게 알 수 있을 것인가? 일반적으로 뜻에 따라 판단할 수 밖에 없다. 피동문의 주어는 동작의 대상으로, 일반적으로 술어동사가 나타내는 동작을 행할 수 없고, 동작의 대상임을 나타낼 수 있을 뿐이다.

2. 被字句

술어 동사 앞에 전치사 "被", "叫", "让", "给"가 사용되며 주어는 문장의 앞머리에 오며 동작의 대상이 되는 문장은 "被字句"이라 한다. "被字句"는 "把字句"의 주어와 목적어의 역할이 바뀌어진 형태라 볼 수 있다. 따라서 "被字句"의 특징은 "把字句"와 기본적으로 같다.

1. "被字句"의 특징

(1) "被字句"의 주어는 보통 특정적인 것이거나 이미 알고 있는 것이다.

(2) 술어동사 하나만 올 수는 없고, 뒤에 반드시 다른 성분이 있어야 한다. 동태조사 "了", "过"가 오거나, 가능보어를 제외한 여러 종류의 보어 등과 함께 쓰인다. 일반적으로 "把字句"에 사용되지 못하는 동사는 "被字句"에도 쓰이지 못하지만 "看见", "听见"와 같은 감각동사, "知道", "认为"와 같은 인지동사는 "被字句"에 쓸 수 있다.

他被公司解雇了。 그는 회사에서 해고됐다.

杯子被我打破了。 컵은 내가 깨뜨렸다.

你被爸爸打过吗? 당신은 아버지한테 매를 맞아 본 적이 있어요?

小丽被王老师叫出去了。 샤오 리는 왕 선생님이 부르셔서 나갔다.

他被老师说了一顿。 선생님은 그를 한바탕 야단쳤다.

那件事终于让他知道了。 그 일을 드디어 그가 알게 되었다.

你们说的话被我听见了。 너희들이 하는 말은 내가 들었다.

(3) 동작의 주체가 광범위하게 '사람'을 지칭할 경우 "人"을 쓴다. 또한 동작의 주체를 밝힐 필요가 없을 때 "被"와 "给"는 직접 동사와 결합할 수도 있다. 하지만 "叫", "让"을 쓸 때는 동작의 주체를 밝혀야 한다. 또한 "被", "叫", "让"을 사용할 때에는 동사 앞에 "给"를 삽입할 수 있다. 여기서 "给"자는 생략할 수 있지만 구어체에서는 대체로 생략하지 않는다.

被人误会是很痛苦的事。 남에게 오해받는 것은 괴로운 일이다.

我的书被人偷走了。 내 책을 누군가 훔쳐갔어요.

这个秘密终于给人发现了。 이 비밀이 드디어 발각되었다.

她渐渐地被遗忘了。 그녀는 사람들에게 점점 잊혀졌다.

我的自行车被人(给)骑走了。 내 자전거는 누군가가 타고 갔다.

我的自行车叫(让)奇隆骑走了。 내 자전거는 치롱이가 타고 갔다.

我的自行车被(让)叫奇隆给骑走了。 내 자전거는 치롱이가 타고 갔다.

(4) "被字句"의 부정형은 "被"앞에 "没(有)"나 "不"을 붙인다. 능원동사와 그밖의 부사도 "被" 앞에 놓는다.

桌子上的东西没被人动过。 책상 위의 물건은 옮겨지지 않았다.

酒后开车不会被罚吗？ 음주운전은 벌금을 부과하지 않습니까?

他的谎话迟早会被我给拆穿。 그의 거짓말은 조만간 나한테 걸릴 거야.

这本书刚被借走。 이 책은 방금 대출되었다.

(5) 이러한 피동의 표현은 원래 행위를 받는 사람에게 바람직하지 못한 것을 서술할 때 사용되는 것이 일반적이었으나, 요즘에 와서는 긍정적인 것을 서술하는 데에도 그 쓰임이 늘고 있다. 하지만 아직은 부정적인 표현이 더 많이 쓰인다.

金大中被选为今年的诺贝尔和平奖得奖人。
김대중 대통령은 올해 노벨 평화상 수상자로 뽑혔다.

电脑被我修好了。 컴퓨터는 내가 다 고쳤다.

《阿里郎》被翻译成汉语了。 '아리랑'이 중국어로 번역되었다.

✱✱ 잘못 쓰는 문장 길들이기

틀린문장1 我放闹钟在床头柜上。

동사 "放" 뒤에 처소사 "床头柜上"을 이끄는 "在"가 있고, 처치를 받은 사물이 동작을 통해서 그 지점에 처해 있음을 설명하니까 "把字句"를 써야 한다.

我把闹钟放在床头柜上。 나는 알람시계를 침대탁자 위에 놓았다.

틀린문장2 请扔果皮、纸屑进垃圾桶里。

동사 "扔" 뒤에 처소사인 "垃圾桶里"를 이끄는 "进"가 있고, 처치를 받은 사물이 동작을 통해서 그 지점에 처해 있는 것을 설명하니까 "把字句"를 써야 한다.

请把果皮、纸屑扔进垃圾桶里。 쓰레기 통에 과일 껍질, 쓰레기를 버리세요.

틀린문장3 我写"往"成"住"了。

술어 동사에 "成"이 포함되어 있어, 처치를 받은 사물이 동작을 통해 무엇이 되었다는 것을 설명하니까 "把字句"를 써야 한다.

我把 "往" 写成 "住"了。 나는 "往"자를 "住"자로 썼다.

틀린문장4 他叫他弟弟作小可爱。

동사 "叫" 뒤에 "作"가 있어 처치를 받은 사람이 동작을 통해 무엇이 되었다는 것을 설명하기 때문에 "把字句"를 써야 한다.

他把他弟弟叫作小可爱。 그는 남동생을 귀염둥이라고 부른다.

틀린문장5 你把一本书放在什么地方了?

"把"가 이끌어내는 대상은 술어 동사의 대상이며 일반적으로 특정한 사물이어야 한다. 따라서 "一本书"를 확정된 "那本书"로 고쳐야 한다.

你把那本书放在什么地方了? 그 책을 어디에 놓았어?

틀린문장6 希望你们把今天的菜喜欢。

"喜欢"은 타동사가 아닌 심리상태를 나타내는 동사로서 처치의 의미를 나타낼 수 없으므로 "把字句"를 이룰 수 없다. 따라서 틀린문장6은 일반 동사술어문으로 고쳐야 한다.

希望你们喜欢今天的菜。 여러분이 오늘의 요리를 좋아하기를 바랍니다.

틀린문장7 我把电脑没弄坏。

틀린문장7-1 我把作业已经都做完了。

틀린문장7-2 你把书可以借给我吗?

"把字句"를 부정하는 부정부사 "没(有)", 시간부사, 조동사 등은 일반적으로 "把" 앞에 놓인다.

我没把电脑弄坏。 나는 컴퓨터를 망가뜨리지 않았다.

我已经把作业都做完了。 나는 벌써 숙제를 다했다.

你可以把书借给我吗? 너는 책을 빌려 줄 수 있니?

틀린문장8 你帮我把房间收拾吧。

　　"把字句"는 목적어에 대한 처치와 영향을 표시하는 문형이기 때문에 처치 또는 영향의 결과를 설명하는 성분이 있어야 한다. 따라서 술어 자리에 동사 하나만 올 수는 없고 반드시 다른 성분이 있어야 한다. 틀린문장8은 "把字句"인데 동사 뒤에 어기조사 "吧"만 있어서 문장이 완전하지 않다. 이를 정확한 문장으로 고치는 방법은 두 가지가 있는데, 동사 뒤에 동량보어 "一下"를 더 붙이거나 동사를 중복하는 것이다.

你帮我把房间收拾一下吧。 너는 나를 도와서 방을 좀 치우자.

你帮我把房间收拾收拾吧。 너는 나를 도와서 방을 좀 치우자.

틀린문장9 这么贵重的磁器偏偏他打破了。

　　틀린문장9는 부정적인 의미를 지닌 "偏偏"이라는 부사어가 있고 '동사+보어' 구조의 "打破"에 피동의 의미가 명확하므로 "被"자로 행동의 주체를 이끌어낸 피동문을 써야 한다.

这么贵重的磁器偏偏被他打破了。 이렇게 귀한 도자기를 하필이면 그가 깨뜨렸다.

틀린문장10 那件事被我忘了。

　　"被字句"에 쓰이는 동사는 처치의 의미를 나타내는 타동사이어야 한다. "忘"은 타동사가 아닌 감각동사이므로 "被字句"에 쓸 수 없다. 따라서 틀린문장10은 "被字句"를 쓸 수 없고 일반 동사술어문을 써야 한다.

那件事我忘了。 나는 그 일을 잊어버렸다.

틀린문장11 我们去法国访问的时候，到处被热烈的欢迎。

　　가는 곳마다 열렬한 환영을 받은 것은 좋은 일이기 때문에 "被字句"를 쓸 수 없다. 틀린문장11은 피동의 전치사를 사용하지 않고 동사 "受"와 결과보어 "到"를 쓰면 된다.

我们去法国访问的时候，到处受到热烈的欢迎。
프랑스를 방문하러 갔을 때, 우리는 가는 곳마다 열렬한 환영을 받았다.

틀린문장12 这次谢师宴的每个细节被智英负责。

　　피동형의 문장은 행위의 주체를 강조하는 데에는 적합치 않으므로 "被"를 전치사 "由"로 고쳐쓴다.

这次谢师宴的每个细节由智英负责。
이번 사은회의 각 세부사항은 지영이가 맡아서 책임을 진다.

✱ 연습문제

━ 다음 문장은 "把字句"나 "被字句"을 이용해 중작하시오.

1. 그는 아직 이 본문을 외우지 못했다.

2. 너는 책꽂이 위의 책을 좀 정리해라.

3. 교장선생님은 새 통계자료를 참석한 선생님들에게 나누어주었다.

4. 돈을 내 놔라.

5. 너는 소개 편지를 지니도록 해라.

6. 너는 왜 이 사실을 그에게 알리지 않니?

7. 빨리 이 일을 모두에게 알려줘라.

8. 아가씨, 아직 거스름돈을 안 주었네요.

9. 샤오 리는 운동화를 깨끗하게 빨았다.

10. 나는 체류증을 잃어버렸다.

11. 내 자전거는 남동생이 타고 학교로 갔다.

12. 약을 냉장고 안에 놓아라.

13. 입장권은 이미 매진되었다.

14. 나의 비밀이 그에게 발각되었다.

15. 문이 바람에 열렸다.

二 다음 문장의 틀린 부분을 고치시오.

1. 他一脚踢球进了球门。

2. 我把这些练习一个小时做得完。

3. 他把汉语学得很努力。

4. 我把那件事知道得很清楚。

5. 我把这个工作非完成不可。

6. 你把那张画不要挂在墙上。

7. 这些画儿因为这里天气的关系，只在十月能被展览。

8. 因为他缺课太多，从学校退学了。

9. 我们被老师教汉语。

10. 这个问题今天下午被我们讨论得完吗?

11. 树都被风刮了。

12. 他说的不是真话，我们都让他骗。

13. 一个孩子被妈妈打。

14. 这件事被他办不好。

15. 饭已经被我做好了。

16 동태와 조사(一)我在北京的那几天，天天都下雪

一 동태와 조사

동태(动态)란 동작의 상태를 뜻한다. 동작은 '~한 적이 있다', '~했다', '곧 ~ 하다', '~ 하기 시작하다', '~하기를 계속하다', '~하고 있는 중이다', '~한 결과가 남아 있다' 등과 같이 여러 단계들로 나타낼 수 있다. 동태는 한 동작이 변화하는 과정 중 어느 단계의 동작인가를 보여주는 것이다. 중국어는 동태의 표현법이 매우 다양하다. 동사 앞에 부사를 붙이는가 하면 동사 뒤나 문미에 조사를 쓰거나 부사와 조사 혹은 두 가지 조사를 앞뒤 호응시켜 표현한다. 예를 들어, '~하기 시작하다'는 방향보어 "起来"를 이용하여 표시하며 '~하기를 계속하다'는 방향보어 "下去"를 이용하여 표현한다.

1. 조사

조사란 단어, 단어결합이나 문장 뒤에 붙여서 구조 관계, 동작의 상태, 어기 등을 표시하는 단어이다. 조사의 공통적인 문법적 특징은 단독으로 사용할 수 없으며 단지 단어나 단어결합, 문장의 뒤에 첨부되어 부가되는 의미만을 나타내 준다는 것이다. 조사는 대부분 경성으로 발음한다. 조사는 다음의 세 종류로 나눌 수 있다.

1. 구조조사 : 的 得 地

구조조사의 역할은 단어나 단어결합을 연결시켜 어떤 구조관계를 지닌 단어결합을 이루게 하는 것이다. "的"는 한정어와 그 중심어를 연결하는 것으로 한정어의 표시이다. "得"는 보어와 그 중심어를 연결하여 정도나 가능을 나타낸다. "地"는 부사어와 그 중심어를 연결하는 부사어의 표시이다. 구조조사 "的", "得", "地"의 발음은 다 'de'의 경성으로 같지만 쓸 때는 분명히 다르다.

2. 어기조사 : 呢 吗 吧 了 的 啊

어기조사는 문미에 놓여 문장의 어기를 표시한다. 문장의 어기는 진술, 명령, 감탄, 의문으로 나눌 수 있으며, 문장은 표현 기능에 따라 진술문, 명령문, 감탄문, 의문문으로 분류할 수 있다.

3. 동태조사 : 了 着 过 来着

중국어는 글자 형태의 변화가 없기 때문에, 동사 뒤에 "了", "着", "过"와 같은 여러 조사를 덧붙여 동작의 상태를 표시한다. 동태조사 "了"는 동작이 이미 이루어졌음을 나타내고, "着"는 동작이나 상태의 지속을 나타내고, "过"는 어떤 동작이 과거에 발생했음을 설명하거나 과거에 있었던 경험을 표현한다. 그러나 "来着"는 다른 동태조사와 달리 동사 뒤에 붙이지 않고 문미에 붙인다. 이는 어떤 일이 발생한 적이 있음을 표시하는 데 일반적으로 얼마 전에 발생한 일을 가리킨다. 주로 구어체에 쓰이며 '~했었다'에 해당한다.

(二) 동태조사 "了"와 동작의 완료

동태조사 "了"는 동사 뒤에 써서 동작의 완료를 표시하며, 과거 동작의 완료나 현재, 미래의 가정에까지 두루 다 쓰인다.

> 他来了。그가 왔다.

> 你看，他来了。보세요. 그가 왔어요.

> 他来了，我们就出发。그가 오면, 우리 바로 떠나자.

동태조사 "了"로 동작의 완료를 나타내는 문장의 특징은 다음과 같다.

1. 我买了三本中文小说。 나는 중국어 소설 세 권을 샀다.

동사 뒤에 동태조사 "了"가 있고, 목적어도 있는 경우는 반드시 다음의 조건 가운데 하나를 갖추어야만 비로소 완전한 문장을 이룰 수 있다.

⑴ 목적어 앞에 수량사나 기타 한정어가 있다.

> 上半场韩国队踢进了两个球。 전반전에 한국팀이 두 골을 차 넣었다.

189

美国大学访问团参观了我们学校的实验室。
미국 대학 방문단은 우리 학교의 실험실을 참관했다.

(2) 만약에 목적어의 앞에 수량사나 기타 한정어 없이 '술어동사 + 了 + 목적어'의 형식이면 뒤에 반드시 "就"로 이끄는 동사가 뒤따라 나와야 한다. 이는 '～ 하자마자'의 뜻을 나타낸다.

我们今天听了音乐会就回家。
우리는 오늘 음악회 끝나자마자 집에 갈 거야.

爸爸每天吃了早饭就上班。 아버지는 매일 아침을 드시자마자 출근하신다.

(3) 동사 앞에 긴 부사구가 나온다.

昨天我跟韩先生一块儿吃了饭。 어제 나는 한 선생님과 함께 밥을 먹었다.

我们在雪岳山的山顶互相照了相。
우리는 설악산 꼭대기에서 서로 사진을 찍었다.

2. 我已经做了作业了。나는 이미 숙제를 다 했다.

조사 "了"는 동태조사로 쓰이는 것 외에, 문장의 말미에 놓여 어기조사로 전 문장이 나타내는 어떤 일이나 상황이 이미 발생했음을 나타내기도 한다. 만약 끝에 어기조사 "了"가 있고 목적어가 간단한 경우 동사 뒤의 동태조사 "了"를 생략할 수 있다. 동태조사 "了"를 덧붙일 경우는 특별히 어떤 동작이 이미 이루어졌음을 강조하기 위함이다. 앞에 부사 "已经"과 호응하는 경우가 많다.

他洗(了)脸了。 그는 세수를 했다.

我给家里打(了)电话了。나는 집에 전화를 했다.

我已经喝了三杯咖啡了。나는 벌써 커피 세 잔을 마셨다.

3. 他以前常常来看我。그는 전에 자주 나를 보러 왔다.

동태조사 "了"는 동작의 완료를 나타내는 것으로서 이미 발생한 동작의 동사 뒤에 무조건 다 "了"를 붙이는 것은 아니다. 다음과 같은 경우는 비록 동작이 이미 완성되었지만 "了"를 붙이지 않는다.

(1) 동작의 완성이나 상황의 발생을 강조하지 않고 객관적으로 과거에 있었던 일을 서술할 때는 흔히 "了"를 붙이지 않는다.

我在北京的那几天，天天都下雪。
내가 베이징에 머물렀던 그 며칠 동안 매일 눈이 내렸다.

昨天上午我去图书馆，下午去看朋友。
나는 어제 오전에 도서관에 갔다가 오후에 친구를 보러 갔다.

(2) 규칙적, 습관적으로 늘 일어나는 동작의 경우 동태조사 "了"를 붙이지 않는다.

这个星期，我每天下午都去游泳。 이번 주에 난 매일 오후 다 수영을 했다.

去年我身体不好，常常生病。 작년에 난 몸이 안 좋아서 자주 병이 났었다.

(3) 연달아 일어나는 동작을 묘사하는 경우에는 동작의 연속성과 밀접함을 나타내기 위해 동태조사 "了"를 붙이지 않는다.

他披上衣服拉开门，匆匆地走出去。
그는 옷을 걸치고는 문을 열고, 급히 나갔다.

他走过来，握住我的手说 "谢谢，谢谢"。
그는 다가와서 내 손을 잡고 '고맙다'고 했다.

4. **他讲完了两课课文。** 그는 두 과의 본문을 강의했다.

술어 동사 뒤에 결과보어나 방향보어가 있는 경우 "了"는 반드시 보어 뒤에 나와야 한다.

你的头挡住了我的视线。 당신의 머리가 내 시선을 가렸다.

他放下小说打开了录音机。 그는 소설책을 내려 놓고, 녹음기를 틀었다.

5. **妈妈去市场买来了一个西瓜。**
어머니는 시장에 가서 수박 한 통을 사 오셨다.

연동문의 경우 일반적으로 두 번째 동사 뒤에 "了"를 붙인다.

老张回印刷厂去改了这个错误。
라오 장은 인쇄소에 돌아가서 이 잘못을 바로 잡았다.

我们找个导游参观了景福宫。
우리는 관광가이드 한 명을 구해 경복궁을 구경했다.

191

6. **昨天晚上我睡了十个钟头。** 어젯밤 나는 열 시간 동안 잤다.

　　동태 조사 "了"를 가진 동사 뒤에 시량보어가 오면 동작이 진행되거나 상태가 지속된 시간을 표시한다.

　　他病了两天，没来上班。 그는 이틀간 아파서 출근하지 않았다.

　　您在韩国住了多久? 당신은 한국에서 얼마동안 사셨죠?

　　이러한 문장의 동사에 목적어가 있는 경우 동사를 중복할 수 있다. 시량보어는 중복된 동사 뒤에 둔다. 이 때 목적어가 인칭대명사가 아니면 시량보어 뒤에 "的"를 붙인 다음에 목적어가 뒤따라 나와도 된다.

　　我看电视看了两个小时。＝ 我看了两个小时的电视。
　　나는 두 시간 동안의 텔레비전을 봤다.

　　我学汉语学了三年多。＝ 我学了三年多的汉语。
　　나는 삼년 남짓 중국어를 배웠다.

　　만약에 이러한 문장의 끝에 어기조사 "了"가 오면 현재까지는 지속된 시간이나 완결된 수량을 가리킨다.

　　你看电视看了两个小时了。＝ 你看了两个小时的电视了。
　　당신은 두 시간 동안 텔레비전을 보고 있다.

　　我已经学汉语学了三年多了。＝ 我已经学了三年多的汉语了。
　　나는 이미 삼년 남짓 중국어를 배워 왔다.

　　他吃了两碗饭了。 그는 밥을 두 그릇째 먹고 있다.

7. **我没买那本书，太贵了。** 나는 그 책을 사지 않았다. 너무 비싸다.

　　동태조사 "了"를 동반한 문장의 부정형은 동사의 앞에 "没(有)"를 사용하고 동태조사 "了"를 없앤다.

　　我没有看今天的报纸。 나는 오늘의 신문을 읽지 않았다.

　　我没看懂这篇论文。 나는 이 논문을 이해하지 못했다.

8. **昨天的电影我没看，你看了没有?**
   난 어제의 영화는 보지 않았습니다. 당신은 봤어요?

   > **看了。** 봤어요.

   > **没(有)看。** 안 봤어요.

동작이 완성되었는지 여부를 묻고 대답하는 방법은 다음과 같다.

(1) 동사의 긍정 부정형식을 병렬(～ 没 ～)시켜 질문하거나, "～ 没有?"의 형식으로 질문한다. 혹은 문장의 끝에 "吗"를 붙임으로써 의문을 제기한다. 대답은 긍정일 경우는 반드시 "了"를 붙여야 하며, 부정일 경우는 "没有" 혹은 "没 + 술어동사"으로 대답한다.

> **你订没订飞机票? / 你订飞机票了没有? / 你订飞机票了吗?**
> 당신은 비행기표를 예약했어요?

> **订了。** 예약했어요.

> **没有。(没订。)** 예약 안 했어요.

(2) "是不是"로 의문을 제기한다. 대답은 긍정일 경우는 "是", "对"만 사용해도 된다. 부정일 경우는 "没有"를 사용하면 된다.

> **他病了是不是? / 他是不是病了? / 是不是他病了?** 그가 아픈가요?

> **是 / 对。(他病了。)** 예. (그는 아픕니다.)

> **没有。(他没病。)** 아니요. (그는 아프지 않았어요.)

三 동태조사 "过"와 과거에 있었던 경험

"过"는 동사나 형용사 뒤에 사용되어 동작 행위의 상태가 이미 과거가 되었다거나 어떠한 경험이 있음을 나타낸다. 한국어의 '~했었다, ~한 적이 있다'에 해당한다.

他是读书人，喝过洋墨水，说的话一定有道理。
그 사람은 배운 사람이고, 유학간 적도 있으니, 그 사람 말은 틀림없이 일리가 있을 것이다.

我吃过这种药，挺苦的。
나는 이런 약을 먹어본 적이 있는데, 꽤 쓰다.

동태조사 "过"을 이용하여 과거에 있었던 경험을 나타내는 문장의 특징은 다음과 같다.

1. **我看过这部电影。나는 이 영화를 본 적이 있다.**

   목적어는 동태조사 "过" 뒤에 나와야 한다. 동빈형 구조인 경우 동태조사 "过"는 참동사 뒤에만 놓을 수 있다.

   上星期我请过事假，不能再请了。
   지난 주에 나는 일 때문에 휴가를 요청했었기 때문에, 다시 휴가를 신청할 수 없다.

   我跟他见过面。
   나는 그 사람과 만난 적이 있다.

2. **我曾经学过芭蕾舞。나는 발레를 배운 적이 있다.**

   동태조사 "过"가 들어가는 문장은 문장의 술어동사 앞에 항상 "**曾经**", "**以前**", "**从前**", "**过去**"와 같은 부사와 어울려서 사용한다.

   我从前学过中医。
   나는 전에 한의학을 배운 적이 있다.

   我们以前好像见过面。
   우리는 전에 만난 적이 있는 것 같다.

3.行李都检查过了，没问题。 짐은 다 검사했어, 문제 없다.

동태조사 "过" 뒤나 문미에 "了"를 덧붙일 수 있는 경우도 있다. 이는 경험을 나타내는 것이 아니고, 동작 행위가 이미 종결했음을 나타내는 것이다. 특히 반복해서 행해지는 습관적 동작이 끝났다거나 가까운 과거에 행해진 동작의 경우에 "过"와 "了"를 동시에 써서 '벌써 ~ 했다'라는 의미를 나타낸다.

> A : 你吃过饭了吗?
> 식사 하셨어요?

> B : 吃过了。
> 먹었어요.

> 刚才我们问过妈妈了，妈妈说可以。
> 방금 우리가 어머니께 여쭈어 봤는데, 어머니는 된다고 하셨어.

> 紫丁香已经开过了。
> 라일락꽃이 벌써 피었다.

4.我们没有谈过这件事。 우리는 이 일을 이야기해 본 적이 없다.

부정형은 동사 앞에 "没(有)"를 놓는다.

> 我没(有)见过这个人。
> 나는 이 사람을 만난 적이 없었다.

> 我没(有)给他写过信。
> 나는 그에게 편지를 써 본 적이 없었다.

> 我没(有)跟他说过这件事。
> 나는 그에게 이 일을 이야기해 본 적이 없다.

5. 你听过这首歌没有? 당신은 이 노래를 들어본 적 있어요?

听过。 들어봤어요.

没听过。 안 들어봤어요.

어떤 동작이 과거에 발생했었는지의 여부를 묻고 대답하는 방법은 다음과 같다. 질문을 하는 방법은 두 가지 있지만 대답할 때, 긍정일 경우는 '술어동사 + 过'로, 부정일 경우는 '没(有) +술어동사 + 过'로 하면 된다.

(1) 문장의 끝에 "没有"를 붙이거나 "吗"를 붙인다.

你看过京剧没有? 당신은 경극을 본 적이 있어요?

看过。 본 적이 있다.

没看过。 본 적이 없다.

(2) '술어동사 + 过'의 긍정과 부정을 병렬시킨다.

你吃(过)没吃过佛跳墙? 당신은 불도장을 먹어본 적이 있어요?

吃过。 먹어 본 적이 있다.

没吃过。 먹어 본 적이 없다.

"过"와 "了"의 용법 비교

1. "过"는 과거에 있었던 동작이나 상태를 통해 지금의 어떤 상황을 설명하려는 의도이므로 관련된 분구가 늘 뒤따라온다. 반면에 "了"는 어느 특정한 시점에 일어난 사건, 동작의 실현 여부를 단순하게 서술하여 최종 메시지를 전달한다.

· 我见过他两次，对他的印象不太好。
　　나는 그를 두 번 만난 적이 있는데, 그에 대한 이미지는 별로 좋지 않다.

· 那部电影我看过，满有看头的。
　　나는 그 영화를 본 적이 있는데, 아주 볼 만하다.

· 昨天我去了百货大楼，先在一楼买了一双鞋，然后在四楼买了一条床单。
　　어제 나는 백화점에 갔는데, 먼저 일층에서 구두 한 켤레를 사고, 그 다음에 4층에서 침대 카바를 하나 샀다.

2. "过"는 동작이나 상태가 이미 지나 버린 것으로 더 이상 존재하지 않는 것을 의미한다. "了"는 동작이나 상태가 이미 완료된 것일 수도 있고, 아직 진행 중이거나 존재하는 것일수도 있다.

· 那部电影我看过两遍了。　그 영화는 난 두 번 보았다.

· 这件毛衣我穿了好几年了。　이 스웨터를 난 수년 동안 입었다.

· 这本书我看了一整天了，今天晚上就能看完。
　　이 책을 나는 하루 종일 읽었는데, 오늘 밤에 다 읽을 수 있다.

✳ 잘못 쓰는 문장 길들이기

틀린문장 1 小时候，我对隔壁的小孩能学钢琴，很羡慕了。

　　동태조사 "了"는 동작의 완료를 나타내는데 심리활동을 나타내는 동사, 예를 들어 : 爱, 恨, 企图, 羡慕, 想念, 希望, 认为, 反对 등의 뒤에는 놓일 수 없다. 틀린문장 1은 "小时候"만으로도 동작이 과거에 완료되었음을 충분히 나타낼 수 있다. 따라서 "羡慕" 뒤의 "了"를 삭제하여 "隔壁的小孩能学钢琴"을 동사의 목적어로 "羡慕" 뒤에 넣으면 된다.

小时候，我很羡慕隔壁的小孩能学钢琴。
어렸을 때, 나는 옆집 아이가 피아노를 배울 수 있다는 것을 매우 부러워했다.

틀린문장 2 以前他没抽烟了，现在一天最少抽两包。

　　동태조사 "了"를 동반한 문장의 부정형은 동사의 앞에 "没(有)"를 사용하고 동태조사 "了"를 없앤다. 하지만 항상 있어 왔거나 습관적인 동작의 부정은 "不"로 부정한다.

以前他不抽烟，现在一天最少抽两包。
전에 그는 담배를 피우지 않았었는데. 지금은 하루에 최소한 두 갑은 피운다.

틀린문장 3 到中国了可要来电话呀！

　　동태조사 "了"는 동사 바로 뒤에 써서 동작의 완료를 나타내야 한다.

到了中国可要来电话呀！ 중국에 도착하면 전화를 해야 되요.

틀린문장 4 他看一看月历，问："今天几号?"

　　"看一看"은 동사 "看"의 중첩형이며 아직 일어나지 않거나 완성되지 않는 동사의 경우에 쓰인다. 만약 동작이 이미 완성되었으면 중첩된 동사 사이에 "了"를 써야 한다.

他看了看月历，问 ："今天几号?"
그는 달력을 보고 '오늘은 며칠입니까?'라고 물었다.

틀린문장 5 我做梦也没想到会发生了这种事。

　　일반적으로 동사 앞에 조동사 "会"가 있으면 이 동작이 완료된 것일지라도 동사 뒤에 동태조사 "了"를 쓰지 않는다.

我做梦也没想到会发生这种事。
나는 이런 일이 생길 줄은 꿈에도 생각하지 못했다.

틀린문장6 刚到上海时，我常常迷路了。

틀린문장6은 부사 "常常"을 통해 이 동작이 과거에 자주 발생했던 것임을 알 수 있으므로 동태조사 "了"를 삭제해야 한다.

刚到上海时，我常常迷路。 상하이에 막 도착했을 때, 나는 자주 길을 잃고 헤매곤 했다.

틀린문장7 我来过一回这儿。

틀린문장7-1 我见过两次他。

목적어를 가지고 동태조사 "过"를 동반하는 동작에, 동작의 횟수를 나타내는 동량사가 있을 경우, 목적어의 성격에 따라 목적어의 위치가 달라진다. 목적어가 대명사이면 동량사 앞에만 쓰인다.

我来过这儿一回。 나는 여기에 한 번 와 본 적이 있어요.

我见过他两次。 나는 그를 두 번 본 적이 있다.

틀린문장8 那个医生治过好我的病。

틀린문장8-1 昨天晚上艳芳回过来，你没看到吗?

술어동사 뒤에 결과보어나 방향보어가 있으면, "过"는 보어 뒤에 나와야 한다.

那个医生治好过我的病。 그 의사는 내 병을 고쳐 준 적이 있다.

昨天晚上艳芳回来过，你没看到吗?
어젯밤에 옌팡이 돌아왔었는데, 당신은 못 봤어요?

✱ 연습문제

一 다음을 중작하시오.

1. 그는 단도직입적으로 온 목적을 설명했다.

2. 나는 백화점에 쇠고기 한 근을 사러 갔다.

3. 이 선생님은 퇴원하셨어요? – 아직요.

4. 어제 나는 일본에서 온 학생들과 함께 저녁을 먹었다.

5. 나는 서울에서 5년째 살고 있어요.

6. 당신은 졸업을 하자마자 군대에 갑니까?

7. 졸업을 하면 나는 군대에 갈 예정이다.

8. 나는 드디어 그의 말을 알아들었다.

9. 여동생은 한 시간 남짓 전화를 했다.

10. 내일 그가 오면 이 책을 그에게 전해 주세요.

11. 우리 어머니는 사십 년 째 교직생활을 하고 계신다.

12. 전에 그는 술을 마시지 않았는데, 지금은 매일 마시지 않으면 안 된다.

13. 나는 대학에 다닐 때 이모 집에서 살았다.

14. 그는 잠깐 생각하고서, '난 안 살거야'라고 말했다.

15. 당신은 골프를 쳐 본 적이 있습니까?

16. 나는 여태까지 큰 병에 걸린 적이 없었다.

17. 당신은 이런 야채를 먹어본 적이 있나요?

18. 그들은 저녁을 먹고, 곧 나갔다.

19. 2년 전에 나는 중국에서 일 한 적이 있다.

20. 나는 방금 빵 두 개를 먹어서, 아직은 배가 고프지 않다.

二 다음 문장의 틀린 부분을 고치시오.

1. 我不买了那件外套。

2. 我们下了课。

3. 昨天我在小丽家不看电视了。

4. 我在公园和同学聊一聊就回来了。

5. 去年冬天我常常滑了冰了。

6. 我找了一天的你。

7. 我不去过美国，去过法国。

8. 我不看这部电影过。

9. 那时，我没有工作，每天都玩过。

10. 当兵以前，我在报社当记者过。

17 동태와 조사(二)要下雨了，买把伞吧

㊀ 동작이나 상황의 임박

동작이나 상황이 임박하여, 곧 다가옴을 나타낼 때는 부사 "要"와 어기조사 "了"를 앞뒤로 호응시켜 "要 … 了" 문형으로 표현한다.

"要 … 了"로 동작이 곧 다가옴을 나타내는 문장의 특징은 다음과 같다.

1. **要下雨了，买把伞吧。** 비가 곧 내리려 하니 우산을 하나 삽시다.

    곧 다가올 동작은 "要 … 了" 사이에 놓인다.

    飞机要起飞了，请系好安全带。 비행기가 곧 이륙하니 안전벨트를 꼭 매세요.

    火车要到站了，别走远。 기차가 곧 역에 도착하니 멀리 가지 마.

    要12点了，别写了，休息吧。 12시가 다 됐어요, 그만 쓰고 쉬세요.

2. **天就要黑了，抓紧时间干吧。** 날이 곧 어두워지니, 서둘러서 일하자.

    "要 … 了" 앞에 "就", "快", "马上", "眼看"과 같은 부사를 덧붙이면 상황이나 동작이 곧 시작되려 한다는 느낌이 더해진다.

    她快要哭了，你去安慰安慰她吧。
    그녀가 울려고 하니 당신이 그녀를 위로 좀 해주세요.

    马上要放暑假了，同学们都很兴奋。
    여름 방학이 곧 시작하려고 해서, 친구들이 모두 매우 들떠있다.

    眼看要下雨了，你别出去了。 비가 곧 내리려 하니, 나가지 마세요.

3. **下个月我舅舅要结婚了。** 다음 달에 우리 외삼촌은 곧 결혼할 거야.

　　"快要 … 了"는 "快 … 了"로도 표현할 수 있다. 하지만 문두에 시간사나 시간 단어 결합이 있으면 "快(要) … 了"를 쓸 수 없다.

　　再过十分钟火车要开了。 십분 더 지나면 기차가 곧 떠날 거다.

　　明年我们就要毕业了。 내년에 우리는 곧 졸업할 거다.

4. **比赛要开始了吗？** 경기가 곧 시작합니까?
　　对 / 是。 예.
　　还没(有)呢。 아직요.

　　"要 … 了" 문형의 의문문은 일반적으로 문미에 어기조사 "吗"나 "吧"를 붙인다. 대답할 때, 긍정일 때는 "是", "对"로만 대답하며, 부정일 때의 대답은 "还没(有)呢" 혹은 "哪里，～(呢了"로 표현한다.

　　杭州就要到了吧？　－ 还没，还早呢。
　　항저우에 곧 도착할 거지요? – 아직요. 아직 멀었어요.

　　快毕业了吧？　－ 哪里，还要两年呢。
　　곧 졸업할 거지요? – 아니요, 아직. 2년 더 있어야 해요.

　　你们十二月底就要放寒假了吧？
　　당신들은 12월 말에 바로 겨울 방학이 시작하지요?

　　对 / 是。 맞아요.

　　还没(有)呢。 아직요.

(二) 동작의 진행과 "正在 ~ 呢"

동작의 진행을 표현하는 방법은 매우 다양하다. 부사 "在", "正在"와 어기조사 "呢"는 단독으로 사용할 수도 있고 앞뒤 호응하며 사용할 수도 있고 "着"를 "正在 ~ 呢"의 문형에 넣을 수도 있다.

妈妈在洗衣服。/ 妈妈正在洗衣服。/ 妈妈在洗衣服呢。/ 妈妈正在洗衣服呢。
妈妈正洗衣服呢。/ 妈妈在洗着衣服呢。/ 妈妈正在洗着衣服呢。/ 妈妈正洗着衣服呢。
妈妈洗着衣服呢。/ 妈妈洗衣服呢。

이처럼 '어머니는 빨래를 하고 계신다.'는 표현은 여러 가지가 있다. "正", "在", "正在"는 모두 동작의 진행을 나타내는 표현들이지만 어느 경우에서나 서로 바꿔 쓸 수 있는 것은 아니며 각각 약간의 차이점을 가지고 있다.

正, 在, 正在의 용법 비교

1. 正 : "正" 뒤에 동사나 형용사만 나올 수는 없으며 "呢"나 "着" 혹은 "着呢"를 덧붙여야 한다. "在"와 "正在"는 이런 제한이 없다.

   · 李大夫正给病人看病呢。 이 선생님은 환자를 진찰하고 있다.

   · 校长正忙着，您有什么事吗?
   교장선생님은 지금 바쁘신데, 무슨 일이 있으세요?

   · 我正担心着呢。 나는 지금 걱정돼요.

2. 在 : "在"는 동작이 반복되거나 장시간 동안 계속 진행해 온 것을 나타낼 수도 있다. 이런 경우에는 "在" 앞에 시간의 지속을 나타내는 부사 "经常", "常常", "又", "总", "一直" 등을 덧붙일 수도 있지만, "正"과 "正在"는 그렇지 못하다.

   · 我经常在想这个问题。 나는 항상 이 문제를 생각해 왔다.

   · 你是不是又在想那件事? 너 또 그 일을 생각하고 있지?

   · 大家一直在等你。 다들 당신을 기다려 왔다.

동작의 진행을 표현하는 문장의 특징은 다음과 같다.

1. 他正在读书。 그는 공부하고 있어요.

동작의 진행형은 현재에만 국한되지 않고, 과거·현재·미래의 어느 것에도 진행형을 쓸 수 있다. 단 미래의 경우에는 "一定"이나 "会" 등이 자주 같이 쓰인다.

昨天我去找他的时候，他正在读书。
어제 내가 그를 찾아갔을 때 그는 공부하고 있었다.

明天晚上你去找他，他一定在读书。
내일 밤에 그를 찾으러 가세요. 그는 틀림없이 공부하고 있을 것입니다.

2. 妈妈正在厨房做饭呢。 어머니는 부엌에서 밥하고 계세요.

동작의 진행을 나타내는 문장에 처소 전치사 단어결합인 "在 …"가 있으면 문미에 "呢"를 넣거나 "在 …" 앞에 "正"을 붙인다. 부사 "正在"는 쓰지 않는데 이는 "在"의 중복을 피하기 위함이다.

他在宿舍睡觉呢。 그는 기숙사에서 자고 있다.

他正在实验室做研究呢。 그는 실험실에서 연구를 하고 있다.

3. 她没在写信，在看书呢。 그녀는 편지 쓰고 있는게 아니라, 책을 보고 있어요.

동사 진행의 부정은 동사 앞에 "没在"를 붙인다.

我没在看电视，我在打电脑。
나는 텔레비전을 보고 있는게 아니라 컴퓨터를 하고 있다.

我们没在开会，你进来吧。 우리는 회의를 하고 있지 않으니, 들어 와라.

4. 你们在讨论吗? 토론하고 있어요?
   对 / 是。 예.
   没有。 아니요.
   他们在做什么? 그들은 무엇을 하고 있어요?
   他们在喝茶。 그들은 차를 마시고 있어요.

동작의 진행에 대해 질문하고 대답하는 방식은 아래와 같다.

(1) 어떤 동작이 진행되고 있는지 아닌지 여부를 물을 때, 어기 조사 "吗"를 붙이면 된다. 대답이 긍정일 때, "对" 혹은 "是"로 대답하며, 부정일 때는, "没有"로 대답하면 된다.

他们在游泳吗? 그들은 수영을 하고 있나요?

对。/ 是。 예.

没有。 아니요.

(2) 무슨 동작이 진행되고 있는지를 물을 때는, 일반적으로 "什么"를 쓴다.

你在干什么? 당신은 무엇을 하고 있습니까?

我在画画儿呢。 나는 그림을 그리고 있어요.

(三) 동태조사 "着"와 상태의 지속

어떤 상태나 동작이 계속 지속된다는 사실을 묘사할 때는 "着"를 써서 '동사 / 형용사 + 着 ~'의 문형으로 표현한다. 비교적 순간적으로 끝나는 동작 뒤에 "着"가 있으면 동작 행위 자체의 지속을 나타내는 것이 아니라, 동작의 결과가 남아 어떤 상태가 지속되고 있음을 나타낸다. 이런 동사에는 穿, 带, 戴, 插, 写, 挂, 摆, 放, 坐, 躺, 站, 蹲, 背, 扛 등과 같은 것이 있다.

夜深了, 他房里的灯还亮着。
밤이 깊었는데, 그 사람 방은 불이 아직 켜져 있어요.

花瓶里插着几朵玫瑰花。 꽃병에 장미꽃이 몇 송이 꽂혀 있다.

他穿着一件皮大衣, 戴着一顶黑帽子。
그는 가죽 외투를 입고 검은색 모자를 쓰고 있다.

教室的窗户开着, 门关着。 교실 창문은 열려 있는데, 문은 닫혀 있다.

순간적으로 끝나는 동작이 아닌 지속될 수 있는 동사는 동작의 진행과 상태의 지속이 동시에 이루어지고 있음을 나타낸다. 따라서 "(正)在 〜" 또는 " 〜呢"를 "着"와 연용할 수도 있다.

> 外边在下着雨，你等一会儿再走吧。
> 밖에 비가 내리고 있어요. 이따가 가세요.

> 大伙正等着你呢。모두들 당신을 기다리고 있다.

> 妈妈正跟隔壁的太太说着话呢。
> 어머니는 지금 옆집 아주머니와 이야기하고 있다.

> 孩子们正在看着足球比赛呢。아이들은 축구 경기를 보고 있다.

동태조사 "着"를 포함하는 문장의 특징은 다음과 같다.

1. **停车场停着很多车。주차장에는 차가 많이 세워져 있다.**

   상태의 지속은 현재에만 국한되지 않고, 과거, 현재, 미래의 어느 것에도 쓸 수 있다. 단 미래의 경우에는 "(一定)会" 등이 자주 같이 쓰인다.

   > 昨天这儿停着很多车。어제 여기는 차가 많이 주차되어 있었다.

   > 明天这儿会停着很多车。
   > 내일은 여기 차가 많이 주차될 것이다.

2. **这个信封上没有写着收信人的名字和地址。**
   이 편지봉투에는 수신자의 이름과 주소가 씌어 있지 않아요.

   동태조사 "着"를 동반한 문장의 부정형은 술어 동사 앞에 "没(有)"를 사용하고 "着"는 그대로 둔다.

   > 窗户没有开着，关上了。창문은 열려 있지 않고, 닫혀 있다.

   > 那个病人没有躺着，坐着呢。그 환자는 누워 있지 않고 앉아 있어요.

3. **介绍信你带着没有？** 소개서는 갖고 있나요?

   带着呢。 갖고 있어요.

   没有。 아니요.

동작이나 상태의 지속 여부를 묻고 대답하는 방법은 다음과 같다.

"동사 + **着没有**" 혹은, 말미에 "**吗**"를 붙임으로서 의문을 제기한다.

   你的摩托车锁着没有？ 당신의 오토바이는 잠겨져 있어요?

   锁着呢。 잠겨져 있어요.

   没有。 아니요.

   外边下着雨吗？ 밖에 비 내리고 있어요?

   下着呢。 내리고 있어요.

   没有。 아니요.

四 "着"의 기타 용법

1. **他喜欢躺着看书。** 그는 누워서 책보는 것을 좋아한다.

   "**着**"의 앞 뒤에 두 개의 동사가 놓여 구성되는 연동문, 즉 "**V1 着 V2**"형식의 문장에서 두 동사 V1과 V2는 다음과 같이 여러 가지 의미관계가 있을 수 있다.

   (1) V1이 V2의 방식을 나타낸다.

   你不要坐着讲，站着讲。 앉아서 말하지 말고 서서 말해라.

   他笑着说：“没事儿”。 그는 웃으면서 괜찮다고 말했다.

   (2) V1과 V2의 사이에 수단이나 목적, 원인의 관계가 있다.

   她最近忙着准备考试。 그녀는 요즘 시험 준비하느라 바쁘다.

   这个冰淇淋留着给弟弟吃。 이 아이스크림은 동생이 먹게 남겨둬라.

(3) "V1着+ V1着 + V2"의 형식으로 V1이 진행되고 있는 상태에서 V2의 동작이 이루어 지는 경우.

走着走着到家了。걷다 보니 집에 도착했다.

他想着想着笑了起来。그는 생각하다가 웃기 시작했다.

2. 北京烤鸭有名着呢！ 베이징 오리구이는 매우 유명하다.

'형용사 + 着呢'는 구어체의 형식으로 과장의 의미를 나타낸다.

这种书我多着呢！ 이런 책, 난 굉장히 많아.

他可乐着呢！ 그는 정말 신났어!

3. 慢着，我还有话要说。잠깐 , 나 아직 하고 싶은 말이 있다.

명령문에 쓰여 어떤 상태가 유지될 것을 요구한다.

你等着，我马上就回来。기다리고 있어, 금방 돌아올게.

大家听着，明天八点以前要到学校。
다들 들어봐. 내일 8시 전에 학교에 도착해야 해.

✳ 잘못 쓰는 문장 길들이기

틀린문장1 明天我快要回国了。

　　"快(要) … 了"형식의 문장에서는, 앞에 시간사나 시간 단어결합이 올 수 없다. 따라서 틀린문장1은 "快"를 삭제하거나 "快"를 "就"로 고치면 된다.

明天我要回国了。 내일 난 귀국할 거다.

明天我就要回国了。 내일 난 귀국할 거다.

틀린문장2 昨天飞机要起飞了的时候，忽然下雪了。

　　상태나 동작의 임박을 나타내는 표현은 주로 미래형에 많이 쓰이지만 과거형에도 쓸 수 있다. 이런 경우에는 부사 "要"만 쓰며, 어기 조사 "了"를 안 붙인다.

昨天飞机要起飞的时候，忽然下雪了。
어제 비행기가 막 이륙하려 할 때, 갑자기 눈이 왔다.

틀린문장3 我们都正在希望他快来。

　　"正在 … 呢"가 동작의 진행을 표시한다고 해서 모든 동사에 다 쓰일 수 있는 것은 아니다. 다음과 같은 동사는 "正在 … 呢"에 쓸 수 없다: "是，在，有"와 같은 판단, 존재를 나타내는 동사. 希望，喜欢，可惜 등과 같은 심리활동을 나타내는 동사. "认识，知道，感觉，懂，清楚" 등과 같은 감지를 나타내는 동사. "生，死，开始，停止，来，去，进，出" 등과 같은 생성과 소멸 나타내는 동사 그리고 일부의 방향 동사에는 쓸 수 없다. 따라서 틀린문장3의 "正在"를 삭제해야 한다.

我们都希望他快来。 우리는 모두 그가 빨리 오기를 바란다.

틀린문장4 十年过去了，他还在爱。
틀린문장4-1 我知道你在怪。

　　심리활동을 나타내는 동사는 목적어가 있을 경우에만 "在"의 수식을 받을 수 있다.

十年过去了，他还在爱她。
십 년이 지났는데도 그는 여전히 그녀를 사랑하고 있다.

我知道你在怪我。 당신이 나를 탓하고 있는 것을 알아요.

틀린문장5 我没有正在看电视呢，我在画画儿。

　　동작 진행의 부정형은 동사 앞에 "没有"를 붙인다. 이 때, 부사 "在" 이외에 동작의 진행을 뜻하는 부사 "正"과 어기조사 "呢"는 삭제해야 한다.

我没有在看电视，我在画画儿。
나는 델레비전을 보고 있지 않고 그림을 그리고 있다.

틀린문장6 他正在在屋里睡觉呢。

　　동작의 진행을 나타내는 문장에 "在 + 장소"의 전치사 단어결합이 있으면 "在 + 장소" 앞에 "在"가 중복되는 것을 피하기 위하여 부사 "正在"를 덧붙이지 않는다. 이런 경우는 "在…" 앞에 "现在" 또는 "正"을 넣거나 문미에 "呢"를 붙이면 된다. "现在"를 붙일 때도 "在"는 두 개가 되지만, 앞의 "在"는 "现在"의 일부일 뿐이다. 하지만 보통은 "他在屋里睡觉。"라고만 해도 분명하게 알아듣는다.

他在屋里睡觉。/ 他正在屋里睡觉呢。/ 他在屋里睡觉呢。/
他现在在屋里睡觉呢。 그는 방 안에서 자고 있다.

틀린문장7 我在睡觉了，没有听见外边的声音。

　　동작의 진행은 현재의 동작 뿐만 아니라, 과거나 미래의 동작에 다 사용되지만 진행형 문장에서는 완료형 조사 "了"를 쓸 수 없다.

我在睡觉，没有听见外边的声音。 나는 자고 있어서 바깥의 소리를 듣지 못했다.

틀린문장8 我喜欢着我的同屋。

　　"着"는 동사나 형용사 뒤에 놓여 동작 및 상태의 지속을 나타내는데 모든 동사 뒤에 다 쓰일 수 있는 것은 아니다. 다음과 같은 동사는 동태조사 "着"를 첨가할 수 없다 : "是，在，结束，消灭，塌，出，去，进" 등과 같은 지속적이지 않은 동사와 "喜欢，恨，怕，知道，认识，同意" 등과 같은 심리동사.

我喜欢我的同屋。 나는 내 룸메이트를 좋아한다.

틀린문장9 老师拿很多书走进教室来了。

　　"V1 着 V2"의 연동문 형식은 두 개의 동작이 동시에 진행됨을 나타내며, V1은 V2의 방식을 나타낸다. 틀린문장9의 첫 번째 동사 "拿"는 두 번째 동사인 "走"의 진행 방식과 상황을 설명하는 것이므로 첫 번째 동사인 "拿" 뒤에 "着"를 붙여야 한다.

老师拿着很多书走进教室来了。 선생님은 많은 책을 가지고 교실로 들어왔다.

✳ 연습문제

一 다음을 중작하시오.

1. 다음달에 그가 상하이로 올 것이다.

2. 접수는 월말에 (곧) 마감될 것이다.

3. 그는 노래를 흥얼거리며, 일을 하고 있다.

4. 그는 말을 하다가 멈추었다.

5. 4년 간의 대학생활이 곧 끝날 거다.

6. 5분만 더 있으면 수업이 끝나요.

7. 비닐봉지 안에 무엇이 담겨 있나요?

8. 당신은 무엇을 쓰고(적고) 있어요?

9. 당신이 노크했을 때, 나는 전화를 걸고 있었다.

10. 그들은 간식을 먹고 있는 중이다.

二 다음 문장을 부정문으로 고치시오.

1. 孩子在哭。

2. 她来的时候，我们正在上课。

3. 外头正在下雨呢。

4. 桌子上摆着碗筷。

5. 墙上挂着钟。

6．这个包裹上写着寄件人的姓名。

7．教室的灯开着。

8．衣柜里挂着几件衣服。

9．妈妈做着饭呢。

10．昨天我回到家的时候，他在看电视。

三 다음 문장의 틀린 부분을 고치시오.

1．天阴沉沉的，看样子下雨了。

2．他四点快来了。

3．A：研究生考试快要开始吧 ？

　　B：没快要，还有一个来月呢。

4．我一直正在等你。

5．我去找他的时候，他不正在家呢。

6．我们正上课。

7．衣服还在湿，怎么能穿?

8．我的皮包一直那儿放在着，不知怎么就不见了。

9．胡同里住一个老大爷，大家都叫他王老好。

10．在校门口围着一群人。

중국어 문장성분

3

18 请给我一杯冰咖啡

㊀ 문장과 문장의 성분

1. 문장이란

사람들은 언어를 사용하여 의사소통을 한다. 의사소통의 기본 단위는 문장이다. 말은 길수도 짧을 수도 있어, 하나의 단어가 일정한 언어환경의 전개하에 의사 소통의 역할을 수행할 수 있으면 문장이 될 수도 있다.

(1) 昨天他来过了。 어제 그가 왔다 갔다.
(2) 你是坐飞机去，还是坐火车去?
    당신은 비행기를 타고 갈 거예요, 아니면 기차를 타고 갈 거예요?
(3) 飞机! 비행기다 !
(4) 快写! 빨리 써라!

문장은 표현 기능에 따라 4종류로 나눌 수 있다. 예문 (1)는 어떠한 사실을 진술하는 진술문이며 문미에 마침표를 사용한다. 예문 (2)는 어떠한 문제를 제기하는 의문문이며 문미에 물음표를 사용한다. 예문 (3)은 감탄 어조를 표현하는 감탄문이며 문미에 느낌표를 사용한다. 예문 (4)는 명령을 표현하는 명령문이며 문미에 느낌표를 사용한다. 문장의 어조는 서면상으로는 부호에 의하여 알 수 있으며 말로 할 경우에는 어투나 어감을 통해 알 수 있다.

2. 문장의 성분이란

대부분의 문장은 두 개 이상의 단어나 단어결합이 문법적 규칙에 따라 이루어진다. 문장성분이란 각 단어나 단어결합이 문장 속에서 담당하는 기능과 역할을 말한다. 중국어의 기본적인 문장성분으로는 주어, 술어, 목적어, 보어, 한정어, 부사어가 있으며 특수한 성분으로는 동격어와 독립어가 있다. 여기서 문장성분과 단어는 다른 개념임을 유의해야 한다. 문장을 집으로 비유한다면 문장성분을 벽, 지붕, 문, 창문 등으로 비유할 수 있고, 단어는 벽돌, 목재, 기와, 시멘트 등으로 비유할 수 있다. 문장성분의 각도에서 보면 주어, 목적어는 흔히 명사나 대명사로 이루어지지만 동사, 형용사 등으로 이루어지는 경우도 있다. 마치 벽은 대부분의 경우 벽돌로 쌓이지만 나무나 황토로 벽을 만들 수도 있는 것과 같다. 반대로 단어의 각도에서 보면 명사는 항상 주어, 목적어가 되지만, 술어로 되는 경우도 있다는 것이다. 일반적으로 문장은 이 6가지 성분들을 모두 갖추는 것이 아니고 그 중 일부를 갖춘다.

(二) 주어와 술어

중국어의 문장은 대개 주어부분과 술어부분 두 부분으로 나눌 수 있다. 주어는 술어가 진술하는 대상으로서 '누구' 혹은 '무엇'에 해당하는 부분이다. 술어는 주어에 대하여 진술을 가하는 성분으로 주어가 '어떠하다' 혹은 '무엇이다'를 설명하는 부분이다. 주어부분과 술어부분의 핵심은 각각 주어와 술어이다. 주어와 술어는 어순에 따라 쉽게 구분할 수 있다. 중국인은 언어 습관상 화제를 문장 앞에 위치시키는데, 문장의 화제 즉 주어는 통상적으로 말하는 이와 듣는 이가 이미 알고 있는 것이다. 그러므로 화제에 관한 새로운 메시지 즉 술어는 뒷부분에 있고, 말의 중점은 항상 뒷부분인 새로운 메시지에 있게 된다.

1. 주어와 주어가 될 수 있는 것

중국어에서는 동작의 주체만이 주어가 될 수 있는 것이 아니라, 동작을 받는 객체가 주어가 되는 수도 있고, 주어가 주체나 객체 중 어느 것도 아닌 경우도 있다. 어떤 경우이든 문장에서 화제로 제시한 것이 주어가 된다.

我觉得这张床睡着挺舒服。 나는 이 침대가 누워있기에 아주 편하다.

这张床睡着挺舒服。 이 침대는 누워 있기에 아주 편하다.

钱包丢了。 지갑을 잃어버렸다.

拉里拉塌是最惹人讨厌的。 지저분한 것이 가장 혐오감을 불러 일으킨다.

217

위 예문 중의 "我", "这张床", "钱包", "拉里拉塌"는 각 문장의 화제이며 주어부분이다. 부사를 제외하고는 대부분의 단어, 단어결합에 모두 주어부분을 구성할 수 있다. 주어가 될 수 있는 것은 다음과 같다.

1. 명사(단어결합), 대명사, 수사(주어의 주류를 이루는 것)

明天星期一。 내일은 월요일이다.

我们系一共有两百零五个学生。 우리 과는 전부 205명의 학생이 있다.

这叫陀螺。 이것은 팽이라고 한다.

一年有三百六十五天。 일년은 365일이 있다.

2. 동사, 동사 단어결합

说比做容易。 말하는 것이 직접 하는 것보다 쉽다.

写文章要注意前后一脉相通。
문장을 쓸 때는 앞뒤가 일맥상통하도록 주의해야 한다.

去不成怎么办? 못 가게 되면 어떻게 하지요?

3. 형용사, 형용사 단어결합

勤俭是一种美德。 근면은 미덕이다.

干净利落是她的作风。 깔끔하고 시원시원한 것이 그녀의 스타일이다.

2. 술어와 술어가 될 수 있는 것

술어는 통상 형용사나 동사로 이루어진다. 하지만 명사나 명사 단어결합도 술어가 될 수 있는데 이런 문장이 '명사술어문'이라고 한다.

1. 명사, 명사 단어결합, 수량사

明天除夕。내일은 그믐날이다.

她上海人。그녀는 상하이 사람이다.

每人两张。한 사람에 두 장씩.

2. 동사, 동사 단어결합

客人来了。손님이 오셨어요.

你醒醒! 일어나!

我看不清楚。난 잘 안 보인다.

3. 형용사, 형용사 단어결합

他小我四岁。그는 나보다 4살 어리다.

他的声音清脆又响亮。그의 목소리는 낭랑하고 우렁차다.

我的个子最高。나는 키가 가장 크다.

4. 대명사

你怎么了? 당신은 어떻게 된 거에요?

事情已经这样了。일은 벌써 이렇게 됐다.

我的汉语发音怎么样? 내 중국어 발음이 어때요?

三 한정어

　　문장 안에서 명사나 명사성 단어결합을 수식 혹은 제한하는 성분을 한정어 또는 관형어라고 하고, 수식을 받거나 제한을 받는 명사나 명사성 단어결합을 '중심어'라고 한다. 특수한 수사가 필요한 경우 외에는 한정어는 그가 수식하는 중심어의 앞에 나와야 한다.

1. 한정어의 유형과 조사 "的"의 사용 문제

　　한정어가 될 수 있는 단어는 매우 다양하다. 접속사, 조사, 감탄사를 제외한 단어는 모두 한정어로 쓸 수 있다. 한정어 뒤에는 대개 구조조사 "的"가 쓰인다. "的"는 한정어를 나타내는 표시이지만 모든 한정어 뒤에 다 쓸 수 있는 것은 아니다. "的"를 쓰는가의 여부는 한정어로 쓰이는 단어의 종류, 음절수, 문법적 의미에 따라 결정되며, 일정한 규칙을 따르기 때문에 임의로 정할 수 없다. 조사 "的"의 사용 여부는 한정어의 유형별로 다음과 같이 정해진다.

1. 명사와 대명사가 한정어로 쓰이는 경우

(1) **小美的嗓子很好。** 샤오 메이의 목소리는 아주 좋다.

　　한정어가 소유, 시간, 장소를 나타내는 명사나 대명사일 경우에 "的"를 써야 한다.

　　爷爷的帽子挂在墙上。 할아버지의 모자는 벽에 걸려 있다.

　　我坐三点二十分的火车去釜山。 나는 3시 20분의 기차를 타고 부산에 간다.

　　雪岳山的风景很美。 설악산은 경치가 아주 아름답다.

(2) **我很喜欢我们的美术老师。** 나는 우리 미술 선생님을 아주 좋아한다.

　　한정어로 쓰이는 명사가 사람이나 사물의 성질(직업, 원료 등)을 나타내는 경우에는 "的"를 쓰지 않는다.

　　这些塑料花跟真的一样。 이 플라스틱꽃들은 진짜 꽃 같다.

　　他穿着一件皮夹克。 그는 가죽 자켓을 입고 있다.

(3) **那时候你几岁？** 그때 당신은 몇 살이었어요?

의문대명사나 지시대명사 "这", "那"가 한정어로 쓰일 때는 통상 "的"를 안 쓴다.

什么人？ 누구세요?

你每天花多少时间学习汉语？ 당신은 매일 얼마 동안 중국어를 배워요?

(4) **这样的人多的是。** 이런 사람은 얼마든지 있다.

하지만 지시대명사 "这样", "那样"과 의문대명사 "谁", "怎么样", "什么样"가 한정어로 쓰일 때 "的"를 붙여야 한다.

这是谁的钱包？ 이것은 누구의 지갑이예요?

你喜欢什么样的男人？ 어떤 스타일의 남자를 좋아해요?

(5) **我妈妈在医院工作。** 우리 어머니는 병원에서 일을 하십니다.

인칭대명사가 한정어로 쓰일 때에는 통상 "的"를 붙여야 한다. 하지만 중심어가 집단이나 소속, 친구나 친족 등을 나타내면 "的"는 써도 되고 안 써도 된다. 영속관계(领属关系)를 특별하게 강조하고 싶으면 "的"를 사용한다.

他们的意见也有道理。 그들의 의견도 일리가 있다.

我们(的)公司有四百多名员工。 우리 회사는 4백여 명의 직원이 있다.

我(的)同屋是英国人。 내 룸메이트는 영국 사람이다.

他是她的哥哥，不是我的哥哥。 그는 그녀의 오빠지, 내 오빠가 아니다.

2. 동사가 한정어로 쓰이는 경우

(1) 吃的东西都在冰箱里。 먹는 것은 다 냉장고에 있다.

동사나 동사 단어 결합이 한정어로 쓰일 경우 일반적으로 "的"를 사용해야 한다.

请的客人都到了。 초청한 손님은 다 왔다.

这是昨天我从图书馆借来的书。 이것은 어제 내가 도서관에서 빌려 온 책이다.

(2) 比赛结果什么时候公布? 경기 결과는 언제 공포하지요?

명사나 동사가 모두 될 수 있는 일부 쌍음절 동사는 조사 "的"가 없어도 바로 명사를 수식할 수 있다.

考试成绩什么时候可以知道? 시험 성적은 언제 알 수 있어요?

你的研究计划得改一下。 당신의 연구계획은 좀 수정해야 해요.

3. 형용사가 한정어로 쓰일 경우

(1) 请给我一杯冰咖啡。 냉커피 한 잔 주세요.

형용사가 한정어로 쓰일 때, 그 뒤에 "的"사용 여부는 주로 형용사의 음절수에 달려 있다. 통상 단음절 형용사가 한정어로 쓰일 경우 그 뒤에 "的"를 사용하지 않는다. 하지만 단음절 형용사가 뜻하는 속성을 강조하고 싶으면 "的"를 붙일 수도 있다.

别为这种小事想不开。 이런 하찮은 일 때문에 마음 쓰지 마세요.

旧的杂志在一层, 新的杂志在二层。
헌 잡지는 일층에 있고 새 잡지는 이층에 있다.

(2) 他是爸爸最要好的朋友。 그분은 아버지의 가장 친한 친구다.

부사가 단음절 형용사를 재수식하거나 형용사가 중첩된 형식일 경우에는 "的"를 사용해야 한다.

蜂鸟是一种很小的鸟。 벌새는 아주 작은 새이다.

上海是中国最大的商业城市。 상하이는 중국의 가장 큰 상업도시이다.

说起济洲岛，人们就会想起蓝蓝的海，黄黄的油菜花和暖暖的风。
제주도 이야기만 하면 사람들은 파란 바다, 노란 유채꽃, 따뜻한 바람을 떠올린다.

(3) 金老师是一个很正直的人。김 선생님은 아주 정직하신 분이다.

쌍음절 형용사나 부사가 쌍음절 형용사를 다시 수식하게 된 경우는 "的"를 사용해야 한다.

美丽的花儿人人爱。예쁜 꽃은 다들 좋아한다.

庆州是一个非常古老的城市，古迹很多。
경주는 매우 오래된 도시이며, 고적이 아주 많다.

어떤 쌍음절 형용사는 명사와 조합을 이루어 하나의 단어처럼 쓰인다. 이때는 중간에 "的"를 사용하지 않는다. 이런 용법은 특히 구어에 많이 등장한다.

聪明人(똑똑한 사람)　糊涂虫(멍텅구리)　俏皮话(우스갯 소리)
可怜虫(불쌍한 인간)　正经事(진지한 일)

4. 의성어가 한정어로 쓰이는 경우

의성어가 한정어로 쓰이는 경우 "的"를 붙여야 한다.

呼呼的北风刮了一夜。북풍이 밤새 휘잉휘잉 불었다.

屋里屋外挤满了叽叽喳喳的人群。집 안팎은 재잘거리는 무리로 꽉 찼다.

一到十二点，到处就响起了噼哩啪啦的鞭炮声。
자정이 되자마자 곳곳에서 탁탁 터지는 폭죽소리가 나기 시작했다.

2. 한정어의 배열순서

하나의 중심어가 여러 개의 한정어를 가질 때의 배열순서는 일반적으로 다음과 같다.

1. 소유관계를 나타내는 명사나 대명사 → 2. 시간사나 처소사 → 3. 지시대명사나 수량사 → 4. 동사, 동사 단어결합이나 전치사 단어결합 → 5. 형용사나 형용사 단어결합 → 6. 성질을 나타내는 명사나 "的"자를 수반하지 않는 형용사(주로 단음절). 이 중 3번과 5번의 위치는 좀 자유로와서 앞과 뒤 모두 가능하다.

(1) 你们学校那个新来的很漂亮的国文老师我认识。
         ①   ③ ④   ⑤   ⑥

(2) 他是我中学时代一个最要好的朋友。
         ①   ②   ③   ⑤

(3) 我又看到了站在路口要饭的那个老人。
               ④   ③ ⑥

  = 我又看到了那个站在路口要饭的老人。
         ③   ④   ⑥

四 조사 "的"의 기타 용법

조사 "的"의 용법은 그 밖에도 상당히 다양한 편이며 다음과 같은 용법이 있다.

1. 我的记算机忘了带，借你的用用。

내 계산기를 깜박 잊고 안 가지고 왔으니, 당신의 계산기를 좀 쓸게요.

　　문장의 중심어를 생략해도 문맥상 뜻을 이해하는 데 지장이 없을 경우에는 "的" 뒤의 중심어를 생략할 수 있다.

　　我的照相机是最新型的。 내 카메라는 최신형이다.

　　我有两个儿子，大的五年级，小的二年级。
　　나는 아들 둘이 있는데, 큰 애는 5학년이고 작은 애는 2학년이다.

2. 信用对做买卖的来说，比什么都重要。

신용은 장사하는 사람에게 무엇보다도 중요하다.

중심어가 생략된 "的"자 구조는 어떠어떠한 직업에 종사하고 있다는 의미를 나타내기도 한다.

　　我妈妈是教书的，我哥哥是送信的。
　　우리 어머니는 선생님이시고 오빠는 우편배달원이다.

　　那个大企业家小时候是个擦皮鞋的。
　　그 대기업가는 어렸을 때에 구두닦이였다.

3. 无缘无故的，你发什么脾气？ 아무 이유도 없이, 당신 왜 화내요?

어기조사로서 상황을 강조한다.

　　大晴天的，你干吗老待在家？ 날씨가 화창한데 왜 집에만 있어요?

　　好端端的，怎么就病倒了呢？
　　멀쩡하더니, 어떻게 갑자기 병이 나서 쓰러졌어요?

✱ 잘못 쓰는 문장 길들이기

틀린문장 1 他们上课倒挺暖和的。

　　문맥으로 볼 때 처소사가 주어가 되야 하는데 "他们上课"는 처소사가 아니다. 처소사 주어가 되기 위해 "那儿"을 덧붙이면 된다.

他们上课那儿倒挺暖和的。 그들이 수업하는 곳은 오히려 꽤 따뜻하다.

틀린문장 2 二十不算贵。

　　주어인 "二十"는 수사이며 '안 비싸다'의 서술 대상이 될 수 없다. "二十" 뒤에 양사를 덧붙여서 수량사로 만들면 "不算贵"의 서술 대상인 주어가 될 수 있다.

二十块不算贵。 20위엔은 비싼 것이 아니다.

틀린문장 3 我一块儿走吧。

　　"一块儿" 앞에 나오는 주어는 복수 주어가 와야 한다.

我们一块儿走吧。 우리 같이 가자.

틀린문장 4 奶奶走出机场大厅的时候，高兴得又叫又跳。

　　이 문장의 "奶奶走出机场大厅的时候"는 시간부사어이며 문장에 주어가 없다. 따라서 "高兴得又叫又跳"의 주체인 주어가 있어야 한다.

奶奶走出机场大厅的时候，我高兴得又叫又跳。
할머니가 공항 로비로 나왔을 때, 나는 너무 기뻐서 소리를 지르며 뛰었다.

틀린문장 5 这是我的小的时候的照片。
틀린문장 5-1 给我那件红色的、有帽子的、胸前有个 V 字的夹克。

　　두 개의 이상의 "的"자가 이어서 하나의 명사를 수식할 경우 소리의 리듬도 맞지 않을 뿐더러 의미도 분명하지 않을 수 있다. 그래서 되도록 한 문장에 "的"자의 사용은 줄이는 것이 좋다.

这是我小时候的照片。 이것은 내 어렸을 때의 사진이다.

给我那件红色、有帽子、胸前有个V字的夹克。
빨간색에 모자 달린, 가슴에 V자가 있는 자켓을 주세요.

틀린문장6 那篇他的文章在报纸上出来了。

여러 한정어가 한 중심어를 수식할 때, 소유관계를 나타내는 한정어는 항상 맨 앞에 놓인다. '신문에 나왔다'라고 할 때는 동사 "登"를 쓰고 뒤에 저소 단어 결합인 "在+ ~"가 고착된 장소를 이끌고 나와야 한다.

他的那篇文章登在报纸上了。 그의 그 글은 신문에 실렸다.

틀린문장7 妈妈送我一件丝绸漂亮的衬衫。

여러 한정어가 한 중심어를 수식할 때는 중심어의 성질을 나타내는 명사나 "的"자를 수반하지 않는 형용사가 맨 뒤에 나와야 한다.

妈妈送我一件漂亮的丝绸衬衫。
어머니는 나에게 예쁜 실크 남방 하나를 선물로 주셨다.

틀린문장8 我今天打工，挣了多钱。
틀린문장8-1 现在少人愿意学习哲学。

단음절 형용사인 "多"나 "少"가 한정어로 쓰일 때는 일반적으로 앞에 "很", "好"를 덧붙이고, 뒤에는 "的"를 붙이지 않는다. 이때의 "很"이나 "好"는 '매우, 아주'란 뜻이 약하고, 단지 그 정도를 강조할 뿐이다.

我今天打工，挣了好多钱。 난 오늘 아르바이트를 해서 돈을 많이 벌었다.

现在很少人愿意学习哲学。 요즘은 철학을 공부하고 싶어하는 사람이 드물다.

틀린문장9 我们的学校的后有一家医院。

중심어인 "学校"는 집단이나 소속을 나타내는 것이므로 일반적으로 "的"를 사용하지 않는다. 틀린문장9의 주어는 한정어를 가지는 "后"인데 단순 방위사 "后"는 주어가 될 수 없으므로 합성 방위사로 만들어야 주어가 될 수 있다.

我们学校的后边有一家医院。 우리 학교의 뒤쪽에는 병원 하나가 있다.

✳ 연습문제

一 다음 문장의 주어 부분과 술어 부분을 표시하시오.

1. 饺子是食品。

2. 骑摩托车要注意安全。

3. 今天九月二十号。

4. 我讲的都是真的。

5. 马和骆驼都可以骑。

6. 蟑螂打死了。

7. 你的理由不充分。

8. 赞成或者反对都要说明理由。

9. 有教无类是老师的责任。

10. 模仿是学习外语的好方法。

二 다음 문장의 적당한 곳에 구조조사 "的"을 넣으시오.

1. 教室里同学都到外面去。

2. 这只纸箱子里装全是钱。

3. 他病恐怕好不了。

4. 对我来说，做饭是有趣一件事。

5. 东大门已成为外国观光客最喜爱观光地之一。

6. 小丽歌声很美。

7. 这已经是三年前事了。

8. 他是一个很好人。

9. 刚才来客人是我婶婶。

10. 我和他想法一样。

三 괄호 안의 단어로 문장을 완성하시오.

1. (老师讲的　　幼儿园时　　美丽动人的　　　那些) 故事我还记得。

2. 他是教授。(最有影响力的　　　一位　　我校)

3. 她戴了帽子。(皮　　一顶　　黑底白点的)

4. 孩子病了。(一个　　男　　她　　不满百日的)

5. 门前站着姑娘。(小　　一个　　八、九岁的)

6. 他送我。(一条　　很别致的　　从巴黎买了　　丝巾)

7. 他是朋友。(最值得信赖的　　我　　一个　　好)

8. 中国是国。(具有悠久历史的　　古　　文化　　一个)

9. 这是书。(一本　　智英的　　新　　中文)

10. (两位　　我们学校　　有三十年教龄的　　　数学　　优秀) 教师退休了。

19 他每天下班回来就倒着呼噜呼噜地睡

一 목적어란

문장의 술어가 동사일 때, 때로는 목적어를 가져야만 완전한 의미를 표현할 수 있다. 목적어는 동사의 뒤에 놓으며, 동사와 직접 결합하는 동사의 관련 대상이라 할 수 있다. 중국어 목적어의 개념은 한국어 목적어의 개념과 나르다. 중국어에서 어떤 문장 성분이 목적어인지의 여부는 그것이 동작과 관련된 대상을 표시하는 지, 동사 뒤에 위치하는 지를 통해 확정할 수 있다.

1. 의미상으로 본 동사와 목적어의 관계

1. 동작의 대상(가장 일반적인 목적어)

我们明天参观独立纪念馆。우리는 내일 독립기념관을 참관한다.

妈妈擀面，爸爸包饺子。
어머니는 밀가루 반죽을 밀어 피시고, 아버지는 만두를 빚으신다.

2. 동작, 행위에 의하여 이루어진 역할과 직무

今天你踢中锋，我守球门。오늘 너는 중견 공격수를 해, 나는 골키퍼를 할게.

我弟弟当了医生。우리 남동생은 의사가 되었다.

3. 행위, 동작의 수단이 되는 도구

我儿子弹钢琴弹得可好了。우리 아들은 피아노를 아주 잘 친다.

你会写毛笔吗? 당신은 붓글씨를 쓸 줄 알아요?

4. 동작이나 행위가 이루어지는 장소

　　今天吃馆子吧。오늘은 외식하자.

　　明天我们去长城。내일 우리는 만리장성에 간다.

5. 동작이 수용하는 대상이나 행위의 주체

　　一辆车可以坐五个人。차 한 대에 5명이 탈 수 있다.

　　这锅饭可以吃十个人。이 밥 한 솥으로 10명이 먹을 수 있다.

6. 존현문에서 출현, 존재, 또는 소멸된 사물

　　外边来了一个人。밖에 한 사람이 왔다.

　　钱包里不见了两万块。지갑에 2만원이 없어졌다.

7. 판단동사 "是"가 나타내는 대상

　　华盛顿是美国的首都。워싱턴은 미국의 수도이다.

　　他是老师，我是学生。그는 선생님이고 나는 학생이다.

2. 목적어가 될 수 있는 것

1. 명사(단어결합), 대명사, 수사, 수량사, 시간사, 방위사

　　我学习电脑，我弟弟学习音乐。
　　나는 컴퓨터를 배우고 내 동생은 음악을 배운다.

　　你们在看什么? 당신들은 무엇을 보고 있어요?

231

八加二等于十。8 더하기 2는 10과 같습니다.

我要三斤。3근 주세요.

你们怎么过春节？ 당신들은 설을 어떻게 쉽니까?

我住东边，他住西边。나는 동쪽에 살고 그는 서쪽에 산다.

2. "的"자구조

我吃小的，你吃大的。내가 작은 것을 먹을 테니, 당신은 큰 것을 드세요.

你用我的吧。 당신은 내 것을 쓰세요.

3. 동사, 동사 단어결합

我说去，他说不去。나는 간다고 하고 그는 안 간다고 한다.

大家鼓掌表示欢迎。다들 박수치며 환영을 표시한다.

4. 형용사, 형용사 단어 결합

才二十块钱，你还嫌贵。
20위엔 밖에 안 되는데 당신은 그것도 비싸다고 싫어하는가.

我喜欢安静，不喜欢热闹。
나는 조용한 것을 좋아하고 시끌벅적한 것은 안 좋아한다.

5. 주술문

我知道你喜欢他。당신이 그를 좋아한다는 것을 난 알고 있다.

他这才发现衣服破了。그는 그제서야 옷이 찢어진 것을 알았다.

6. 전치사 단어결합; 이런 문장의 술어동사는 판단동사 "是"이다.

我这么做是为了你好。내가 이렇게 한 것은 당신을 위해서이다.

我最后一次见到他是在北京。
내가 마지막으로 그를 본 것은 베이징에 있을 때였다.

㊁ 부사어

　　문장의 주어와 목적어 앞에 한정어들을 붙일 수 있듯이, 술어 앞에서도 그것을 묘사하거나 제한하는 성분들이 쓰이는 경우가 많은데, 이러한 문장성분을 부사어라고 한다. 부사어는 문장에서 동작이 진행되는 시간, 장소, 범위, 방식 및 성질과 상태의 정도 등에 대해서 설명한다. 부사어가 나타내는 의미는 매우 다양하고, 부사어의 구성 또한 매우 다양하다.

1. 부사어가 나타내는 의미

1. 방향, 장소

新生请往这边走。 신입생은 이쪽으로 오세요.

奶奶正在屋里看书。 할머니는 집 안에서 책을 보고 계신다.

2. 빈도, 시간

我们常常去老赵家打麻将。 우리는 자주 라오 쟈오의 집으로 마작을 하러 간다.

我小时候喜欢画画儿。 나는 어렸을 때 그림 그리는 것을 좋아했다.

3. 대상, 목적

大家对这个节目不感兴趣。 다들 이 프로그램에 흥미가 없다.

智英为了做实验准备了一个星期。
지영이는 실험을 하기 위해 일주일 동안 준비했다.

4. 수량, 범위

至少有四个人要退出。 적어도 네 사람은 나가야 한다.

把过去的事统统忘掉吧。 과거의 일은 다 잊어버려라.

5. 중복, 정도

请再说一遍。 다시 한번 말씀 해 주세요.

这次考试稍微难了一点儿。 이번 시험은 좀 어려웠다.

6. 긍정, 부정

明天我一定去。 내일 나 꼭 갈게.

我绝不同意这么做。 나는 이렇게 하는 것에 절대로 동의할 수 없다.

7. 추측, 어감

你去问他，他也许知道。 그에게 물어보세요. 그는 알고 있을 지도 모릅니다.

你可别把我的话忘了。 너는 내 말을 절대로 잊어서는 안 된다.

8. 방식, 태도

他把事情的经过详细地说了一遍。 그는 일의 경과를 상세히 한 번 얘기했다.

智英不高兴地走了。 지영이는 기분 안 좋게 떠났다.

2. 부사어의 유형과 조사 "地"의 사용 여부

부사어의 구성은 매우 다양하다. 부사어임을 나타내는데 많이 쓰이는 것이 조사 "地"인데 반드시 "地"를 써야 하는 경우가 있는가 하면 "地"를 쓸 수 없는 경우가 있고, "地"를 써도 되고 안 써도 되는 경우도 있다. "地"의 사용 여부는 임의로 정할 수 없고, 일정한 규칙에 따라야 한다. 대개 부사, 시간사, 처소사, 전치사 단어결합, 단음절 형용사가 부사어가 되었을 때는 "地"가 필요하지 않다. 부사어의 유형별로 조사 "地"의 사용 여부는 다음과 같다.

1. 동사가 부사어로 쓰이는 경우

(1) 他很怀疑地问我 "是真的吗"？
그는 매우 의심스럽다는 듯 나한테 '정말이에요?'라고 물었다.
심리 활동을 나타내는 동사가 부사어로 쓰일에는 경우 "地"를 사용해야 한다.

孩子失望地看着妈妈。 아이는 매우 실망스러운 표정으로 어머니를 쳐다본다.

他伤心地离开了。 그는 슬퍼하며 떠났다.

(2) 观众不住地叫好。 관객들은 계속 갈채를 보냈다.
"不停", "不住"가 부사어로 쓰일 때, "地"를 사용한다.

雨不停地下，下了一整天。비가 그치지 않고 하루 종일 내렸다.

一路上，我不住地想着这个问题。
오는 길에 나는 계속 이 문제를 생각했다.

2. 형용사가 부사어로 쓰이는 경우

(1) 这个字要重读。이 글자는 세게 읽어야 한다.

일반적으로 단음절 형용사 뒤에는 "地"를 사용할 수 없다.

多听、多说、多看、多写是学好外语的不二法门。
많이 듣고 많이 말하고 많이 읽고 많이 쓰는 것은 외국어를 마스터하는 유일한 방법이다.

早睡早起身体好。일찍 자고 일찍 일어나는 것은 몸에 아주 좋다.

(2) 我们把教室彻底(地)打扫了一遍。우리는 교실을 구석구석 한 번 청소했다.

이음절 형용사가 부사어로 쓰일 때는 일반적으로 "地"를 써야 한다. "地"를 쓰면 묘사의 느낌이 강해진다. 특히 이음절 형용사 앞에 정도부사가 붙어 있으면 "地"를 꼭 써야 한다.

医生把他的病历仔细(地)看了一遍。
의사는 그의 병력카드를 자세히 한 번 봤다.

他很仔细地介绍了自己的经历。그는 매우 상세하게 자신의 경력을 소개했다.

他非常紧张地问"几点了?" 그는 매우 긴장하며 '몇 시예요?'라고 물었다.

(3) 大夥痛痛快快(地)玩了一天。다들 하루를 신나게 놀았다.

중첩된 형용사가 부사어로 쓰일 때, "地"를 써도 되고 안 써도 되지만 쓰는 경우가 더 많다.

你好好儿(地)休息吧。당신 푹 쉬세요.

你慢慢儿(地)吃。천천히 드세요.

你别再糊里糊涂地过日子了。너 다시는 흐리멍텅하게 세월을 보내지 마라.

你急急忙忙(地)去哪儿呀? 급히 어디로 가십니까?

(4) 选手们斗志昂扬地走进运动场。

선수들은 투지를 불태우며 씩씩하게 운동장에 들어섰다.

'주술구조' 단어결합이 부사어로 쓰일 때는 "地"를 써야 한다.

他态度恭敬地站在那儿。 그는 공손히 그곳에 서 있다.

他语调柔和地说 "没事儿。" 그는 부드러운 말투로 '괜찮다'고 말했다.

3. 사자성어(四字成语)가 부사어로 쓰일 경우 "地"를 써야 한다.

孩子们目不转睛地看着老师。
아이들은 눈 한 번 깜박하지 않고 선생님을 쳐다봤다.

他语重心长地说 "那是三十年前的事了。"
그는 간곡하게 '그것은 30년 전의 일이었다'라고 말했다.

4. 의성어가 부사어로 쓰일 경우 "地"를 써야 한다.

他每天下班回来就倒着呼噜呼噜地睡。
그는 매일 퇴근 후에는 바로 꼬꾸라져서 잠을 잔다.

冷风吹进长巷，呜呜地响。
찬 바람이 긴 골목 안으로 불어오는 데 소리가 웅웅하고 난다.

雨水滴滴嗒嗒地漏了一夜。 빗물이 밤새 뚝뚝 샜다.

5. 수사 "一"나 수량사의 중첩이 부사어로 쓰일 경우 "地"의 사용 여부는 자유이다.

让我一一(地)回答你。 내가 하나하나씩 당신에게 대답할게요.

他一遍一遍(地)嘱咐我 "千万记得。"
그는 반복해서 나에게 '반드시 기억하라'고 당부했다.

你们两个两个(地)排好队。 여러분, 두 사람씩 줄을 잘 서세요.

3. 부사어의 배열순서

한 문장의 술어 앞에 여러 부사어를 병렬하여 술어를 수식하는 경우, 부사어의 순서는 사고논리 및 표현하고자 하는 뜻에 의해 결정된다.

1. 여러 부사어의 배열순서는 대체적으로 다음과 같다.

① 시간사 → ② 어기, 빈도, 범위 → ③ 처소 → ④ 동작의 주체를 묘사하는 부사어 →

⑤ 공간, 방향, 노선 → ⑥ 목적, 근거, 대상 → ⑦ 동작을 묘사하는 부사어

他今天下午从信箱里神密兮兮地把信抽了出来。
　　　　①　　　　　③　　　④　　　⑥

他很亲切地跟我慢慢地聊了起来。
　　　　④　　　⑥　　　⑦

整整一个下午，他都在实验室里聚精会神地做实验。
　　①　　　　　　②　　　③　　　　⑦

　부사어의 어순은 엄격히 정해진 것이 아니고, 장소, 방향, 대상 등을 나타내는 부사어의 위치는 비교적 자유롭기 때문에, 필요에 따라 위치를 이동할 수 있다.

我在韩国已经学过一年汉语了。
나는 한국에서 이미 일 년 동안 중국어를 배워 왔다.

我已经在韩国学过一年汉语了。
나는 이미 한국에서 일 년 동안 중국어를 배워 왔다.

他从外边忽然跑了进来。그는 밖에서 갑자기 뛰어 들어왔다.

他忽然从外边跑了进来。그는 갑자기 밖에서 뛰어 들어왔다.

请你给我们详细地介绍一下。당신은 우리에게 상세하게 좀 소개해 주세요.

请你详细地给我们介绍一下。당신은 상세하게 우리에게 좀 소개해 주세요.

2. 부사어의 어순은 비교적 자유롭지만 순서가 다르면 뜻이 완전히 달라질 수도 있다.

(1) "都"와 "不"는 어순에 따라 뜻도 달라진다.

我们都不是学生。우리는 모두 학생이 아니다.

我们不都是学生。우리 모두가 학생인 것은 아니다.

(2) "不"와 "很"는 어순에 따라 뜻도 달라진다.

我很不喜欢他。나는 그를 굉장히 안 좋아한다.

我不很喜欢他。나는 그를 별로 좋아하지 않는다.

*✱ 잘못 쓰는 문장 길들이기

틀린문장1 我要赶快向大家告诉这个好消息。

'알려 주다'는 뜻의 동사 "告诉"는 두 개의 목적어를 가질 수 있는 동사이므로 "告诉" 뒤에 간접 목적어, 직접 목적어의 순서대로 목적어가 나오면 된다.

我要赶快告诉大家这个好消息。
나는 빨리 모두에게 이 좋은 소식을 알려 줘야겠다.

틀린문장2 他把眼睛打伤了被那歹徒。

대상을 표시하는 단어결합 중에 전치사 "被", "叫", "让" 단어결합과 "把"자 단어결합이 동시에 나오면 "被", "叫", "让" 단어결합은 앞에 나오고 "把"자 단어결합은 뒤에 나와야 한다.

他被那歹徒把眼睛打伤了。 그는 그 악당으로 인해 눈을 다쳤다.

틀린문장3 智英每天晚上在图书馆都一起跟赵强复习。

동사인 "复习" 앞 부사어의 순서가 틀렸다. "复习"와 가장 가까운 부사어부터 보면 먼저 대상을 나타내는 "跟赵强一起", 그리고 처소를 나타내는 "在图书馆"이 나와야 하고 그 다음은 시간범위를 나타내는 "都"가 나오고 마지막은 시간사 "每天晚上"이 나와야 한다.

智英每天晚上都在图书馆跟赵强一起复习。
지영이는 밤마다 도서관에서 조강과 같이 복습한다.

틀린문장4 我昨天一直从下午两点睡到晚上七点。

한 문장 안에 시간을 표시하는 부사어 몇 개가 동시에 나타날 경우에는 순서는 다음과 같다 : 시간명사 → 전치사 단어결합 → 시간부사

我昨天从下午两点一直睡到晚上七点。
어제 나는 오후 2시부터 밤 7시까지 계속 잤다.

틀린문장5 我家很远离我们学校。

거리를 나타내는 전치사 "离"와 "我们学校"로 이루어진 전치사 단어결합은 부사어이므로 술어인 "很远"의 앞에 나와야 한다.

我家离我们学校很远。 우리집은 우리학교에서 아주 멀다.

틀린문장6 他平常少说话。

틀린문장6-1 我们那儿冬天少下雪，很多下雨。

　　단음절 형용사 "少"가 부사어로 쓰일 경우 앞에 반드시 "很"을 덧붙여야 한다. 이때의 "很"은 '매우, 아주'란 뜻을 가지기 보다는 그 정도를 다소 강조하는 역할만 한다. 하지만 "很多"는 부사어가 될 수 없다.

他平常很少说话。그는 평상시에 말수가 적다.

我们那儿冬天很少下雪，常常下雨。
우리가 있는 곳은 겨울에 눈은 자주 안 내리는데, 비는 자주 온다.

틀린문장7 他的姓是李，不是金。

　　중국어의 "姓"은 명사로 쓰이기도 하고, 동사로 쓰이기도 한다. 동사로 쓰일 경우는 목적어가 뒤따라와야 하는 타동사이다. 보통 '그는 성이 김씨예요'라고 할 때는 "他姓金"라고 해야하며 여기서 "金"은 동사 "姓"의 목적어이다. '김씨가 아니다'라고 할 때 동사 "不"로 동사 "姓"을 부정해야 한다.

他姓李，不姓金。그는 김씨가 아니고 이씨다.

✱✱ 연습문제

一 괄호 안의 부사어를 적당한 곳에 넣으시오.

1. ( )天气( )暖和起来了。(逐渐)

2. 他们( )起床( )起得很早。(都)

3. ( )你们两个人( )回去报告。(赶快)

4. ( )我们以后再( )讨论。(关于这件事)

5. ( )她( )这样想过。(的确)

6. ( ) 我们( )( )想休息。(当然)(也)

7. 他( )说他明天( )会来。(一定)

8. 你看看,( )我都( )搞糊涂了。(被你)

9. ( )小丽( )说出了自己的名字。(非常清楚地)

10. ( )他知道了结果, 才( )回家去了。(放心地)

二 다음 문장의 틀린 부분을 고치시오.

1. 我们从下午两点到六点一直每天上课。

2. 我常常最近失眠。

3. 我们六点明天早上就走。

4. 他狼吞虎咽大吃起来。

5. 他只是傻地笑着, 什么话也不说。

6. 他很认真回答老师的问题。

7. 我这里剩下只一瓶可乐了。

8. 他向来很准时，可是却昨天迟到了。

9. 他已经上午来过了。

10. 你要非常小心处理这个事件。

11. 她一直哭，不停哭，哭到两眼都肿了。

12. 你们出去一个一个。

三 괄호 안의 단어를 알맞게 배열하여 문장을 완성시키시오.

1. 我度过了今年暑假。(愉快地　　一起　　跟家人)

2. 我剪下来。(从信封上　　就　　很小心地　　每当亲友来信时　　把邮票)

3. 他介绍自己的作品。(谦虚地　　十分　　始终)

4. 我住在重庆。(跟爷爷　　从小　　就)

5. 他得到了冠军。(又一次　　五年之后　　终于)

6. 他发脾气。(为一些小事　　常常　最近)

7. 他冲过去。(往前　　不顾一切地)

8. 他写了几个字。(草草地　　在那张纸上　　又)

20 보어(一)考完试，咱们一起去看电影吧

一 보어의 요체

　　보어는 동사 또는 형용사 뒤에 위치하여, 동사 또는 형용사에 대한 보충 설명을 하는 성분이다. 중국어의 문장성분 중에서 가장 중요하며 그 역할이나 용법이 가장 복잡한 것이 바로 보어이다. 보어를 파악하면 술어의 결과나 정도는 물론 동작의 진행 상황, 방향, 동작의 횟수 등을 모두 표현할 수 있게 된다. 보어는 일반적으로 동사, 형용사 등으로 이루어진다. 보어는 보충하는 성분이므로 반드시 뒤에 놓인다. 보어는 매우 중국적인 표현이므로 중국인이 보어를 사용하는 발상을 제대로 파악하는 것은 매우 중요하다. 보어는 그 의미와 구조의 특징에 따라 (1) 결과보어 (2) 수량보어 (3) 정도보어 (4) 가능보어 (5) 방향보어 (6) 전치사 보어 등 여섯 가지로 나눌 수 있다.

二 결과보어

　　동작의 진행 결과가 어떠한지를 보충 설명하는 성분을 결과보어라고 한다. 한자는 형태의 변화가 없어서 동사만 보면 그 동작의 결과가 어떠한가를 알 수 없다. 따라서 동작의 결과를 서술할 때는 반드시 동사 뒤에 결과보어를 사용해야 한다. 예를 들어 "我学游泳"는 '나는 수영을 배운다'라는 의미인데, 배운 결과가 어떻게 되는 지 알 수 없다. 만약 배운 결과로 인해 수영을 할 수 있게 되었다면 동사 뒤에 결과보어를 붙여야 한다. 조동사 "会"는 '배워서 무엇을 할 줄 알 게 되었다'의 의미를 뜻한다. 따라서 "我学会游泳了"라고 하면 배웠을 뿐만 아니라, 결과적으로 할 줄 알게 되었다는 뜻이 된다. 결과보어는 보통 동사나 형용사로 이루어진다.

결과보어가 있는 문장의 특징

1. 对不起，我来晚了。 늦어서 미안합니다.

　　동사와 결과보어 사이에는 다른 성분이 끼어들 수 없다. 따라서 동태조사 "了", "过"나 목적어는 다 결과보어 뒤에 놓이게 된다. 목적어를 강조하고 싶으면 문장 앞으로 끌어낼 수도 있다.

他答对了那个问题。(那个问题他答对了。)　그는 그 문제에 맞게 대답했다.

我从来没有喝醉过。나는 여태까지 한 번도 술에 취한 적이 없다.

2. 刚才你说的我没听懂，请再说一次。

방금 당신이 말한 내용을 전 알아듣지 못했습니다. 다시 한 번 말씀해 주세요.

결과보어는 동작의 결과를 보충 설명하는 것이며 부정할 때는 동사 앞에 "没(有)"를 사용한다. "没(有)"가 부정하는 것은 동사가 아니라 결과보어이다. "没(有)"앞에 "还"를 쓸 수도 있는데, '아직 …하지 않았다'의 뜻이 된다.

我今天没(有)看见他。나는 오늘 그를 보지 못했다.

我还没(有)找到他。나는 아직 그를 못 찾았다.

3. 妈妈说，"不做完作业就不能出去玩儿。"

어머니는 '숙제를 다 끝내지 않으면 놀러갈 수 없어'라고 말씀하셨다.

조건문에서는 동사 앞에 "不"를 써서 부정한다.

今天不见到他，我就不回家。오늘 그를 만나지 못하면 집에 안 갈 거다.

不搞懂这个问题，今天就不睡觉。
이 문제를 정확히 하지 않으면 오늘은 잠을 자지 않을 것이다.

4. 电话打通了没(有)？　전화 통화했어요?

결과보어가 있는 동사술어문은 문장 뒤에 "吗"를 붙이거나 "没(有)"를 써서 의문문을 만든다.

A : 那本小说你看完了吗？／那本小说你看完了没(有)？／
　　那本小说你看完没(有)看完？　그 소설책을 다 읽었어요?

B : 还没看完呢。아직 다 읽지는 못했어요.

자주 쓰는 결과보어에는 다음과 같은 것들이 있다.

1. 考完试，我们一起去看电影吧。 시험이 끝나면 우리 함께 영화 보러 가자.

完 단순한 동작의 완료를 나타낸다.

我写完今天的作业了。 나는 오늘 숙제를 다 끝냈다.

你话说完了没有？ 말씀 다 하셨어요?

2. 学汉语，要先学好发音。 중국어를 배우려면, 먼저 발음을 제대로 배워야 한다.

好 동작의 완료 뿐만 아니라, 동작의 완료와 함께 목적이 달성하여 바라던 결과를 얻었음을 표시한다.

昨天夜里孩子发烧，一夜没有睡好。
어젯밤에 아이가 열이 나서 밤새 잘 자지 못했다.

坐好。 똑바로 앉아라.

3. 你的信我已经收到了。 네 편지는 벌써 받았다.

到 목적에 이르렀거나 어떤 결과를 얻었음을 나타낸다.

护照拿到了吗？ 여권 받았어요?

你要的那本书我已经买到了。 당신이 필요로 하는 그 책을 나는 이미 구입했다.

他经常工作到深夜才休息。 그는 늘 늦은 밤까지 일을 한 후에야 쉰다.

到 동작이 어떤 시간까지 지속되었음을 나타낸다.

等你要等到什么时候？ 당신을 언제까지 기다려야 되나요?

大雨下到今天才停止。 큰 비는 오늘이 되어서야 멈추었다.

韩国人爬山爬到山顶的时候，总是叫"ya ho"。

한국 사람은 산꼭대기에 이르렀을 때, 늘상 'ya ho'라고 외친다.

到 사람이나 사물이 어떤 장소에 도달했음을 나타낸다.

他把我送到火车站才回去。그는 나를 기차역까지 바래다 주고 나서야 돌아갔다.

从你家走到学校要花多长时间？

당신 집에서 학교까지 걸어서 얼마나 걸립니까?

4. 昨天我在市场看见老王在买肉。

어제 나는 시장에서 라오 왕이 고기를 사는 것을 봤다.

见 동사 "见"은 감각을 나타내는 동사 뒤에 쓰여 본인의 의지와 무관하게 어떤 대상이 지각되거나, 또는 어떤 대상과 부딪쳤음을 나타내는 결과보어이다. 다음의 두 문장을 비교해 보자. "我看了一本日文小说。"와 "我看见了一本日文小说。"이 두 문장을 번역하면 다 '나는 일어 소설책 한 권을 봤습니다.'가 되지만, "我看了一本日文小说"는 그 일어 소설을 읽었다는 뜻인데 반해, "我看见了一本日文小说"는 도서관이나 서점 같은 곳에서 우연히 일어 소설책 한 권이 눈에 들어왔다는 뜻이다. "见"은 주로 "看", "听", "闻", "碰", "撞", "遇", "梦" 등의 동사 뒤에 결과보어로 쓰인다.

你没听见我叫你吗？ 내가 당신을 부르는 것을 못 들었어요?

今天我在公共汽车上碰见了一个小学同学。

오늘 나는 버스 안에서 초등학교 동창을 한 명 우연히 만났다.

我昨晚又梦见了姥姥。나는 어젯밤에 또 외할머니 꿈을 꾸었다.

5. 你答对了。맞았습니다

你认错人了，我不是智英，我是她妹妹。

당신은 잘못 봤어요. 나는 지영이가 아니고 그녀의 여동생이에요.

对, 错 형용사 "对"와 "错"는 앞 동작이 옳거나 그르게 되었음을 나타낸다.

这件事她办对了。이 일을 그녀는 제대로 처리했다.

我们这里不是饭店，你拨错号码了。

여기는 호텔이 아니에요, 전화를 잘못 거셨네요.

坐错了车，现在才到。차를 잘못 타서 지금에서야 도착했다.

245

6. 孩子刚睡着，不要吵。 아이가 막 잠들었으니 떠들지 마라.

> **着** 동작, 행위가 기대했던 목적 또는 결과에 도달했음을 나타낸다.
>
> 我找着了他的电话号码了。 나는 그의 전화번호를 찾아냈다.
>
> 我终于买着了那本书。 나는 드디어 그 책을 구입했다.

7. 我交代你的，千万要记住，别忘了。
내가 당부한 것을 잊지 말고 반드시 기억하세요.

> **住** 동작을 통하여 동작 또는 동작의 대상을 일정한 장소에 고정시켜 확실히 머물게
> 하는 것을 나타낸다.
>
> 站住! 거기 서!
>
> 快拦住他，别让他跑了。 빨리 그를 잡아라, 도망가지 못하게.

8. 车来了，快走开。 차 온다, 빨리 비켜.

> **开** 동작을 통해 사람이나 사물을 어떤 장소에서 떠나게 함을 의미한다. 또는 합쳐
> 져 있거나 연결되어 있는 물건을 동작을 통해 분리시키는 의미한다.
>
> 快拿开桌子上的东西。 책상 위의 물건을 빨리 치워라.
>
> 请打开书，看第六页。 책을 펴시고 6페이지를 보세요.

이밖에 자주 쓰는 결과보어

> 齐(완비되다, 갖추어지다) : **到齐，买齐**
> 腻(질리다) : **玩腻，吃腻**
> 碎(깨지다) : **打碎，摔碎**
> 清楚(똑바로, 확실히) : **看清楚，写清楚**
> 坏(고장나다, 나쁘다) : **弄坏，学坏**
> 饱(속이 꽉 차다, 배 부르다) : **吃饱，睡饱**
> 懂(이해하다) : **听懂，看懂**
> 掉(사라지다) : **吃掉，花掉**

三 수량보어

동사나 형용사 뒤에 놓여 동작, 행위에 관한 변화의 수량을 나타내는 보어를 수량보어라고 한다. 수량보어는 다시 동량(动量)보어, 시량(时量)보어, 비교수량보어 즉 차량(差量)보어의 세 종류가 있다. (差量보어는 제5과 비교문 부분을 참조하기 바람)

1. 동량보어

동량보어는 동작, 행위의 횟수를 나타낸다. 동사 뒤에 동량보어와 목적어의 위치는 다음과 같다.

1. **我看过两次婚纱展示会。 나는 웨딩드레스 전시회를 두 번 봤다.**

   목적어가 일반 명사이면, 대부분 동량보어 뒤에 온다. 목적어를 주제로 하고 싶을 때 문장 앞에 당길 수 있다.

   > 我吃过一次这种水果。(这种水果我吃过一次。)
   > 나는 이런 과일을 한 번 먹어 본 적이 있다.

   > 我看过三遍这部电影。(这部电影我看过三遍。)
   > 이 영화를 난 세 번이나 봤어요.

2. **我找了他三次，都扑了空。 나는 그를 세 번 찾아갔는데, 다 헛걸음했다.**

   목적어가 대명사이면, 동량보어 앞에만 나올 수 있다.

   > 那个人过去骗过我一回，所以我不相信他。
   > 그 사람은 전에 나를 한 번 속였기 때문에, 나는 그를 안 믿어요.

   > 我去过那儿几次了。 나는 그곳에 몇 번 가봤어요.

3. **明天我陪你去一趟医院。(明天我陪你去医院一趟。)**
   너 내일 나와 병원에 한 번 가자.

   목적어가 장소, 인명, 지명일 경우엔 동량보어의 앞과 뒤에 다 나올 수 있다.

   > 昨天我找过两次美英。(昨天我找过美英两次。)
   > 어제 나는 미영이를 두 번 찾았다.

   > 来中国后，我去过内蒙古三次。(来中国后，我去过三次内蒙古。)
   > 중국에 온 후에 나는 내몽골에 세 번 갔다.

247

2. 시량보어

　　동작 또는 상태가 얼마동안 지속되는지를 설명하는 보어를 시량보어라고 한다. 같은 시량보어라도 동작이 지속성 동사이면 동작의 지속 시간을 표시하고, 지속될 수 없는 동사이면 동작 발생 이후의 시간의 경과를 표시한다. "死", "来", "到", "去", "离开", "认识", "结婚", "毕业" 등의 동사는 지속될 수 없는 동사이다. 이런 동사에는 목적어가 있어도 동사를 반복하지 않고, 그 목적어는 반드시 동사 뒤 시량보어 앞에 온다.

> 他病了两天，没来上班。 그는 이틀 동안 아파서 출근 안 했다.

> 我认识他没几天。 나는 그 사람을 알게된 지 며칠 안 됐다.

> 我来韩国已经二十年了。 내가 한국에 온지 이미 20년이 되었다.

> 他已经离开这儿三十分了。 그가 여기를 떠난 지 벌써 30분이 됐다.

지속성 동사 뒤의 시량보어와 목적어의 위치는 다음과 같다.

1. **我们坐火车坐了五个多小时了。 우리가 기차를 탄지 다섯 시간 남짓 되었다.**

　　동사가 목적어를 가지면 일반적으로 동사를 반복할 수 있다. 이 때, 시량보어는 반복된 동사 뒤에 위치한다. 문장 끝에 "了"가 있으면 현재까지 그 행위가 지속되고 있음을 나타내는 것이다.

> 大家等你等了三十分。 다들 당신을 30분 동안 기다렸습니다.

> 她打电话打了半天了。 그녀는 한참 동안 전화를 하고 있다.

2. **你已经看了三个小时 (的) 电视了，不要再看了。**
   당신은 이미 세 시간 동안 텔레비전을 보고 있으니. 그만 보세요.

　　동사를 반복하지 않을 경우 만약 목적어가 인칭대명사이면, 목적어는 보어 앞에 온다. 목적어가 인칭대명사가 아니면, 목적어는 시량보어 뒤에 써야 한다. 이 경우 시량보어는 한정어가 되어, 그 뒤에 "的"를 첨가할 수 있다.

> 仙珠等了你两个小时。 선주는 너를 두 시간 동안 기다렸다.

> 我睡了一个小时 (的) 午觉，觉得精神好多了。
> 나는 한 시간 낮잠을 자서 머리가 많이 맑아졌어요.

3. 我教了小王一下儿，他马上就学会了。

   (我教了一下儿小王，他马上就学会了。)

   내가 샤오 왕을 좀 가르쳤는데, 그는 금방 배웠어요.

   목적어가 인명이고, 시량보어가 "一会儿", "一下儿", "半天" 등 부정량의 시간일 때, 목적어는 시량보어의 앞이나 뒤에 위치할 수 있다.

   你等小王一下儿，他马上就来。(你等一下儿小王，他马上就来。)

   샤오 왕을 잠깐만 기다려요. 그는 금방 와요.

   我叫了小刘半天，他也不回答。(我叫了半天小刘，他也不回答。)

   내가 샤오 리우를 한참 동안 불렀는데도 그는 대답하지 않았다.

   일반적으로 동량보어나 시량보어를 갖는 문장은 부정문을 만들지 않는다. 다만 변명이나 해명의 느낌이 있는 문장에서는 "没(有)"혹은 "不是"를 써서 보어를 부정할 수 있다. 또는 조건의 뜻으로 쓰일 때 "不"를 사용할 수 있다.

   我只见过他一次，不是见过两次。

   나는 그를 한 번만 봤지, 두 번 본 것이 아니다.

   我很健忘，不多提醒几次，我一定会忘记。

   나는 건망증이 심해서, 자꾸 일깨워 주지 않으면, 틀림없이 잊어버릴 것이다.

   汉语的发音很难，不多练几次不行。

   중국어의 발음이 어려워서 좀 더 연습하지 않으면 안 된다.

   我没休息两天，只休息了一天。

   나는 이틀 쉰 것이 아니라, 하루만 쉬었을 뿐이다.

   我太累了，不休息一会儿不行。

   나는 너무 피곤해요. 좀 쉬지 않으면 안 되요.

✳ 잘못 쓰는 문장 길들이기

틀린문장1 我每天上课下午六点(钟)。

　　이 문장은 두 가지 방법으로 고칠 수 있다. (1)동사 뒤에 결과보어 "到"를 붙이고 동작이 어떤 시점까지 지속되었음을 나타낸다. "上课"라는 동사가 '오후 6시까지 지속된다'는 뜻을 나타내려면 결과보어 "到"를 붙여야 하는데 "上课"는 동빈형 동사이므로 참동사인 "上"를 반복하여 "上课上到"으로 표현해야 한다. (2) "下午六点(钟)"을 동사 앞으로 옮겨서 시간부사어로 만든다.

　　我每天上课上到下午六点(钟)。 나는 매일 오후 6시까지 수업을 한다.

　　我每天下午六点(钟)上课。 나는 매일 오후 6시에 수업이 있다.

틀린문장2 明天我们吃早饭就出发。

　　동작의 완료를 나타낼 때는 동작 뒤에 결과보어 "完"을 붙인다. 틀린문장2의 경우는 한 동작이 끝나자마자 다른 동작이 이어서 일어난다는 뜻을 표현하는 것이므로 앞 동사 뒤에 "完"을 붙여야 한다.

　　明天我们吃完早饭就出发。 내일은 우리 아침을 먹자마자 바로 출발하자.

틀린문장3 地震以后，我们一个月住在帐篷里。

　　시량보어 "一个月"는 동사 "住" 뒤에 나와야 한다. 또 시량보어와 동사 사이에 동태조사 "了"를 써서 시간의 경과를 표시할 수 있다.

　　地震以后，我们在帐篷里住了一个月。
　　지진 이후, 우리는 텐트 안에서 한 달 동안 살았다.

틀린문장4 进去避雨一下儿吧。

　　"避雨"는 동빈형 구조이므로 동량보어 "一下儿"는 동사 "避"의 바로 뒤에 나와야 된다.

　　进去避一下儿雨吧。 들어가서 비를 좀 피하자.

틀린문장5 我在火车站等他了半个小时。

　　동사 뒤에 인칭대명사인 목적어 "他"와 시량보어 "半个小时"가 있다. 이런 경우에 시량보어를 목적어 바로 뒤에 위치시키든지, 아니면 동사를 반복시켜 반복된 동사 뒤에 시량보어를 놓으면 된다.

　　我在火车站等了他半个小时。 나는 기차역에서 그를 삼십분 동안 기다렸다.

　　我在火车站等他等了半个小时。 나는 기차역에서 그를 삼십분 동안 기다렸다.

틀린문장6 如果没学好发音，那么学习汉语就会很困难。

결과보어가 있는 문장의 조건문은 "不"을 써서 부정한다.

如果不学好发音，那么学习汉语就会很困难。

발음을 제대로 배우지 않으면 중국어를 배우는데 어려움이 클 것이다.

틀린문장7 每星期老师都给我们一次辅导。

이 문장의 동량사 "一次"는 동사 뒤에 나와야 한다.

每星期老师都给我们辅导一次。

매주마다 선생님은 우리에게 과외를 한 번 해 주신다.

틀린문장8 我到宿舍找过两次他，他都不在。

동사의 목적어가 인칭대명사이기 때문에 동량보어의 앞에 나와야 한다.

我到宿舍找过他两次，他都不在。

나는 기숙사로 그를 두 번 찾아 갔는데, 그는 두 번 다 없었다.

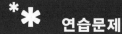 **연습문제**

一 다음을 중작하시오.

1. 12 페이지를 펴 주세요. (결과보어 "到"를 이용)

2. 간신히 기차표 두 장을 샀어요. (결과보어 "到"를 이용)

3. 우리는 거기에서 날이 어두워질 때까지 계속 놀았다. (결과보어 "到"를 이용)

4. 당신이 이런 사람인 줄 미처 생각하지 못했다. (결과보어 "到"를 이용)

5. 당신은 빠른 시일 안에 확실한 소식을 들을 것이다. (결과보어 "到"를 이용)

6. 샤오 리(小丽)는 미국으로 출장갔었는데, 어제 베이징으로 돌아왔다. (결과보어 "到"를 이용)

7. 어젯밤에 나는 새벽 두 시까지 책을 읽었다. (결과보어 "到"를 이용)

8. 그는 고등학교 다닐 때 나쁜 친구를 사귀어서 잘못 배웠다. (결과보어 "坏"를 이용)

9. 가을이 되자, 나뭇잎이 모두 빨갛게 되었다. (결과보어 "成"를 이용하여)

10. 창문을 열어라. (결과보어 "开"를 이용)

11. 김 선생님은 3층에 사신다. (결과보어 "在"를 이용)

12. 목소리가 너무 작아, 나는 분명히 듣지 못했다. (결과보어 "清楚"를 이용)

13. 당신은 그 사람 주소를 기억해 두었어요? (결과보어 "住"를 이용)

14. 나는 이미 한국 음식에 익숙해졌다. (결과보어 "惯"를 이용)

15. 걷다가 지치면 좀 쉬세요. (결과보어 "累"를 이용)

16. 그는 담배를 피우던 습관을 고쳤다. (결과보어 "掉"를 이용)

17. 그는 이달 월급을 다 써 버렸다. (결과보어 "掉"를 이용)

18. 방금 내가 말한 것을 알아들었어요? (결과보어 "懂"을 이용)

19. 내가 잘못 말했어요. 다시 한 번 말할게요. (결과보어 "错"을 이용)

20. 오늘의 기온은 어제보다 3, 4도 가량 낮다.

21. 충칭(重庆)은 한 번 간 적이 있을 뿐, 두 번 가보지는 않았다.

22. 그는 나를 심하게 꾸짖었다.

23. 그가 죽은 지 4년이 된다.

24. 나는 2년 동안 중국어를 배웠다.

25. 그의 병세가 오늘은 어제보다 조금 좋아졌다.

26. 이 반의 학생은 저 반보다 20명이 더 많다.

27. 나는 중국에 온지 벌써 삼 년이 되었다.

28. 하루 종일 운전을 해서 아주 피곤하다.

29. 나는 한 번만 썼다(적었다).

30. 그는 나보다 겨우 한 살 많다.

21 보어(二) 你的脸晒得真红

一 정도보어

동사나 형용사 뒤에 위치하여 동작이나 상태가 도달한 정도를 평가, 설명, 묘사하는 성분을 정도보어라고 한다. 정도보어는 대체로 형용사와 부사로 이루어지며 조사 "得"로 유도한다. 예를 들어 '그는 걸음걸이가 빠르다.'는 문장은 중국어로 표현할 때 정도보어를 이용하여 "他走得很快"라고 하면 된다. 만약 정도보어를 이용하지 않고 동사 앞에 부사 "快"를 써서 "快走"라고 하면 '빨리 가자'라는 의미가 된다. '다시 말해 "他走得很快"는 이미 행해졌거나, 항상 행해지는 동작인 반면에 "快走"는 말하는 시점의 일시적인 동작 방식을 나타낸다.

정도보어는 그 형식이나 의미가 다양한데 크게 동사 뒤에 나오는 정도보어와 형용사나 심리활동을 나타내는 동사 뒤에 나오는 정도보어로 구분할 수 있다.

1. 동사 뒤의 정도보어는 구조조사 "得"로 연결하는 것과 "个"로 연결하는 두 가지가 있다.

1. 조사 "得"로 연결되는 정도보어 문장의 특징

(1) 他(说)英语说得跟美国人一样流利。
그는 영어를 미국사람처럼 유창하게 한다.

정도보어를 갖는 동사 뒤에 목적어가 있을 때는 동사를 반복시킨 후 그 뒤에 보어를 붙이는데, 이 때 앞의 동사는 생략할 수 있다. 목적어를 강조하고 싶거나 목적어가 길 때는 문장 앞으로 끌어내는 방법도 있다.

她（跳）舞跳得比我好。 그녀는 춤을 나보다 잘 춘다.

这次考试你考得怎么样? 이번 시험 어떻게 봤어요?

物理、化学、数学他都教得很好。 그는 물리, 화학, 수학 모두 잘 가르친다.

(2) **我以前学得快，现在年纪大了，学不快了。**

전에는 빨리 배웠었는데, 지금은 나이가 많아서 빨리 배울 수 없다.

　형용사가 동사의 정도보어로 쓰일 때, 형용사 앞에 정도부사인 "很", "真", "太", "非常", "多么", "特别" 등이 없으면 대비, 비교의 뜻을 나타낸다.

我文法学得好，口语学得不好。

나는 문법은 제대로 익혔는데, 회화는 잘 못 배웠다.

我们一起出发的，他走得快，我走得慢。

우리는 같이 출발했는데, 그는 빨리 걸었고 나는 천천히 걸었다.

(3) **我会游泳，但是游得不快。** 나는 수영할 줄 알지만, 빨리 헤엄치지는 못한다.

　정도보어가 있는 문장의 부정문은 "不"를 정도보어의 바로 앞에 써서 그 정도를 부정한다.

他字写得不漂亮。 그는 글씨를 예쁘게 쓰지 못한다.

你唱得好，但是小丽唱得不好。

당신은 노래를 잘 부르는데, 샤오 리는 잘 부르지 못한다.

(4) **他念得好不好?** 그는 잘 읽었어요?

　정도보어가 있는 문장은 문장 끝에 "吗"를 쓰거나, 긍정형과 부정형의 정도보어를 병렬시키거나, 혹은 정도보어 자리에 "怎么样"을 넣어 의문문을 만들 수 있다.

最近过得好吗?（最近过得好不好?） 요즘 잘 지내세요?

你游泳游得快吗?（你游泳游得快不快?） 당신은 빠르게 헤엄칠 수 있습니까?

最近过得怎么样? 요즘 어떻게 지내세요?

你游泳游得怎么样? 당신은 수영 실력이 어때요?

2. "个"로 연결되는 정도보어 문장의 특징

(1) **来，咱们喝个痛快。** 자, 우리 실컷 마시자.

"个"로 연결되는 정도보어는 특히 구어에서 많이 쓰이며, 아직 완성되지 않은 동작에도 쓰인다.

终于考完试了，今天可要玩儿个痛快。
드디어 시험이 끝났다. 오늘은 신나게 놀아야겠다.

我去问个明白。 내가 가서 확실하게 물을게요.

(2) **他倒跑了个快。** 그는 의외로 빨리 달아났다.

동작이 이미 완성되었을 때는 "个" 앞에 "了"를 붙인다.

昨天考完试，跟同学们玩了个痛快。
어제 시험 다 끝내고, 친구들과 실컷 놀았다.

韩国队把美国队打了个落花流水。 한국팀은 미국팀을 크게 이겼다.

2. 형용사나 심리 활동을 나타내는 동사 뒤의 정도보어는 세 가지 형태로 표현할 수 있다.

1. **有吃的吗? 我饿坏了。** 먹을 것 있어요? 나는 너무 배가 고파요.

구조조사 "得" 없이, "透", "死", "坏", "极"를 보어로 하고 뒤에 "了"를 붙이면, 정도가 매우 심함을 나타낸다.

他这个人，简直坏透了。 그 사람은 정말 너무 나빠요.

难听死了。 정말 듣기 싫다.

不要再说了，他心里难过极了。 그만 얘기해요, 그 사람 몹시 괴롭거든요.

2. **我闷得慌，出去走走吧。** 나 굉장히 답답해, 나가서 바람 좀 쏘이자.

"很", "慌", "要死", "要命", "不得了", "可以", "没话说" 등도 정도보어로 쓸 수 있는데, 모두 정도가 매우 심하다는 뜻을 나타내며, 보어 앞에 조사 "得"가 있어야 한다.

他粗心得很，连这种题目也算错。
그는 너무 널렁내서, 이런 문제도 잘못 계산한다.

哈尔滨的冬天冷得要命，你受得了吗?

하얼빈의 겨울은 몹시 추운데 당신 견딜 수 있어요?

他的脾气好得没话说。그는 성격이 정말 좋아.

3. 他们俩的性格差远了。그들 두 사람은 성격이 너무 다르다.

　　"远"("差" 뒤에만 사용), "多"를 형용사 뒤에 정도보어로 쓸 수도 있는데, 이때 보어 앞에는 구조조사 "得"가 있어도 되고, 없어도 된다. 또 문미에 "了"를 붙이며, 정도가 매우 심함을 나타낸다.

你的技术好，我的可差远了(差得远了)。

당신은 기술이 좋은데, 나는 아직 멀었어요.

中国队比美国队强多了(强得多了)。중국팀은 미국팀보다 훨씬 강하다.

二 가능보어

　　동사 뒤에 놓여서 동작이나 상황의 가능성, 혹은 불가능성을 표현하는 보어를 가능보어라고 한다. 가능보어는 동사와 결과보어 혹은 방향보어 사이에 구조조사 "得"를 삽입시켜서 가능성을 나타내며 "不"를 삽입시켜서 불가능성을 나타낸다.

这本书不难，我看得懂。이 책은 어렵지 않아서, 나는 이해할 수 있다.

这座山太高，我爬不上去。이 산은 너무 높아서 나는 올라갈 수 없다.

1. 가능보어가 있는 문장의 특징

1. 生词再多，我也可以记得住。

새 단어가 아무리 많더라도 나는 기억할 수 있다.

　　동작이나 변화의 가능성 혹은 불가능성을 표현할 때 조동사 "能", "可以"를 사용할 수도 있지만 가능보어 형식을 썼을 때 더욱 생생한 구어체 어감을 살릴 수 있다. 조동사와 가능보어를 병용하면 말하는 이가 인정(认定)하고 있다는 느낌이 가미된다.

这个工作今天能做得完。이 일은 오늘 다 할 수 있다.

现在出发，天黑以前可以回得来。

지금 출발하면 날이 어두워지기 전에 돌아올 수 있을 것이다.

257

가능보어는 동작의 실현 가능성 여부를 나타내지만 허락 여부의 의미는 없다. 허락을 구하는 '~ 해도 좋습니까'라는 표현은 조동사만 쓸 수 있다.

我能进去吗？ 들어가도 됩니까?

没有我的许可，你不能出去。 내 허락이 없으면 나갈 수 없다.

2. 我们都想不出办法来。 우리는 모두 방법을 생각해 내지 못했다.

목적어의 위치

(1) 일반적으로 목적어는 가능보어 뒤에 온다.

我看得懂中文报。 나는 중국 신문을 읽을 수 있다.

这个口袋装不下这么多书。 이 자루는 이렇게 많은 책은 다 담을 수 없다.

(2) 동사 뒤의 방향보어가 복합방향보어일 경우엔 목적어는 "来", "去"의 앞에 놓인다.

我想不起他的名字来。 나는 그의 이름이 생각나지 않는다.

我说不出这种话来。 나는 차마 그런 말을 할 수가 없다.

(3) 목적어가 긴 한정어의 수식을 받거나 중심 화제가 목적어인 경우 문장 첫 머리에 온다.

中国明清时代的白话文小说你看得懂吗?
당신은 중국 명, 청 시대의 백화문 소설을 읽을 수 있어요?

你借给我的那些武侠小说今天我看得完。
당신이 나한테 빌려 준 무협소설들을 나는 오늘 다 읽을 수 있다.

广东话我们都听不懂。 우리는 모두 광동어를 알아듣지 못한다.

3. 我说的话你们听得懂吗? 내가 말하는 것을 여러분 알아듣겠습니까?

가능보어의 의문문은 문미에 어기조사 "吗"를 붙이는 것과 긍정형 부정형 통째로 반복되는 두 가지 형식이 있다.

你猜得着我是谁吗? (你猜得着猜不着我是谁?)
내가 누군지 알아맞힐 수 있어요?

是真是假你认得出来吗? (是真是假你认得出来认不出来?)
진짜인지 가짜인지 식별해낼 수 있어요?

2. 몇 가지 상용하는 가능보어

1. 妈妈，我走不动了。 엄마, 나 걷지 못 하겠어요.

> **动** 사람 혹은 물체의 위치를 이동시키는 동작을 행할 힘이 있음을 나타낸다.

> 这个行李不怎么重，我一个人搬得动。
> 이 짐은 별로 무겁지 않아서 나 혼자서 옮길 수 있다.

> 我怎么叫也叫不动他。 내가 아무리 불러도 그는 꼼짝도 안 한다.

2. 我的车坐得下六个人。 내 차는 6명이 탈 수 있다.

> **下** 충분한 공간이 있어 수용할 수 있음을 나타낸다.

> 这个宿舍楼住得下五百个人。 이 기숙사 건물은 5백 명이 살 수 있어요.

> 我这里放不下这么多书，搬一点到你那儿去行吗?
> 내게 이렇게 많은 책을 다 둘 수 없으니 당신 있는 곳으로 좀 옮겨가면 안 되나요?

3. 我们住不起这种饭店。 우리는 (돈이 없어서) 이런 호텔에 묵을 수 없다.

> **起** 동작의 가능 여부, 경제적 부담능력의 여부를 나타낸다.

> 塑料制品经不起高温加热，换别的吧!
> 비닐제품은 고온가열을 견디지 못하니, 다른 것으로 바꾸자!

> 我们用不起这种冰箱。 우리는 이런 냉장고를 (비싸서) 쓸 수 없어요.

4. 我病了，今天上不了课了。 나는 병이 나서 오늘 수업을 못할 것이다.

> **了** 가능보어로 쓰일 때 'liǎo'로 발음하고, 주로 부정형으로 쓰인다. 구어에 주로 쓰이기 때문에 구조상 결합의 융통성도 좀 넓은 편이다. "了"가 나타내는 뜻은 다음과 같다.

(1) "了"의 원래의 의미는 '완료'이므로 '결말이 나다'라는 의미를 표현한다.

> 这件事我永远忘不了。 이 일을 난 영원히 잊을 수 없다.

> 这么多饺子我一个人吃不了。 이렇게 많은 물만두는 나 혼자서 다 먹을 수 없다.

(2) 어떤 동작을 행할 가능성 있다는 것을 나타낸다.

汽车没有油就动不了。차는 기름이 없으면 움직일 수 없다.

今天下雨，去不了动物园了。오늘은 비가 와서 동물원에 갈 수 없다.

(3) 형용사 뒤에 놓여, 상황에 대한 예상, 추측을 나타낸다.

我看他比你大不了几岁。내가 보기에 그는 너보다 몇 살 안 많아 보인다.

小河的水深不了。작은 하천의 물은 깊을 리 없다.

5. 这件事放松不得。이 일은 늦추면 안 된다.

得　구어에 많이 쓰이며 충고, 경고의 뜻으로, 부정형식을 주로 사용한다.

赌博可千万不能碰，碰不得。도박은 절대로 하면 안 돼, 절대 안 돼.

针灸可是一门学问，轻不得，重不得，慢不得，也快不得。
침을 놓는 것은 하나의 학문이다. 가벼워도 안되고, 무거워도 안되며, 느려서도 안되고, 급해서도 안된다.

3. 가능보어 중에는 원래의 뜻에서 벗어나 앞의 동사와 어울려 하나의 숙어(熟语)를 이루는 경우는 많은데, 자주 쓰는 일상표현을 통째로 외워두면 유용하다.

对得起	면목이 선다	经得起	견딜 수 있다	靠得住	믿을 수 있다
对不起	면목이 없다	经不起	견딜 수 없다	靠不住	믿을 수 없다
划得来	수지가 맞다	合得来	사이가 좋다	来得及	안 늦다
划不来	수지가 안 맞다	合不来	사이가 안 좋다	来不及	늦다
受得了	참을 수 있다	看得起	존경하다	想得到	생각이 미치다
受不了	참을 수 없다	看不起	경멸하다	想不到	생각지도 못하다
恨不得	간절히 … 하고 싶다			怪不得	어쩐지
巴不得	간절히 … 바라다			算不得	…라 할 수 없다
顾不得	…까지 생각할 수 없다			舍得	아까워하지 않다
舍不得	미련이 남다, 아까워 하다			记得	기억하고 있다
记不得	기억 못하다				

三 정도보어와 가능보어의 비교

정도보어와 가능보어는 둘 다 구조조사 "得"를 이용하여 만들어지므로 외관상으로는 비슷하지만 비교하면 다음과 같은 차이점이 있다.

1. 의미가 다르다. 정도보어는 정도를 나타내는데, 가능보어는 가능을 나타낸다. 이런 차이점은 문맥을 통해서도 구별할 수 있다.

   大家都说他唱中文歌唱得很好。 다들 그가 중국 노래를 잘 부른다고 한다.

   他学汉语没多久，他唱得好中文歌吗?
   그는 중국어를 배운지 얼마 안 되었는데, 중국어 노래를 잘 부를 수 있어요?

2. 정도보어 앞에는 흔히 부사를 쓰는데, 가능보어 앞에는 부사를 쓸 수 없고, 가능보어 뒤에는 목적어가 올 수 있는데 정도보어 뒤에는 목적어가 올 수 없다.

   你的脸晒得真红。 당신은 얼굴이 참 빨갛게 탔네요.

   我吃不下这个西瓜。 나는 이 수박을 다 먹을 수 없다.

3. 정도보어의 부정형은 "得" 뒤에 "不"를 첨가한다. 가능보어의 부정형은 "得" 대신 "不"를 쓴다.

   这件衣服她洗得不干净。 그녀는 이 옷을 깨끗하게 빨지 않았다.

   这件衣服她洗不干净。 이 옷은 그녀가 깨끗하게 빨 수 없다.

4. 정반형 의문문의 경우 정도보어는 보어 부분의 긍정형, 부정형을 병렬한다. 가능보어의 경우는 동사와 보어가 결합된 긍정형, 부정형을 병렬한다.

   这件衣服她洗得干净不干净? 이 옷 그녀가 깨끗하게 빨았나요?

   这件衣服她洗得干净洗不干净? 그녀는 이 옷을 깨끗하게 빨 수 있나요?

✳ 잘못 쓰는 문장 길들이기

틀린문장1 他我们回答得很清楚。

　　정도보어가 있는 문장에서 목적어가 간접목적어인 경우는 반드시 동사를 반복해야 한다.

他回答我们回答得很清楚。 그는 우리에게 아주 분명하게 대답했다.

틀린문장2 他拼命地跑得很快。

틀린문장2-1 他很难过得说不出一句话。

　　정도보어가 있는 문장의 중심은 정도보어에 있기 때문에 동사 앞에는 통상 부사어를 안 붙인다.

他拼命地跑，跑得很快。 그는 필사적으로 뛰는데 아주 빨리 뛴다.

他难过得说不出一句话。 그는 너무 슬퍼서 말 한마디도 못한다.

틀린문장3 他能有始有终地做得完这件工作吗?

틀린문장3-1 这个问题连他自己也正确地回答不出来。

　　동사 앞에 동작을 수식하는 부사어가 있는 경우는 가능보어는 쓸 수 없다. 이런 경우는 오로지 조동사 "能" 혹은 "不能"으로 '동사 + 결과보어 /방향보어'의 형식만 쓸 수 있다.

他能有始有终地做完这件工作吗?
그는 처음부터 끝까지 일관되게 이 일을 해낼 수 있나요?

这个问题连他自己也不能正确地回答出来。
이 문제는 그 자신조차도 정확하게 대답할 수 없다.

틀린문장4 A : 你回答得出我的问题吗? / B : 我回答不出。

　　가능보어에 쓰이는 동사는 주로 단음절 동사다. 만일 단음절 동사와 쌍음절 동사가 같은 뜻을 지니고 있다면 일반적으로 단음절 동사를 사용한다. 예를 들어 "呕吐"는 "吐得出来", "吐不出来"로 표현한다. 틀린문장4의 경우 동사는 "回答"이므로 '가능하다'일 경우는 "答得出", '가능성이 없다'일 경우는 "答不出"라고 하면 된다.

A : 你答得出我的问题吗? / B : 我答不出。
　　당신은 내 질문에 대답할 수 있어요? / 나는 대답할 수 없다.

262

틀린문장5 我不能关紧这个塞子。

"不能"이 나타내는 의미는 말하는 사람의 판단, 의향에 따라 '~하는 것이 허용되지 않는다'는 것이 전형적인 용법이므로 판단이나 의향과는 상관없이 '할 수 없다'라고 할 때는 일반적으로 가능보어의 부정형을 사용한다.

我关不紧这个塞子。 나는 이 마개를 꽉 닫을 수 없다.

틀린문장6 我病刚好，出不去玩。

틀린문장6-1 图书馆还没开门，我们进不去看书。

가능보어는 연동문에 사용되지 못한다. 틀린문장6과 틀린문장6-1은 "不能"으로 고쳐야 한다.

我病刚好，不能出去玩。 나는 막 병이 나아서 나가 놀 수 없다.

图书馆还没开门，我们不能进去看书。
도서관이 아직 문을 안 열어서 우리는 도서관에 들어가 책을 볼 수 없다.

틀린문장7 睡觉前，我把作业做得完。

틀린문장7-1 这些书被他看不完。

가능보어는 "把"자구와 "被"자구에 사용하지 못한다.

睡觉前，我做得完作业。 잠자기 전에 나는 숙제를 다 끝낼 수 있다.

这些书他看不完。 이 책들을 그는 다 읽을 수 없다.

** 연습문제

— **다음을 중작하시오.**

1. 이 그림은 잘 그렸다.

2. 어젯밤 나는 늦게 잤다.

3. 그는 울어서 눈이 다 빨개졌다.

4. 아이들이 기뻐 날뛰었다.

5. 내 여동생은 글씨를 빨리 쓴다.

6. 그녀가 말하는 소리가 너무 작아서 나는 잘 알아듣지 못하겠다.

7. 나는 한자를 그다지 잘 쓰지 못한다.

8. 내 룸메이트는 중국어를 중국 사람처럼 유창하게 말한다.

9. 그들은 기뻐서 눈물을 흘렸다.

10. 너는 오늘 숙제를 아주 잘 했다.

11. 어머니는 식사도 드시지 못할 만큼 하루 종일 바쁘셨다.

12. 이 책은 어렵지 않아서 우리는 모두 읽고 이해할 수 있다.

13. 이 집은 세 사람이 살 수 있을까?

14. 눈이 이렇게 많이 내리는데, 그는 아마 올 수 없을 거야.

15. 오늘 숙제는 한 시간 안에 다 끝낼 수 있을까?

16. 한 시간 안에 다 끝날 수 없을 거야. 오늘 숙제는 진짜 어렵거든.

17. 너는 칠판에 있는 글씨를 볼 수 있니?

18. 볼 수 있어, 그러나 뚜렷하게 보이지는 않아.

19. 중국어는 어려워서, 자주 연습하지 않으면 잘 배우지 못할 거야.

20. 저 사람은 믿을 만하다.

21. 사람을 구하는 게 급해서 이런 것까지 생각할 겨를이 없다.

22. 이렇게 많은 돈을 써서 아이를 미국에 보내 영어를 배우게 하는 것은 전혀 수지가 안 맞는다.

23. 당신은 룸메이트와 잘 맞나요?

24. 비 오네 ! 어쩐지 무덥더라.

25. 나를 아직 기억하고 있어요?

26. 당신은 미련없이 나를 떠날 수 있어요?

27. 그는 노래를 아주 잘한다.

28. 저 산은 높지 않아서, 나는 올라갈 수 있다.

29. 나는 중국 음식에 그다지 익숙하지 않다.

30. 남의 집에서 잠을 자면 나는 늘 잠을 잘 자지 못한다.

22 보어(三)糟糕，坐过站了

一 방향보어

동사나 형용사 뒤에서 행동, 상태의 방향을 보충 설명해 주는 성분을 방향보어라 한다. 방향보어는 방향동사로 이루어지는데, 방향동사는 단순 방향동사와 복합 방향동사 두 가지로 나눈다. 단순 방향동사는 "来, 去, 进, 出, 上, 下, 回, 过, 起"가 있고 복합 방향동사는 단순 방향동사 뒤에 "来" 혹은 "去"가 덧붙여진 것이다. 동작이 말하는 사람이나 말하고 있는 사물을 향하여 진행될 경우에는 "来"를 쓰고 "去"는 그 반대라고 생각하면 된다. 방향동사는 직접 술어 동사가 될 수 있도 있지만, 방향보어로 쓰이는 경우가 더 많다. 이를 도표로 정리하면 다음과 같다.

	进	出	上	下	回	过	起
来	进来	出来	上来	下来	回来	过来	起来
去	进去	出去	上去	下去	回去	过去	×

1. 단순 방향보어

1. 来　去

(1) 妈妈买来了一个大西瓜。어머니는 큰 수박 하나를 사 오셨다.
(2) 我的本子他借去了。내 노트는 그가 빌려 갔다.

　　(1) (2) 동작이 말하는 사람을 향하거나 말하고 있는 사물의 방향으로 진행되는 것일 경우 "来"를 쓰고, 그 반대방향으로 진행되는 것일 경우에는 "去"를 쓴다.

　　对面走来一个外国人。맞은편에서 한 외국인이 걸어왔다.

　　老师住院后，我们给他送去了好多苹果。
　　선생님이 입원하신 후에 우리는 사과를 많이 보내드렸다.

2. 进　　出

(1) **最近图书馆又买进了一批图书**。 도서관은 요즘 또 많은 책을 사들였다.

(2) **他从小包里取出一幅眼镜戴上**。 그는 작은 가방에서 안경을 꺼내서 꼈다.

　동작을 통해 사람이나 사물이 밖에서 안으로 이동함을 나타낼 때는 "进"을 쓴다. 그 반대방향이면 "出"를 쓴다.

由于人手不足，许多企业不得不引进外劳。

인력이 부족하기 때문에 많은 기업들이 할 수 없이 외국 노동자를 받아들인다.

信昨天已经寄出了。 편지는 어제 벌써 보냈다.

3. 上　　下　　起

(1) **他一口气跑上十楼**。 그는 단숨에 10층까지 뛰어 올라갔다.

(2) **他跳下车就跑走了**。 그는 차에서 뛰어내리자마자 달아났다.

(3) **他抬起头，向远方看去**。 그는 고개를 들어 멀리 바라본다.

　사람이나 사물이 낮은 곳에서 높은 곳으로 올라가는 것을 나타낼 때는 "上"을 쓰고 그 반대 방향으로 진행된다면 "下"를 쓴다. 동작을 통해 낮은 곳에서 높은 곳으로 이동하는 것을 나타낼 때 "起"를 쓴다. "起"와 "上"의 차이점은 "上"을 쓸 경우에 뒤에 도달한 위치, 장소가 뒤따라 와야 하지만 "起"는 그럴 필요가 없다는 것이다.

他是第一个爬上阿尔卑斯山的人。

그는 최초로 알프스 산을 오르는 사람이다.

她闭着眼走下楼。 그녀는 눈을 감은 채 아래층으로 내려왔다.

他什么也不说，提起行李就走了。

그는 아무 말도 안하고 짐을 들고서 가버렸다.

267

4. 回   过

(1) 东西用完要放回原位。 물건은 다 쓰면 제자리에 둬야 한다.

(2) 老师把小朋友都送过马路才回家。

선생님은 학생들이 모두 길을 건너게 한 후에야 귀가했다.

"回"는 동작을 통해 사람이나 사물이 원래 자리에 되돌아 왔다는 뜻을 나타낸다.

"过"는 어떤 곳을 통과한다거나 경유한다는 뜻을 나타낸다.

你能把他送回家吗? 그를 집까지 바래다 줄 수 있나요?

我们慢慢地走过汝矣岛广场。 우리는 천천히 여의도 광장을 걸어서 지나갔다.

2. 단순 방향보어 "来", "去"와 목적어의 위치

1. 下课后, 同学们都回家去了。

수업이 끝난 후에, 학생들은 다 집으로 돌아갔다.

목적어가 장소일 때, 이 장소 목적어는 반드시 "来"나 "去"의 앞에 와야 한다.

他上楼来了。 그는 위층으로 올라왔다.

王老师常常到大连去。 왕 선생님은 자주 따롄에 가신다.

2. 我想带照相机去。 나는 카메라를 가지고 가고 싶다.

목적어가 일반 사물이고, 동작이 아직 실현되지 않은 경우에는 목적어가 "来"나 "去"의 앞에 온다. 명령문일 경우에도 아직 실현되지 않는 동작이므로 목적어는 "来"나 "去"의 앞에 와야 한다.

明天我要给弟弟送几件衣服去。 내일 나는 동생에게 옷 몇 벌을 보내줘야 한다.

拿酒来! 술 갖고 와라!

3. 我寄去了一封信。(我寄了一封信去。) 나는 편지를 한 통 부쳤다.

목적어가 일반 사물이고, 이미 실현된 동작일 경우에는 "来"나 "去"의 앞이나 뒤에 다 올 수 있는데, "来", "去"가 동사 뒤에 바로 나오면 문장이 완료됐다는 느낌이 강해진다.

我从外边搬来了一把椅了。 니는 밖에서 의자 하나를 갖고 왔다.

他买来了一斤苹果。 그는 사과 한 근을 사왔다.

하지만 목적어가 일반 사물이 아닌 추상명사일 경우엔 "来"나 "去"의 뒤에만 온다.

真抱歉，给你带来这么多麻烦。
정말로 미안해. 너에게 이렇게 많은 폐를 끼쳐서.

到处传来鞭炮声，好不热闹。 도처에서 폭죽 소리가 들려오고, 아주 시끌벅적하다.

3. 복합 방향보어

복합 방향보어는 위의 도표에 있는 복합 방향동사로 충당한다. 복합 방향보어 중에 "出来", "出去", "进来", "进去"는 동작이 어느 지점에서 나오고 들어가는 것을 나타낸다. "上来", "上去"는 동작이 낮은 곳에서 높은 곳으로 이동하는 것을 나타내고, "下来", "下去"는 높은 곳에서 낮은 곳으로 이동하는 것을 나타낸다. "过来", "过去"는 동작이 어느 지점과 말하는 사람(혹은 말하고 있는 사물)이 있는 지점 사이를 이동함을 나타낸다. 복합 방향보어는 두 개의 방향동사를 복합 구성한 것으로, 단순 방향보어에 비해 동사 방향의 이중성을 나타낸다.

搬进来 → 밖에서 안쪽으로. 화자와 멀리 떨어진 곳에서 화자와 가까운 쪽으로 이동함.
退回去 → 원점으로 되돌아감. 화자가 있는 반대 방향으로 이동함.

4. 복합 방향보어와 목적어의 위치

1. 他搬出宿舍楼去了。 그는 기숙사 밖으로 이사나갔다.

　　목적어가 장소이면 반드시 "来"나 "去" 앞에 와야 한다.

他跑回家去了。 그는 뛰어서 집으로 돌아갔다.

老师走进教室来了。 선생님이 교실 안으로 들어오셨다.

2. 我也说不出道理来。 나도 왜 그런지 이유를 말로 설명할 수 없다.

　　목적어가 일반 사물이고, 동작이 아직 실현되지 않은 경우 목적어는 "来"나 "去"의 앞에 온다. 특히 "举手", "唱歌", "干活", "回头", "转身", "打盹" 등과 같은 동빈형 동사구조는 시제와 관계 없이 목적어가 "来"나 "去"의 앞에만 온다.

快拿出你的画儿来，给大家看看。 어서 당신의 그림을 꺼내세요, 다들 보게.

请同学们举起手来，再抬起头来。
학우 여러분 먼저 손을 들고, 다시 고개를 드세요.

269

他一边唱歌，一边干起活儿来了。 그는 노래를 부르면서 일을 하기 시작했다.

我叫了五、六声，她才回过头来看我。
내가 대여섯 번을 부르자, 그제서야 그녀는 고개를 돌려 나를 쳐다보았다.

3. 他从地上拣起来一个橡皮擦。(他从地上拣起一个橡皮擦来。)
   그는 땅에서 지우개 하나를 주웠다.

   목적어가 일반 사물이고 동작이 이미 실현된 경우 목적어는 "来"나 "去"의 앞이나 뒤에
   모두 둘 수 있다.

   她从抽屉里拿出一张文件来。(她从抽屉里拿出来一张文件。)
   그녀는 서랍에서 서류 한 장을 꺼냈다.

   他递过一片口香糖来。(他递过来一片口香糖。)
   그는 껌 하나를 건네주었다.

二 방향보어의 활용법

일부 방향보어는 방향을 나타내는 본래 의미에서 벗어나 그 의미가 확대되어 활용된다.

1. 来　下

1. 你的意见听起来满不错的。 당신의 의견은 들어보니 꽤 괜찮다.

   来 "看", "说", "听", "想" 등 몇 개의 동사 뒤에서 추측 또는 착안의 의미로 '～하자니'
   라는 뜻을 나타낸다.

   这件事说来话长！ 이 일은 말하자면 아주 길다.

   那个人看来满老实的。 그 사람, 보아하니 아주 착실하군.

2. 脱下皮鞋，换上拖鞋会舒服点儿。
   구두를 벗고 슬리퍼로 바꿔 신으면 좀 편할 것이다.

下 이탈, 고정, 수용의 의미를 나타낸다.

她从树上摘下了几个红枣。그녀는 나무에서 대추를 몇 개 땄다.

这件事给我留下了很深刻的印象。이 일은 나에게 깊은 인상을 남겨 주었다.

记者拍下了这个珍贵的镜头。기자는 이 귀중한 장면을 찍어냈다.

这个体育馆容得下两万人。이 체육관은 2만 명의 사람을 수용할 수 있다.

2. 上

1. 有点儿凉，关上窗户吧。좀 쌀쌀하니, 창문을 닫으세요.

'하나로 합치다'라는 의미를 나타내거나 뒤떨어진 데로부터 앞으로 나서는 것을 나타낸다.

昨天我太累了，一闭上眼睛就睡着了。
어제 나는 너무 피곤해서, 눈을 감자마자 잠이 들었다.

别追了，追不上了。쫓아가지 마, 따라잡을 수 없어.

2. 连你也算上的话，一共有二十个人。당신까지 포함하면, 모두 20명이다.

첨가 혹은 부착의 의미를 나타낸다. 또 동작이 시작되어 계속 어떤 상태에 머물러 있다는 뜻도 표현한다.

领子上再别上一个别针会更漂亮。
옷깃에 브로치를 하나 더 달면 더 예쁠 것이다.

你爱上她了！당신은 그녀를 사랑하고 있는 거예요.

3. 他终于当上了国会议员。그는 드디어 국회의원이 되었다.

목적이 실현되었음을 나타낸다.

经过几年的努力，我们总算住上了新房子。
몇 년의 노력 끝에 우리는 드디어 새 집에 살게 되었다.

你一定会考上大学的。당신은 꼭 대학 입시에 합격할 것이다.

3. 过

1. 他回过头瞪了我一眼。 그는 고개를 돌려 나를 노려봤다.

   방향의 전환을 나타낸다.

   他掉过车就走了。 그는 차를 돌려서 바로 가 버렸다.

   他转过脸一句话也不说。 그는 얼굴을 돌리고 한 마디도 하지 않는다.

2. 今天睡过头，上课迟到了。 오늘은 너무 늦게 일어나서 수업에 늦었다.

   초과의 의미를 나타낸다.

   糟糕，坐过站了。 큰일 났어, 내릴 역을 지나쳐 버렸어.

   小心别使过劲。 힘을 너무 많이 주지 않도록 조심하세요.

4. 上来　　上去

1. 那首诗我念了几遍就背上来了。 그 시를 나는 몇 번 읽고 곧 외우게 되었다.

   "上来"는 동작이 성취, 완성에 가까워지는 것을 나타내며, 가능보어로도 쓰인다.

   这种鸟你叫得上名字来吗？ 이런 새의 이름을 말할 수 있어요?

   究竟为什么，我也说不上来。 도대체 왜 그런지, 나도 말할 수 없다.

2. 我把灯泡装上去了。 나는 전구를 설치했다.

   "上去"는 는 첨가되거나 대상으로 옮아감을 나타낸다.

   把这朵花也画上去吧。 이 꽃도 그려 넣어라.

   看见爸爸回来，孩子们一窝蜂拥上去。
   아버지가 돌아오는 것을 보고 아이들이 한꺼번에 몰려들었다.

5. 下来　　下去

1. 把外套脱下来。 외투를 벗어라.

   "上来"는 이탈의 의미와 어떤 동작이나 소극적인 상태가 서서히 감소하여 정지 상태에 근접함을 나타낸다.

他从本子上撕下来一张纸。그는 공책에서 종이 한 장을 찢어냈다.

火车停下来了。기차가 멈췄다.

天色渐渐暗下来了。날은 점점 어두워지기 시작했다.

2. 这个故事很有意思，请你继续说下去。

   이 이야기는 아주 재미있어요, 계속 얘기하세요.

   "下去"는 동작이 이미 진행 중이며 여전히 계속됨을 나타내거나 어떤 부정적인 상태가
   출현하여 계속 진행 발전함을 나타낸다.

   这么拖下去，不会有好结果的。이렇게 질질 끌면 좋은 결과가 있을 리 없다.

   他日夜操劳，一天天瘦下去了。
   그는 밤낮으로 열심히 일하더니, 날이 갈수록 살이 빠졌다.

6. 起来

1. 全部加起来，一共是两千块钱。다 합해서 모두 2천 위엔이다.

   '흩어진 것을 모은다'는 의미이다.

   我想起来了。나 생각났어요.

   把吃剩的东西都包起来带走。먹다 남은 것을 다 싸가지고 가자.

2. 他说着说着哭起来了。그는 말하다가 울기 시작했다.

   동작 (상황)이 시작되어 계속되는 것을 나타낸다.

   听了这个故事大家都笑起来了。이 이야기를 듣고 모두 웃기 시작했다.

   突然下起雨来了。갑자기 비가 내리기 시작했다.

3. 算起来，我们分手已经五年了。

   계산해 보니, 우리가 헤어진 지 벌써 5년이 되었다.

   '(따져서) 생각해 보거나 어떤 측면에서 본다'는 의미이다.

   这件事，说起来容易，做起来难。
   이 일은 말하기는 쉬우나, 하기가 어렵다.

   看起来，这件事他不会同意的。보아하니, 그는 이 일에 동의하지 않을 것 같다.

273

> ## "下去"와 "起来"의 용법 비교
>
> 1. "下去"는 동작이나 상황이 이미 진행중이며 계속될 것임을 나타내는 것으로 '계속'을 강조하는 반면에 "起来"는 동작이 시작되어 계속 진행됨을 나타내며 '시작'을 강조한다.
>
>   · 这个计划既然已经搞起来了，就要坚持搞下去。
>
>   이 계획을 기왕 시작했으니, 계속 밀고 나가야 한다.
>
> 2. "下去"는 주로 소극적 의미의 형용사에 쓰이는 반면에 "起来"는 주로 적극적 의미의 형용사에 쓰인다.
>
>   · 他的病一天天好起来了，不会再坏下去了。
>
>   그의 병은 하루 하루 좋아지기 시작했다. 더 이상 나빠지지는 않을 것이다.

7. 过来　过去

1. 你终于醒过来了，真是谢天谢地。

   당신 드디어 깨어났군요. 정말 감사합니다.
2. 她一听到她丈夫出事的消息，就昏过去了。

   그녀는 남편에게 사고가 났다는 소식을 듣자마자 의식을 잃었다.

"过来"는 정상적인 상태로 돌아옴을 나타낸다. 그리고 가능보어로도 시간이나, 능력의 도달함, 도달하지 못함도 나타낸다. "过去"는 정상적인 상태를 잃는 것을 나타낸다.

现在我明白过来了，你是对的。 이제 나는 당신이 옳다는 것을 분명히 알았다.

他把坏习惯都改过来了。 그는 나쁜 습관을 다 고쳤다.

A : 忙得过来吗? 할 수 있어요?

B : 帮帮忙吧，我一个人忙不过来。

　　좀 도와주세요. 나 혼자서는 너무 바빠 할 수 없어요.

病人昏迷过去了。 환자가 혼수 상태에 빠졌다.

(三) 전치사 단어결합보어

전치사 단어결합보어란 "于", "自", "向", "在" 등의 전치사로 구성된 전치사 단어결합이 동사 또는 형용사 뒤에 보어로 쓰이는 것이다. 전치사 단어결합보어는 문어체에 많이 쓰인다.

于　　　自　　　在

1. **大韩民国成立于1948年。** 대한민국은 1948년에 건국되었다.

   于 동작이 이루어진 시간, 처소, 출처 및 비교를 나타낸다.

   熊猫产于中国西南山区。 팬더곰은 중국 서남 지역에서 산다.

   黄河发源于青海。 황하는 칭하이에서 발원한다.

   高粱酒的酒精含量高于竹叶青。
   고량주의 알콜 함량은 죽엽청의 알콜 함량보다 높다.

2. **"青出于蓝"这句成语出自《荀子·劝学》。**
   '청출어람'이라는 성어는 《순자·권학》에서 나온 것이다.

   自 출발지를 나타낸다.

   他们都是来自各国的一流好手。
   그들은 모두 세계 각국에서 온 일류 전문가다.

   他来自农村，特别了解农民的心情。
   그는 농촌출신이라서, 농민의 심정을 특히 잘 이해한다.

3. **这个句子错在什么地方？** 이 문장은 어디가 틀렸어요?

   在 동사 뒤에 놓여 동작을 통해 정착한 장소를 제시한다.

   小姐，你的书掉在这儿了。 아가씨, 책이 여기에 떨어졌어요.

   我的钱包放在哪儿了？ 내 지갑을 어디에 놔 두었지?

   我把那张画挂在宿舍墙上。 나는 그 그림을 기숙사 벽에 걸어 놓았다.

275

✳ 잘못 쓰는 문장 길들이기

틀린문장1 昨天妈妈给我寄一个包裹，都是吃的。

　　문장의 의미로 보아 방향보어가 필요하다. "我"한테 소포가 부쳐져 왔기 때문에 방향보어 "来"를 첨부해야 한다.

昨天妈妈给我寄来一个包裹，都是吃的。

어제 어머니는 나한테 소포 하나를 부쳐 주셨는데, 먹는 것들이다.

틀린문장2 你去小卖部的时候，顺便买来一瓶饮料。

　　이 문장의 동사는 아직 완성된 동작이 아니기 때문에 목적어는 일반적으로 "来"나 "去"의 앞에 온다.

你去小卖部的时候，顺便买一瓶饮料来。

너 매점에 가는 김에 음료수 한 병 사와라.

틀린문장3 他累得一坐下来就打盹起来了。

　　"打盹"은 동빈형구조이기 때문에 목적어 "盹"이 복합 방향보어의 사이에 와야 한다.

他累得一坐下来就打起盹来了。 그는 너무 피곤해 앉자마자 졸기 시작했다.

틀린문장4 请你马上寄来我那些资料。

　　"寄来" 뒤에는 직접목적어인 "资料"만 동반할 수 있다. 간접목적어인 "我"는 전치사 "给"로 이끌어 나와 "寄来" 앞에 위치시켜야 한다.

请你马上给我寄来那些资料。 그 자료들을 즉시 나한테 부쳐주세요.

틀린문장5 我听是没问题，但是我说不来。

　　이 문장도 방향보어의 오용이다. 동사 "说" 뒤의 방향보어는 "出来"로 고쳐야 한다.

我听是没问题，但是我说不出来。

나는 듣는 것에는 문제가 없는데, 말은 못한다.

틀린문장6 正在前边坐的是韩国学生，坐后边的是日本学生。

　　동사 뒤에 결과보어 "在"를 붙이고 뒤에 처소사가 나오면 '어느 장소에 정착한다'의 뜻을 나타낸다. 틀린문장 6의 경우는 한국 학생과 일본 학생을 동작 "坐"가 이루어진 후에 정착한 위치로 수식하기 때문에 "坐在前边的～坐在后边的～"으로 고쳐야 한다. 또 "坐在"는 동작의 상태가 정착한다는 것을 묘사했기 때문에 "正"를 덧붙일 필요가 없다.

坐在前边的是韩国学生，坐在后边的是日本学生。
앞에 앉은 사람은 한국 학생이고, 뒤에 앉은 사람은 일본 학생이다.

틀린문장7 我在汉城出生，在大田长大，现在在釜山住。
틀린문장7-1 书、铅笔盒、本子都在书包里放了。
틀린문장7-2 我们吃饭在食堂。

　　"在 + 장소"는 동사 뒤에 놓여 동작을 통해 정착한 장소를 제시하여 보어의 역할을 한다. 따라서 '지금은 부산에 산다'는 말은 "现在住在釜山"이라고 해야한다. 혹은 "我生在汉成，长在汉城。"이라고 할 수도 있는데, 이 말은 "我在汉城出生，在汉城长大。"의 표현을 고문 어투로 표현하는 것이다. 마찬가지로 "生在苏州，住在杭州，吃在广州，死在柳州" 즉 '예쁜 여자가 많이 나는 쑤저우에서 태어나고, 정치가 좋은 항저우에 살며, 요리가 맛있는 광저우에서 먹고, 죽을 때는 관 만드는 목재가 좋은 리우저우에서 죽는다'라는 관용어도 풍류를 즐긴다는 고문 어투의 표현이다. 반면에 '在 + 장소'가 동사의 앞에 나와 부사어로 쓰일 때 동작이 일어나는 장소를 제시한다. 만약 진행의 뜻을 표현하고 싶으면 동사 앞에 "正" 등을 쓰면 된다.

我在汉城出生，在大田长大，现在住在釜山。
나는 서울에서 태어나서, 대전에서 자라, 지금은 부산에 삽니다.

书、铅笔盒、本子都放在书包里了。 책, 필통, 공책 다 책가방에 넣었다.

我们在食堂吃饭。 우리는 식당에서 밥을 먹는다.

我们正在食堂吃饭。 우리는 식당에서 밥을 먹고 있다.

277

✱ 연습문제

一 다음을 중작하시오.

1. 선생님은 금방 가셨다. 너 무슨 문제가 있으면, 빨리 쫓아가서 여쭤봐라.

2. 이렇게 해 나가면, 다음 주에는 완성할 수 있다.

3. 나는 좋은 아이디어를 생각해냈다.

4. 그의 자전거는 타 보면 아주 편안하다.

5. 창문은 내가 닫았어요.

6. 비가 오려고 하니 빨리 밖에 널려 있는 빨래를 거둬들이세요.

7. 자동차를 식당 앞에 세워 놓았다.

8. 날씨가 계속 추워지면 어떡하지?

9. 시간이 늦어서, 우리는 더 이상 얘기를 계속해 나갈 수 없다.

10. 보아하니 그는 몸이 좋지 않은 듯하다.

11. 나는 그들이 걸어서 지나가는 것을 보았다.

12. 우리 빨리 들어가자. 영화가 곧 시작해.

13. 나는 참다 못해 그 말을 했다.

14. 루쉰(鲁迅)은 1881년에 绍兴에서 태어났다.

15. 짐을 당신집에 맡겨도 됩니까?

二 적당한 방향보어로 빈 칸을 채우시오.

1. 冬天到了，天气冷（　　）了。

2. 最近我们又忙（　　）了。

3. 这个故事很有意思，你讲（　　）。

4. 我喜欢我的专业，我要学（　　）。

5. 她们高兴得跳（　　）舞（　　）了。

6. 他跑的速度慢（　　）了。

7. 这儿有纸，大家把名字都写（　　）。

8. 快用照相机照（　　）。

9. 你要把资料集中（　　）。

10. 这台电脑的毛病我检查（　　）了。

11. 中国选手在快到终点的时候追（　　）了领先的日本选手。

12. 她很细心地拆（　　）电脑的零件。

13. 这个皮箱满大的，这些衣服都能装（　　）。

14. 这个病房的病人太多，一个护士照顾不（　　）。

15. 一斤相当（　　）十两，约等（　　）五百公克。

몇 가지 특수문형 4

23 특수문형(一)我每天开车上班

一 연동문

　　한 문장에 두 개 혹은 두 개 이상의 동사가 연용되어, 동일한 주어를 진술하는 문장을 연동문이라 한다. 연동문은 앞뒤 두 동사 사이의 의미 관계에 따라 다음과 같은 네 가지 유형으로 나눌 수 있다.

1. 妈妈吃过晚饭上街去了。 어머니는 저녁 식사를 끝내고 시내에 가셨다.
　　동작이 행해지는 선후 관계를 표시한다.

　　他披上衣服拉开门跑了出去。 그는 옷을 걸치고 문을 열고 나갔다.

　　我每天五点半起床运动。 나는 매일 다섯 시 반에 일어나서 운동한다.

2. 我们马上开会研究这个问题。 우리 즉시 회의를 열어서 이 문제를 연구하자.
　　뒤의 동작, 행위는 앞 동작, 행위의 목적이다. 이런 연동문은 대부분 선후를 표시하는 연동문이 되기도 한다. 혹은 앞 뒤 동사의 목적어가 같고 뒤의 동사가 앞 동사의 목적을 나타내는 경우 목적어 앞 뒤에 두 동사를 두는데, 뒤의 동사는 목적어를 동반하지 않는다.

　　我去买饮料。 나는 음료수 사러 갈게.

　　我们开个派对来祝贺他的生日。
　　우리 그 사람 생일을 축하하는 뜻에서 파티를 열자.

　　他煮了一碗面吃。 그녀는 국수 한 그릇을 삶아서 먹었다.

　　儿子跟妈妈要钱花。 아들은 엄마에게 돈을 달래서 쓴다.

3. **我每天开车上班。** 나는 매일 운전해서 출근한다.

앞에 있는 동사는 뒤에 있는 동사가 진행되는 방식, 수단을 나타낸다.

他笑着说：“没关系。” 그는 웃으면서 '괜찮다'고 얘기했다.

我骑自行车上学。 나는 자전거를 타고 등교한다.

4. **书展有很多书可买，值得去一趟。**
책 전시회에 살 만한 책들이 많아서 한 번 가 볼 만하다.
明天我有事不能来。 내일은 내가 일이 있어서 못 온다.

앞의 동사가 "有"(또는 没有)인 연동문이다. 이런 연동문은 다음의 두 가지 의미를 나타낸다.

(1) 첫 번째 동사인 "有"의 목적어는 의미상으로 두 번째 동사의 대상이 된다.

你最近有钱用吗？ 당신 요즘 쓸 돈은 있어요?

当时大家的生活都苦，没有饭吃，没有衣服穿。
당시 모두 생활이 어려워서, 먹을 밥이 없었고 입을 옷이 없었다.

我有几个问题要问你。 나는 당신에게 물어볼 질문 몇 가지가 있다.

(2) 첫 번째 동사인 "有"의 목적어는 뒤의 동작, 행위의 원인이 된다.

我有事找你。 나는 당신에게 볼 일이 있다.

他家里有点事不能参加这次毕业典礼。
그는 집에 일이 좀 있어서 이번 졸업식에 참가하지 못한다.

(二) 겸어문

한 문장에 두 개의 동사가 있는데 앞 동사의 목적어가 동시에 뒷 동사나 형용사의 주어를 겸하고 있으면, 그 성분을 겸어라고 하고, 겸어를 가지고 있는 문장을 겸어문이라고 한다. 예를 들어 "他请我们去"(그는 우리에게 가도록 청했다.) 이라는 문장은 "他请我们"과 "我们去"라는 두 개의 문장이 한 문장으로 합쳐져 "我们"은 앞 동사인 "请"의 목적어 겸 뒤의 동사 "去"의 주어가 되는 것이다. 겸어문은 동사에 따라 다음과 같은 유형들이 있다.

1. 他的话让我很难过。 그의 말은 나를 아주 슬프게 한다.

사역의 의미를 나타내며 '…하게 하다'는 의미를 표시한다. 이런 겸어문은 겸어문의 주류를 이루는데, 앞 동사는 대체로 사역의 의미를 나타내는 동사들이다. 흔히 쓰이는 선행동사는 다음과 같다.

请　　让　　使　　叫　　要　　派　　逼　　催
命令　吩咐　强迫　打发　要求　禁止　准(许)

我们请金老师唱首歌儿, 好吗?
김 선생님에게 노래 한 곡을 부탁드리는 게 어때요?

谁叫你这样做? 누가 당신더러 이렇게 하라고 시켰어요?

老师要我认真学习。 선생님은 나에게 열심히 공부하라고 하셨다.

妈妈强迫我每天练两个小时的钢琴。
어머니는 내게 매일 피아노를 두시간 씩 연습하도록 강요하신다.

图书馆催他快还书。 도서관에서는 그에게 책을 빨리 반납하라고 독촉하였다.

2. 他骂我是大胖子。 그는 나를 뚱보라고 욕했다.

호칭이나 인정의 의미를 나타낸다. 흔히 쓰이는 선행 동사는 叫, 称, 认, 拜,(推)选, 骂, 认 등과 같은 동사들이며 후행동사로는 대부분 当, 做, 为, 是 등이 쓰인다.

因为河流转向倒流, 所以这一带做"河回村"。
시냇물이 방향을 틀어 거꾸로 흐르기 때문에 이 일대를 '하회마을'이라고 부른다.

我认您当师傅, 您教我跆拳道吧。
제가 당신을 사부님으로 모실테니, 저에게 태권도를 가르쳐 주세요.

3. 我喜欢他负责、认真。

나는 그가 책임감 있고, 열심히 일하는 것이 마음에 든다.

애증(爱憎)의 의미를 나타낸다. 흔히 쓰이는 선행 동사는 喜欢, 讨厌, 爱, 恨, 嫌, 欣赏, 原谅 등과 같은 심리상태를 나타내는 동사들이다.

我讨厌他总是迟到。 그가 늘 지각하는 것이 난 싫다.

你原谅他还小，不懂事。 그가 아직 어려서 철이 없으니 용서하세요.

4. 他有个表妹嫁给德国人。

그에겐 독일 사람한테 시집 간 외사촌 여동생이 하나 있다.

선행동사가 "有"인 겸어문에서 "有"의 목적어는 대부분 존재하는 사람 또는 사물을 나타낸다. 이때 "有"는 소유의 의미를 갖는 것이 아니라 '어느, 한'이라는 의미를 나타내는 것이다. 그것이 가리키는 대상이 특정한 것이 아니기 때문에 "这个", "那个" 등의 한정어를 사용할 수 없고 "一个", "几个", "一些", "很多" 등의 한정어만 사용할 수 있다. 후행술어는 선행술어를 묘사, 설명한다.

我有很多同学还没结婚。 내 동창 중에는 아직 결혼 안 한 사람이 많다.

我有几个美国朋友明天要来。 내 미국 친구 몇 명이 내일 올 것이다.

⊜ 존현문

사람 혹은 사물이 어느 시간, 어떤 지점에 존재, 출현, 소멸되는 것을 표현하는 문장을 존현문이라고 한다. 존현문은 두 종류로 나눌 수 있다.

1. 존재의 표현

어느 장소에 어떤 사람 또는 사물이 존재하는 것을 설명하려면 존재문을 사용한다. 존재문은 주로 환경을 설명하여, 인물의 자세 등을 묘사하는 데 쓰인다. 그 형식은 〈처소사 + 동사 + 명사 (존재하는 사람 또는 사물)〉이다. 존재문의 동사로는 존재를 표시하는 "有", "是" 그리고 정지된 자세를 나타내는 동사와 물건을 놓는 종류의 동작을 나타내는 동사들이다.

1. "有"로 존재를 나타낸다. "有"로 표현하는 존재문은 단순히 어떤 장소에 무엇이 '있다', '없다'라는 존재만 서술할 뿐이다.

   书架上有一本袖珍中韩词典。책장 위에 포켓용 중한 사전 한 권이 있다.

   宿舍里没有人。기숙사에는 사람이 없다.

   我们学校有不少外国留学生。우리 학교에는 많은 외국 학생이 있다.

2. "是"로 존재를 나타낸다.

   我家旁边是一家花店。우리집 옆은 꽃집이다.

   宿舍楼后边是运动场。기숙사 건물 뒤쪽은 운동장이다.

3. "有", "是"를 제외한 존재문의 동사는 "着"를 수반하는데, 이는 동작이 만들어낸 상태의 지속을 표시한다. 때로는 동사 뒤에 "满了"가 쓰여 '온갖, 가득'이라는 뜻을 나타낸다. 존재를 나타내는 동사는 대부분 "坐, 睡, 站, 躺, 停, 住, 靠, 蹲" 등과 같은 사람이나 사물의 정지된 자세를 나타내는 동사와 "放, 摆, 挂, 种, 贴, 插, 堆" 등과 같은 물건을 놓는 동작을 나타내는 동사들이다. 목적어로 오는 사람이나 사물은 대개 특정한 대상이 아니다.

   楼下住着一对老夫妇。아래층에는 한 쌍의 노부부가 살고 있다.

   停车场上停着四、五辆车。주차장에 네다섯 대의 차가 세워져 있다.

图书馆门口站着几个学生。도서관 앞에 학생 몇 명이 서 있다.

仓库里堆着很多东西。창고 안에는 많은 물건이 쌓여 있다.

桌子上摆着电视机，花瓶里还插着三、四朵花。
책상 위에는 텔레비전이 놓여 있고, 꽃병 안에는 꽃이 서너 송이 꽂혀 있다.

屋后种满了苹果树。집 뒤에는 사과 나무가 잔뜩 심겨져 있다.

2. 출현, 소멸의 표현

어느 장소 또는 어느 시각에 어떤 사람이나 사물이 출현하거나 소멸하는 것을 나타내는 경우, 〈장소/시각+동사+명사(출현 또는 소멸을 나타내느 사물)〉의 형식을 취한다. 출현, 소멸을 나타내는 동사는 "搬", "跑", "掉", "走" 등과 같이 사람이나 사물의 이동을 나타내는 동사와 "出现", "发生"과 같이 출현을 뜻하는 동사들이다. 동사 뒤에는 일반적으로 방향보어나 결과보어 혹은 "了"를 수반한다. 목적어도 확정적인 것이 아니다.

书架上少了几本书。책장에 몇 권의 책이 없어졌다.

树上掉下来一个苹果。나무에서 사과 하나가 떨어졌다.

昨天搬走了一个美国学生。어제 미국 학생이 하나 이사갔다.

这学期来了两位新老师。이번 학기에 새로운 선생님이 두 분 오셨다.

上个月发生了一起坠机事件。
지난 달에 비행기 추락 사건이 하나 일어났다.

✳✱ 잘못 쓰는 문장 길들이기

틀린문장1 昨天我们去了剧场看一出京剧。

연동문에 있어서 동작의 완료를 나타내는 동태조사 "了"는 마지막 동사 뒤에 붙여야 한다.

昨天我们去剧场看了一出京剧。
어제 우리는 극장에 가서 경극 한 편을 구경했다.

틀린문장2 现在我可以写信用汉语了。

'~를 사용하여', 혹은 '~로'라는 의미로 어떤 수단이나 도구를 나타낼 때에는, "用"이나 "拿"로 표현하면 된다. 즉 "用"이나 "拿"를 이용해 뒤에 있는 동사의 진행되는 방식, 수단을 나타내는 연동문을 이루는 것이다. 틀린문장2의 경우는 "用汉语"와 "写信"의 순서를 바꾸면 된다.

现在我可以用汉语写信了。 이제 나는 중국어로 편지를 쓸 수 있게 되었다.

틀린문장3 很多学生上学骑自行车。

틀린문장3은 "上学"과 "骑自行车"가 연결된 연동문이다. 학교에 가기 위해 자전거를 먼저 타야 하고, 자전거를 타는 게 학교에 가는 수단이다. 따라서 "上学"과 "骑自行车"의 순서를 바꿔야 한다.

很多学生骑自行车上学。 많은 학생들이 자전거를 타고 등교한다.

틀린문장4 妈妈让我们不看电视。

겸어문을 부정할 때는 일반적으로 "不"나 "没(有)"를 선행동사 앞에 놓아야 한다.

妈妈不让我们看电视。 엄마는 우리들이 텔레비전을 못 보게 하신다.

틀린문장5 这句话让她会很难过。

겸어문에서 능원동사는 선행동사 앞에 나와야 한다.

这句话会让她很难过。 이 말은 그녀를 슬프게 할 거야.

틀린문장6 很多衣服挂在衣柜里。

"很多衣服挂在衣柜里"의 주어는 "很多衣服"인데 중국어에서 주어는 화자도 청자도 아는 명확한 사람이나 사물이어야 한다. "很多衣服"와 같이 가리키는 대상이 분명하지 않은 막연한 단어나 단어결합은 주어가 될 수 없다. 따라서 이 문장은 존현문으로 고쳐야 한다.

衣柜里挂着很多衣服。 농 안에 옷이 많이 걸려 있다.

틀린문장7 我们班一个同学转走了。

어느 장소에 어떤 사람이 소멸하는 것을 나타내려고 하므로 존현문의 문형인 '처소사 + 동사 + 명사(출현 또는 소멸을 나타내는 사물)'을 써야 한다.

我们班转走了一个同学。 우리 반에 한 학생이 전학 갔다.

틀린문장8 王老师请我叫您过去一下儿。

이 문장은 "我"와 "您"인 두 개 겸어와 "请"과 "叫"인 두 개의 사역동사를 갖춘 이중 겸어문이다. "请"에는 존대의 의미가 포함되어 있기 때문에 두 사역동사의 목적어를 바꿔 "请"의 목적어는 "您"으로, "叫"의 목적어는 "我"로 바꾸면 더 타당하다.

王老师叫我请您过去一下儿。
왕 선생님이 저에게 당신을 좀 모셔오라고 청하셨습니다.

틀린문장9 我学习汉语来中国。

이 문장은 두 개의 동사인 "学习"과 "来"를 갖춘 연동문이고 뒤의 동작 행위는 앞의 동작, 행위의 목적이어야 한다. 중국어를 배우기 위해 중국에 왔기 때문에 동사 "学习"과 "来"의 순서가 바뀌어야 한다.

我来中国学习汉语。 나는 중국어를 배우러 중국에 왔다.

틀린문장10 教室里坐着学生，等着上课。

존현문에 있어서 동사 뒤에 존재하는 명사는 하나의 명사만 나오기 보다는 그 앞에 수량사로 수식하는 경우가 더 많다. 따라서 "学生" 앞에 실제 상황에 따라서 "几个", "一些", "很多" 등과 같은 단어를 덧붙이면 된다.

教室里坐着很多学生，等着上课。
교실 안에 많은 학생이 앉아서 수업하기를 기다린다.

✳ 연습문제

一 다음을 중작하시오.

1. 그들은 모두 살 집이 있다.

2. 누워서 텔레비전을 보지 마라.

3. 그는 숙제를 다 하고 잠시 누웠다가 곧 나갔다.

4. 샤오 왕(小王)은 아침 식사를 하고는 곧 급히 학교로 갔다.

5. 당신은 지금 그더러 나가라고 해도 된다.

6. 나는 그를 초빙하여 연설을 한 번 좀 부탁하려고 한다.

7. 선생님은 우리가 수업 시간에 한국어로 말하는 것을 금지한다.

8. 나는 그에게 사러 가라고 하지 않았다.

9. 손님에게 일을 시키는 것은 너무 미안하다.

10. 이 일은 그를 난감하게 할 것이다.

11. 사장은 직원들이 오늘 저녁에 특근하도록 요구했다.

12. 나는 그를 오라고 청하지 않았다.

13. 아버지는 내가 밖에서 외박하는 것을 허락하지 않는다.

14. 나는 전화를 한 통해서 샤오 왕(小王)에게 바로 오라고 했다.

15. 벽에 중국지도 한 장이 걸려 있다.

16. 십 년 전 마을에 대사건이 일어났다.

17. 이 줄에서는 글자를 두 자 빼먹었다.

18. 정원에 꽃이 가득 들어차 있다.

19. 길에는 많은 사람이 있다.

20. 길가에는 많은 사람이 둘러서 있다.

21. 뒤쪽에 세 사람이 앉아 있다.

22. 우리 기숙사에서 학우 네 명이 이사를 갔다.

23. 앞에 버스 한 대가 왔다.

24. 식탁 위에 먹을 것, 마실 것이 잔뜩 널려 있다.

25. 우리 집에 손님이 오셨다.

26. 나는 라오 왕(老王) 집에 장기 두러 간다.

27. 나는 비행기를 타고 부산에 간다.

28. 아래층에서 어떤 두 사람이 당신을 찾아요.

29. 지영(智英)이는 엘리베이터에서 내려 날듯이 대문으로 뛰어갔다.

30. 이번 학기에 5명의 편입생이 합격해 들어왔다.

24 특수문형(二) 你是怎么知道的?

⼀ 쌍목적어문

  동사술어문에서 일부 동사는 목적어를 두 개 가질 수 있다. 목적어가 두 개인 동사술어문은 쌍목적어문이라고 한다. 이 때 앞에 오는 목적어는 사람이며 간접목적어(~에게)이고, 뒤에 오는 목적어는 사물이며 직접목적어(~을/를)이다. 동사 뒤에 "给"을 꼭 붙여야 하는 경우도 있고, "给"을 붙이면 안 되는 경우도 있다. 또 뜻을 분명히 하기 위해 "给"를 덧붙일 수도 있는 경우도 있다. 쌍목적어문에 쓰이는 동사를 "给"와의 결합 관계에 따라 정리하면 다음과 같다.

동사 뒤에 "给"를 써야 하는 동사 : 寄, 扔, 分, 发, 买, 交, 留, 拿, 递 등

동사 뒤에 "给"를 쓰지 않는 동사 : 教, 给, 赔, 欠, 问, 罚, 赢, 告诉, 通知, 麻烦, 请教 등

동사 뒤에 "给"를 써도 되고 안 써도 되는 동사 : 还(给), 送(给), 付(给), 输(给), 借(给), 退还(给) 등

> 他爸爸留给他很多财产。 그의 아버지가 그에게 많은 재산을 물려 주었다.

> 老师发给每个学生三本书。 선생님은 학생들에게 책 세 권씩을 나눠주셨다.

> 我想麻烦你一件事。 부탁 하나 하고 싶은데...

> 周老师教我们语法, 林老师教我们口语。
> 주 선생님이 우리에게 문법을 가르치시고, 임 선생님이 우리에게 회화를 가르치신다.

> 美英通知我明天下午两点出发。
> 미영이는 내게 내일 오후 2시에 출발한다고 알려주었다.

> 还(给)你词典, 用的时间太长, 请原谅。
> 당신 사전은 여기 있어요. 너무 오래 써서 미안합니다.

> 你要付(给)饭店五百块钱。 당신은 호텔에 5백 위엔을 지불해야 한다.

㈁ "是 … 的" 문

중국어에는 술어가 "是 … 的" 형식으로 구성되는 특수한 문형이 있다. "是 … 的"구조가 문장에서 해내는 역할은 두 가지로 나눌 수 있다. 하나는 과거형 문장에서 초점은 어디에 두느냐 하는 것을 강조하는 것으로 이것은 "是 … 的"문(1)이라고 부르자. 또 하나는 시제와 관계없이 말하는 이의 견해, 생각, 태도 등을 단정적으로 표현하는 것으로 이것은 "是 … 的" 문(2)라고 부르자.

1. "是 … 的" 문(1)

먼저 중국 사람이 "是 … 的"문을 사용하는 발상부터 파악해야 한다. 강조를 위해 "是 … 的"를 사용한 동사술어문과 과거 일을 서술하는데 그치는 일반 동사술어문이 나타내는 의미는 다르다. 동작이 실현 또는 완성된 상태에서 그 동작이 행해지는 시간, 지점, 목적, 방식, 행위자 등을 설명하려고 할 때 "是 … 的" 문을 이용하여 강조하고 싶은 부분을 "是 … 的" 사이에 넣는다. 따라서 "是 … 的"문에서 강조되는 것은 동작, 행위 그 자체가 아니라 동작, 행위의 성립과 관련된 다른 여러 가지 측면이다.

> 他是昨天来的。그는 어제 왔다.(시간)
>
> 客人是从广东来的。손님은 광둥에서 왔다. (지점)
>
> 我是为了学习汉语来中国的。
> 나는 중국어를 배우기 위해 중국에 온 것이었다. (목적)
>
> 我不是跟朋友一起来的，是一个人来的。
> 나는 친구와 함께 온 것이 아니라, 혼자 왔다. (방식)
>
> 这道菜是我做的。이 반찬은 내가 만든 것이다. (행위의 주체)

"是 … 的"문(1)의 문법적 특징은 다음과 같다.

1 我是在大田上的火车。 나는 대전에서 기차를 탔다.

"是 … 的"를 사용하는 문장에서 만약 동사가 명사목적어를 가지면 목적어는 문장 끝에 놓을 수도 있고 "的" 앞에 놓을 수도 있다.

> 你是什么时候来中国的? (你是什么时候来的中国?)
> 당신은 중국에 언제 왔어요?
>
> 他是1998年上大学的。(他是1998年上的大学。)
> 그는 1998년 대학에 입학했다.

하지만 목적어가 인칭대명사일 경우 "的"는 반드시 문장 끝에 놓여야 한다.

我是十年前认识他的。 나는 10년 전에 그를 알았다.

这件事是谁告诉你的? 이 일을 누가 당신에게 알려 준 거죠?

처소목적어 뒤에 방향보어가 있는 경우에도 "的"는 반드시 문장 끝에 놓아야 한다.

我是六点左右回宿舍来的。 나는 6시쯤에 기숙사에 돌아왔다.

他是走着上教会去的。 그는 걸어서 교회에 갔다.

2 你(是)跟谁一起来的? 당신은 누구와 함께 왔어요?

"是 … 的"문에서 "是"는 생략할 수 있고, 부정형은 "不是 … 的"이다.

你(是)怎么来的? 당신은 어떻게 왔어요?

这件事，我(是)昨天才知道的。 이 일을 난 어제서야 알았다.

这是昨天买的，不是今天买的。 이것은 어제 산 것이지 오늘 산 것이 아니다.

我不是从家里来的，是从学校来的。
나는 집에서 온 것이 아니라 학교에서 왔다.

3 这件毛衣是你打的吗? 이 털옷은 당신이 뜬 거예요?

"是 … 的"문의 의문문은 "是 … 的吗?", "是不是 … 的?", "是 + 의문사 …的"의 형태
로 만든다.

你是跟父母一起来的吗? 당신은 부모님과 같이 왔어요?

你是不是跟父母一起来的? 당신은 부모님과 같이 왔어요?

你是跟谁一起来的? 당신은 누구와 같이 왔어요?

4 是谁叫你这么做的? 누가 당신더러 이렇게 하라고 시켰어?

문장은 "是"로 시작하면 특히 이미 일어난 행위의 주체를 강조한다.

是你先动手的。 네가 먼저 시비를 걸었잖아.

是谁把空调关掉的? 누가 에어컨을 껐어요?

是他说明天不上课的。 그가 내일 수업 안 한다고 말했다.

2. "是 … 的" 문(2)

시제와 관계없이 화자가 어떤 사실에 대한 견해나 해석을 서술하는 동시에 자신의 확고한 감정을 나타내고자 할 때 "是 … 的"문을 사용할 수 있다.

他的要求是合理的。그의 요구는 합리적이다.

其实，他是喜欢你的。사실은 그는 당신을 좋아한다.

"是 … 的"문(1)와 "是 … 的"문(2)의 용법 비교

"是 … 的"문(2)는 그 형태상 "是 … 的"문(1)과 유사하지만 (1)과는 다르다. 그 차이점은 다음과 같다.

1. "是 … 的"문(2)의 경우는 "是 … 的"라는 틀을 벗기면 단호하게 그렇다하는 강조의 느낌이 없어질 뿐, 의미가 크게 달라지지는 않는다. 하지만 "是 … 的"문(1)의 경우는 "是 … 的"라는 틀을 벗기면 뜻이 달라진다.

2. 부정문의 경우는 "是 … 的"문(1)의 경우는 "不是 … 的"인데 "是 … 的"문(2)는 "是 … 的"의 내부를 부정한다.

   · 我不是坐电梯上来的，是走着上来的。
     나는 엘리베이터를 타고 온 것이 아니고 걸어서 온 것이다.

   · 他不是昨天来的，是今天来的。 그는 어제 온 것이 아니라 오늘 온 거다.

   · 我是不同意这种意见的。 나는 이런 의견에 동의하지 않는다.

   · 他是绝对不会这么做的。 그는 절대로 이렇게 하지 않을 것이다.

3. "是 … 的"문(1)의 "是"은 생략 가능하고 "是 … 的"문(2)의 "的"는 생략이 가능하다.

   · 我(是)跟朋友一起去的。 나는 친구와 같이 갔다.

   · 黑板上的字(是)谁写的？ 칠판에 글씨는 누가 쓴 거예요?

   · 这件衣服你穿是最合适(的)。 이 옷은 당신이 입는 게 가장 잘 어울린다.

   · 他的想法是可以理解(的)。 그의 생각은 이해할 수 있다.

4. "是 … 的"문(2)의 "的"은 반드시 문미에 와야 한다.

   · 不好的事是可能发生的。 좋지 않은 일이 일어날 수 있다.

   · 这么多事一天是干不完的。 이렇게 많은 일은 하루에 다 끝낼 수 없다.

✳ 잘못 쓰는 문장 길들이기

틀린문장 1 他买一本书我。

쌍목적어문의 간접목적어는 사람이며 앞에 나오고, 사물인 직접목적어는 뒤에 나와야 한다. 그리고 "买"뒤에는 "给"를 붙인 다음에야 쌍목적어를 가질 수 있다.

他买给我一本书。 그는 나에게 책 한 권을 사주셨다.

틀린문장 2 我请教向王老师几个问题。

이 문장은 두 가지 방법으로 고칠 수 있다. 먼저 "请教"는 두 개의 목적어를 지닐 수 있는 동사이므로 뒤에 목적어가 직접 나오고 전치사로 간접목적어인 "王老师"를 이끌고 나올 필요는 없다. 혹은 동작 앞에 행위의 대상을 이끌어낸 전치사인 "向"을 이용할 수도 있다.

我请教王老师几个问题。 나는 왕 선생님께 몇 개의 문제를 여쭤봤다.

我向王老师请教几个问题。 나는 왕 선생님께 몇 개의 문제를 여쭈어봤다.

틀린문장 3 每次去方老师家，他总是教几句实用的汉语。

동사 "教"가 두 개의 목적어를 취할 때 '…에게 …를 가르친다'인 형식을 취함으로 "教" 뒤에 간접목적어인 사람이 먼저 나와야 한다. 틀린문장3의 경우는 문맥으로 보아 "教" 뒤에 "我"를 붙이면 된다.

每次去方老师家，他总是教我几句实用的汉语。
매번 방 선생님 집에 갈 때마다 그는 나에게 실용중국어를 몇 마디 가르쳐 주신다.

틀린문장 4 你怎么没有给我一通电话?

'…에게 전화를 한다'가 중국어로 표현하면 전치사 "给"를 이용하여 동작의 대상을 이끌어 나오고, "给我"는 부사어로 술어 동사 "打"를 수식한다. 그리고 전화는 하지도 않았기 때문에 "一通"을 쓸 수 없다.

你怎么没有给我打电话? 당신은 왜 나에게 전화해 주지 않았어요?

틀린문장 5 你要还一千块钱给我。

"给"는 "还"이 술어 동사로 된 쌍목적어문에 쓰일 경우 어기를 강조하는 역할이므로 "还" 의 바로 뒤에 나와야 한다. 그러므로 "还给" 뒤에 간접목적어, 직접목적어의 순서로 되어야 한다.

你要还给我一千块钱。 당신은 나에게 1000위엔을 돌려 줘야 한다.

틀린문장 6 小丽借我一千块钱。

　　동사 "借"는 '빌려가다' 또한 '빌려주다'의 뜻이 있다. "小丽借我一千块钱"이라면 빌려주는 건지 빌려가는 건지 정확히 알 수 없다. 문장의 뜻을 정확하게 하기 위해 두 가지 방법으로 고칠 수 있다. 하나는 대상을 나타내는 전치사 "向"을 "我" 앞에 붙여서 "向我"가 "借"의 부사어로 쓰여 '빌려가다'의 뜻이 되게 하는 것이다. 또 하나는 동사 "借" 뒤에 "给"를 더 붙여서 쌍목적어문으로 만들어서 '빌려주다'라는 뜻이 되게 하는 것이다.

小丽向我借一千块钱。 샤오 리는 나한테 1000위엔을 빌려갔다.

小丽借给我一千块钱。 샤오 리는 나에게 1000위엔을 빌려주었다.

틀린문장 7 小姐，给您找六块钱。

　　"找"는 '거슬러주다'라는 뜻인데 쌍목적어를 지닐 수 있는 동사이며 여기를 강조하고 싶으면 뒤에 "给"를 더 붙일 수 있다.

小姐，找(给)您六块钱。 아가씨, 거스름 돈 6위엔 여기 있어요.

틀린문장 8 他们是昨天去北京了。

　　"去北京"은 이미 완성된 동작이며 "昨天"는 동작이 완성된 시간이다. 완성된 동작의 완성한 시간을 설명할 때 "是 … 的"문형을 사용해야 되는데, "了"자를 "的"자로 고치면 된다.

他们是昨天去北京的。 그들은 어제 베이징에 갔다.

틀린문장 9 我是在公共汽车上碰到了陈龙的。

　　"碰到智英"은 이미 완성된 동작이며 "在公共汽车上"은 동작이 일어나는 장소이다. 이미 완성된 동작이 일어난 장소를 강조하고 싶으면 "是 … 的"문형을 쓰는데, 이 때 문장은 동작의 완료를 나타나는 동태조사인 "了"를 쓰면 안 되고, 긍정문일 경우 "是"는 생략할 수 있다.

我(是)在公共汽车上碰到陈龙的。 나는 버스 안에서 천룽을 만났다.

틀린문장 10 我不在香港上的飞机。

　　"是 … 的"문(1)의 부정형은 "不是 … 的"이다. "在香港"을 부정하기 위해 "不" 뒤에 "是"를 첨가하면 된다.

我不是在香港上的飞机。 나는 홍콩에서 비행기를 탄 것이 아니었다.

*✱ 연습문제

一 다음 단어들을 이용하여 쌍목적어문으로 만드시오.

1. 他　　我　　三盘棋　　赢了　　今天

2. 想　　我　　一个问题　　您　　请教

3. 能不能　　您　　我　　麻烦　　一件事

4. 一天的时间　　你　　我　　浪费

5. 我们　　林老师　　汉语　　教

6. 小丽　　通知　　助教　　明天下午来补考

7. 你们　　告诉　　一个好消息　　我

8. 小丽　　图书馆　　给　　还　　四本书

9. 喂　　孩子　　正在　　牛奶　　她

二 "是 … 的" 문형을 이용하여 중작하시오.

1. 당신은 어떻게 왔습니까?

2. 여름방학은 언제 시작했습니까?

3. 당신은 한국에 언제 왔어요?

4. 당신은 몇 년도에 졸업한 거예요?

5. 이 책은 언제 샀어요?

6. 이 요리는 당신이 직접 만든 것입니까?

7. 나는 삼년 전에 한 화랑에서 그를 만난 거예요.

8. 나는 절대로 그를 용서하지 않을 것이다.

9. 나는 지금까지 담배를 피우지 않았다.

10. 내 마음은 당신이 이해할 수가 없는 것이다.

11. 선생님의 우리에 대한 요구는 매우 엄격하다.

12. 당신은 이번에 안 와도 되지만 다음에 꼭 와야 해요.

13. 샤오 리(小李)는 확실히 올 건데, 좀 늦을 뿐이다.

三. 다음의 대화를 "是 … 的" 문형으로 중작하시오.

A. 방금 파마한 거지?

B. 아니, 어제 파마했어. 어때?

A. 아주 예쁜데. 어디서 파마했어?

B. 학교 앞에 '자매(姐妹)'미용실에서 했어.

A. 그 미용실 꽤 괜찮다. 아까 샤오 리(小丽)를 봤었는데, 그녀도 거기서 파마했데.

B. 그래? 나 지금 막 샤오 리(小丽)를 찾고 있는데, 어디서 그를 봤어?

A. 식당 앞에서 그를 봤어.

문장의 분류

5

25 这个孩子多懂事啊!

（一）어기조사

　　문장은 서로 다른 각도에서 여러 가지 문법 특징에 근거하여 분류할 수 있다. 그 중에서 문장을 표현기능에 따라 진술문, 명령문, 감탄문, 의문문으로 나눌 수 있다. 어기조사는 문장의 문미나 문장 중간 쉬는 곳에, 말하는 이의 마음상태나 기분 등 여러 가지 빛깔을 보태준다. 어기조사는 보통 문장의 마지막에 사용되지만 구어체에서는 문장 중간에 쉼표가 놓이는 곳에 사용되는 경우도 있다. 어기조사는 대체로 경성으로 읽으며 하나의 어기조사는 몇 가지의 어기를 나타낼 수 있다. 따라서 어떤 어기조사가 무슨 어기를 나타내는지는 문맥을 살펴봐야 한다.

（二）진술문과 어기조사

　　진술문이란 상대방에게 어떤 사실, 사건이나 상황 등을 알리기 위해 진술하는 문장이다. 이런 문장의 문미에는 마침표인 "。"을 찍고, 때때로 문미에 어기조사를 사용하기도 한다. 진술하는 내용이 같아도 어떤 어기조사를 쓰는가에 따라 문장의 뜻이 달라진다. 진술문에 자주 쓰이는 어기조사는 다음과 같다.

1. 的

爸爸知道这件事的话，一定会生气的。
아버지가 이 일을 알게 되면 틀림없이 화 내실 것이다.

　　진술문 끝에 "的"를 넣으면 긍정의 어기를 강조할 수 있다.

　　　这件事我是知道的。 나는 이 일을 알고 있었다.

　　　他是一定会来的。 그는 반드시 올 것이다.

　　　这件衣服是满漂亮的。 이 옷은 아주 예쁘다.

2. 了

1 上了年纪，头发白了，皱纹也多了。

나이가 들어서 머리가 하얗게 세고, 주름도 많아졌어요.

어기조사 "了"는 상황의 변화나 어떤 사실이나 상황이 일어난 것을 인정하는 느낌을 나타낸다.

我以前不会上网，现在会了。

나는 이전에 인터넷을 할 줄 몰랐는데, 지금은 할 수 있다.

我现在能用中文写信了。 나는 지금 중국어로 편지를 쓸 수 있다.

一到秋天，树叶就红了。 가을이 되자마자 나뭇잎이 빨갛게 물들었다.

我不能去参加你的婚礼了。 나는 당신의 결혼식에 참가하지 못하게 됐다.

2 我觉得中国菜稍微油腻了些。 내 생각에 중국음식은 기름기가 좀 많아요.

어기조사 "了" 앞에 형용사를 써서 어떤 기준에 적합하지 않음을 나타낼 수 있다. "了" 뒤에 "(一)点儿", "(一)些儿" 등 정도를 표시하는 단어를 붙일 수 있다.

今天的菜咸了一点儿。 오늘은 반찬이 좀 짜다.

这件衣服大了些，换一件吧。 이 옷은 좀 크니, 다른 것으로 바꿔 주세요.

3 狼来了。 늑대다.

남에게 알리려는 어기, 재촉의 어기를 나타낸다.

车来了，快让开。 차 온다. 빨리 비켜.

我走了。 나 간다.

开演了。 (영화 따위가)시작한다.

吃饭了。 밥 먹자.

4 算了，算了，不跟你计较了。 관둬, 관둬, 너랑은 꼬치꼬치 따지진 않을거야.

어기조사 "了"를 종종 겹쳐서 사용하며 제지하는 의미를 나타낸다. 겹쳐서 상용되는 표현과 나타낸 의미는 다음과 같다.

够了，够了，不要再给了。 충분합니다. 그만 주세요.

好了，好了，别哭了。 됐어 됐어, 울지 마.

得了，得了，我已经知道了。 됐어 됐어, 난 이미 알고 있다.

行了，行了，别再说了。됐어 됐어, 더 이상 얘기하지 마.

3. 呢

这里的夏天才热呢。이곳의 여름이야말로 더워요.

"呢"는 단독으로 혹은 부사 "正在"나 동태조사 "着"와 호응하여 진행을 표시한다. 또한 부사 "才", "可", "还"와 호응하여 과장의 어기를 나타낸다.

别过去，那儿有人在照相呢。가지 마세요. 저기서 누가 사진을 찍고 있어요.

爸爸正在屋里看书呢。아버지는 집 안에서 책을 보고 계신다.

外边儿下着雪呢。밖에 눈이 내리고 있다.

今天可冷呢。오늘은 정말 춥다.

啤酒不好喝，我才不喝呢。맥주는 맛 없어서 난 안 마셔요.

别急，还早呢。서두르지 마세요, 아직 일러요.

4. 罢了

他不是不会说，只是不想说罢了。
그는 말을 못하는 것이 아니라, 말을 하고 싶지 않은 것일 뿐이다.

"罢了"는 부사 "不过", "只是"과 호응하여 '단지 ~ 에 지나지 않는다'라는 뜻으로 쓰인다.

没什么，只是着点儿凉罢了。별거 아니야, 감기에 좀 걸렸을 뿐이다.

我不过随便说说罢了，你可不要当真。
난 그냥 한번 말해 본 것 뿐이야, 사실이라 생각하지 마라.

她只是哭哭做个样子罢了，不是真难过。
그녀는 그냥 우는 시늉만 하는 것뿐이지, 진짜 슬픈 게 아니다.

5. 嘛

咱们都是自己人嘛，不要客气。우리는 절친한 사이잖아, 사양하지 말아라.

말하는 사람이 '이치가 이래야 하며 말할 필요가 없음', '당연하다'에 가까운 기분을 나타내며, '~잖아'에 상당한다. 또한 권고, 기대의 어기도 나타낸다.

我本来就不想去嘛。나는 원래 가기 싫어했잖아.

他是我的好朋友，我当然了解嘛。
그는 나의 친한 친구니, 당연히 그를 이해하죠.

你是读书人，应该懂这个道理嘛。
당신은 배운 사람이니까, 이 도리를 알아야 되잖아.

他已经知道错了，你就原谅他嘛。
그가 잘못을 이미 알고 있으니, 그를 용서하세요.

6. 吧

1 我好几天没见到她了，可能回娘家去了吧。

나는 며칠 동안 그녀를 못 봤는데, 아마 친정에 간 것 같아요.

추측을 표시한다.

有趣的事儿一定不少吧。재미있는 일이 틀림없이 많겠지요.

他哪天走的我也记不清了，上星期三吧。
그가 언제 갔었는지 나도 기억이 잘 나지 않지만, 지난 수요일인 것 같아요.

您是新来的吧。당신은 새로 오신 분이시지요.

2 就这样吧，我同意您的意见。그렇게 하자. 나는 당신의 의견에 동의한다.

동의를 나타낸다. "好吧", "行吧", "可以吧"는 동의를 나타내는 응답어로 쓰인다.

这次听你的吧。이번에 당신의 말을 들을게.

好吧，明天我来吧。좋다. 내일 내가 올게.

7. 呗

不懂就好好学呗。모르면 잘 배워야지.

어기조사 "呗"는 '이치가 간단하다, 길게 말 할 필요가 없다'는 뜻을 나타낸다. "嘛"와 비교하면 "嘛"에는 좀 정중한 느낌이 있지만, "呗"가 있는 문장은 보다 더 친근함을 주되 예의나 격식은 갖추지 못하는 문장이다.

想去就去，不想去就不要去呗。가고 싶으면 가고, 가기 싫으면 가지 말지 뭐.

没有钱就不要买呗。돈이 없으면 사지 말지 뭐.

没有车就用两条腿走呗。차가 없으면 두 다리로 걸어가지 뭐.

305

㊂ 명령문과 어기조사

전형적인 명령문은 "你走!", "坐下!"와는 달리, 어떤 어기조사도 쓰지 않는다. 어기조사를 쓰면 명령의 느낌이 완화되고, 때로는 권고의 의미도 가지게 된다. 명령문은 청구, 명령, 만류, 권고 등의 어기를 나타낸다. 명령문에 자주 쓰는 어기조사는 다음과 같다.

1. 了

你不要再难过了! 더 이상 상심하지 마세요.

"了"는 "不要", "别"와 어울려 진행하고 있는 동작을 중지하도록 요구한다.

您收下吧, 别客气了! 받으세요. 사양하지 마세요.

不要出去了, 天已经黑了。 나가지 마라, 날이 벌써 어두워졌다.

你喝了不少了, 别喝了! 너는 이미 많이 마셨으니, 마시지 말아라.

不要熬夜了! 밤샘하지 마라.

2. 吧

你去休息吧, 有事我叫你。 가서 쉬세요. 일이 있으면 당신을 부를게요.

어기조사 "吧"는 재촉, 청구, 권고, 명령의 어기를 나타낸다.

妈妈, 买给我吧! 엄마, 사주세요.

快走吧, 不然就赶不上火车了。 빨리 가자. 아니면 차를 놓칠 것이다.

老板, 再来一碗牛肉面吧! 아저씨, 소고기 국수 한 그릇 더 주세요.

有话就说吧! 할 말이 있으면 하세요.

进屋里坐吧! 들어오세요.

3. 啊

你不要吵啊! 떠들지 마라!

명령문에서 어기조사 "啊"는 명령, 당부, 금지는 물론, 어떤 일이 당연하다는 기분을 나타낸다. 어기조사 "啊"는 발음할 때, 그 앞에 이어진 음절의 맨 끝소리에 의해 음변화를 일으키며 글자로 쓸 때도 음변화에 따라 문자를 달리하며 쓴다. 예를 들어 이어진 음절의 맨 끝소리가 a, e, i, o, ü 일 경우 "啊"는 "呀"로 고쳐 쓰고 발음은 'ya'로 읽는다.

在学校可要听老师的话呀。학교에서는 선생님 말씀을 들어야 돼.

那不行啊! 그건 안돼!

听清楚啊，我不再说第二遍了。잘 들어, 난 두 번 얘기 안 한다.

小心点儿，别上当啊! 속임수에 당하지 않도록 조심하거라.

四 감탄문과 어기조사

감탄문은 과장, 감탄, 찬양의 어기를 나타낸다.

1. 了

你太过分了! 당신은 너무 해!

"了"는 "太"나 "极", "可" 등과 호응하여 감탄이나 과장의 어기를 나타낸다.

这儿的东西太贵了! 여기는 물건이 너무 비싸요.

那好极了! 그거 너무 좋다.

那个气球可大了。그 풍선은 얼마나 큰지.

她汉语说得可好了。그녀는 중국어를 아주 잘 한다.

2. 啊

这个孩子多懂事啊。이 아이는 정말 대견스러워!

어기조사 "啊"는 감탄의 어기를 나타낸다. 종종 부사 "多"와 함께 "多～啊!"의 형태로 사용된다.

嗬，人真多呀! 야, 정말 사람이 많군요!

时间过得多快呀! 시간은 정말 빠르게 지나가는구나!

这儿的风景多美呀! 이곳의 경치는 정말 아름답군!

大家快来看啊，这个西瓜长得多大呀!
다들 어서 와서 보세요. 이 수박이 얼마나 큰지!

307

✳ 잘못 쓰는 문장 길들이기

틀린문장1 这个小伙子瘦是瘦，可是很精神的。

　　이 문장은 문미에 어기조사 "的"를 사용하여 긍정, 확정의 어기를 나타내려고 한다. 이 젊은이는 말랐지만 꽤 씩씩하다는 뜻인데, "可是"는 접속사로서 앞의 '마르다'와 뒤에 '씩 씩하다'를 연결시킨다. 뒷분구의 술어는 쌍음절 형용사인 "精神"이다. 쌍음절형용사가 술 어로 된 문장의 문미에 어기조사 "的"를 사용하여 긍정, 확실한 어기를 표시할 때, 이 형용 사 앞에 부사 "怪", "挺", "够"는 쓸 수 있지만 "很"은 쓸 수 없다. 따라서 틀린문장1은 두 가 지 방법으로 고칠 수 있다. 어기조사 "的"를 삭제하거나 "很"을 "挺"로 바꾸는 것이다.

这个小伙子瘦是瘦，可是很精神。 이 젊은이는 마르긴 말랐지만 아주 힘이 넘쳐.

这个小伙子瘦是瘦，可是挺精神的。 이 젊은이는 마르긴 말랐지만 아주 힘이 넘쳐.

틀린문장2 上星期我很忙了，这个星期不忙。

　　앞 분구는 있는 사실을 서술하는 것이지 '변화'를 나타내지는 않기 때문에, "忙"에 "了" 를 붙일 필요는 없다. 지난 주는 바빴었는데, 이번 주는 안 바쁘다는 것은 변화를 나타내 는 것이기 때문에 문미에 상황의 변화를 나타내는 "了"를 붙여야 한다.

上星期我很忙，这个星期不忙了。

지난 주에 나는 매우 바빴었는데, 이번 주는 안 바쁘다.

틀린문장3 对我来说，这个问题简直太难。

　　"太"나 "极", "可" 등이 감탄이나 과장의 어기를 나타낼 때, 뒤에는 항상 "了"가 나와서 호응해야 한다.

对我来说，这个问题简直太难了。 나에게 이 문제는 정말 너무 어려워요.

틀린문장4 我本来只打算参加这次的晚会罢了，后来因为有事没去成。

　　실현되지 않은 계획에 "罢了"를 쓰면 안 된다.

我本来打算参加这次的晚会，后来因为有事没去成。

나는 원래 이번 파티에 참가하고 싶었지만, 나중에 일이 생겨서 못 갔다.

틀린문장5 您不想去就不要去呗。

　　틀린문장5의 주어는 "您"이지만 어기 조사는 "呗"를 썼다. 어기조사 "呗"는 '이치가 간단하다'는 뜻을 나타내는 데에 "嘛"와 같다. 하지만 "嘛"의 어기는 정중한 반면에 "呗"가 있는 문장은 예의 격식을 갖추지 못하는 문장이다. 따라서 어기조사를 "嘛"로 고쳐야 한다.

您不想去就不要去嘛。 당신은 가기 싫으면 가지 마세요.

틀린문장6 既然车子坐不下这么多人，我就不去。
틀린문장6-1 韩国的春天温差很大，所以我常常感冒了。

　　틀린문장6은 "我"가 어떤 곳으로 가기로 했는데, "车子坐不下这么多人"이기 때문에 생각을 바꿔서 안 가기로 한 것이다. 후반부에 안 가기로 하는 것은 새로운 상황을 나타내는 것이기 때문에 문장 끝에 어기조사 "了"를 붙여야 한다. 틀린문장6-1은 문장 중에 "常常"이 있어서 항상 있어 온 상황인 것을 알 수 있다. 따라서 조사 "了"를 붙일 수 없다.

既然车子坐不下这么多人，我就不去了。
어차피 차에 이렇게 많은 사람이 탈 수 없으니 나는 안 갈게요.

韩国的春天温差很大，所以我常常感冒。
한국의 봄은 기온차가 매우 심하기 때문에 나는 자주 감기에 걸려요.

틀린문장7 你快说，不然我就生气。
틀린문장7-1 就买这些吧，再买就拿不动。

　　틀린문장7은 상대방에게 어떤 행동을 요구하여 그렇게 하지 않을 경우 바라지 않은 결과가 꼭 나타날 것이다라는 것을 알리는 문장이므로 문장 끝에 어기조사 "了"가 있어야 한다. 틀린문장7-1도 마찬가지로 상대방에게 어떤 행동을 계속 해 나가면 어떤 좋지 않은 결과를 낳을 것이라는 것을 알리는 문장이므로 문장 끝에 어기조사 "了"가 있어야 한다.

你快说，不然我就生气了。 빨리 말해, 안그러면 난 화 낼 거야.

就买这些吧，再买就拿不动了。 이 만큼만 사자. 더 사면 가지고 가지 못할 거야.

틀린문장8 我已经够忙，别再来烦我。

　　부사 "够"는 형용사 앞에 나와 어느 표준에 도달하거나 정도가 매우 높다는 것을 진술할 때 문장 끝에 어기조사 "的" 혹은 "了" 혹은 "的了"를 붙여야 한다. 뒷 분구에서도 "别"가 금지를 뜻할 때 마찬가지로 문장 끝에 어기조사 "了"가 있어야 한다.

我已经够忙的了，别再来烦我了。 안그래도 바빠 죽겠으니, 나를 그만 귀찮게 해라.

✱ 연습문제

一 다음 문장을 괄호 안에 제시된 어기조사를 이용하여 중작해 보시오.

1. 이 일은 내가 잘 처리할 겁니다. (的)

2. 좋아요. (的)

3. 안심하세요. 당신은 붙을 거예요. (的)

4. 나는 당신의 의견에 찬성입니다. (的)

5. 이 옷은 너무 빨갛다. (太 ~ 了)

6. 저녁에 나는 일이 있어서, 파티에 참가하지 못하게 됐다. (了)

7. 봄이 왔어요. (了)

8. 나는 해야할 일을 했을 뿐이다. (不过 ~ 罢了)

9. 몇 글자 잘못 쓴 것 뿐이니, 고치면 된다. (只是 ~ 罢了)

10. 사람이 많으면 힘이 크잖아. (嘛)

11. 중국어 아주 어렵지요. (吧)

12. 그래요. 우리 시도해 봅시다. (吧)

13. 네가 꼭 가야겠다면 가거라. (呗)

14. 자전거를 탈 줄 모르면 배우면 되지. (呗)

15. 찾지 마세요, 당신의 사진은 책상 위에 있어요. (别 ~ 了)

16. 그 영화는 참 재미있어요. (可 ~ 了)

17. 중국에 올 수 있어서 나는 정말 기뻐요. (太 ~ 了)

18. 너무 늦었어요. (太 ~ 了)

19. 정말 열심히 해야 돼. (啊)

20. 앉으세요. (啊)

二 다음 문장의 틀린 부분을 고치시오.

1. 平原多么广阔的！

2. 我喜欢吃鱼，因为韩国的周围都是海的。

3. 书包里装着书、本子、铅笔盒的。

4. 事情还没有办成了。

5. 那件事是去年暑假发生了。

6. 明天就要考试呢。

7. 在中国，我觉得什么都是新鲜了。

8. 下个月我要结婚，所以现在很忙。

9. 这儿的生活我还没习惯了。

10. 作业还没做完，可是我该去练琴。

26 你不认识她吗?

一 어기조사의 문장 중간에 쉼을 표시

어기조사는 문미 뿐만 아니라 문장 중간 쉬는 곳에도 쓰여 상대방의 주의를 환기시키거나 예를 들거나, 어떤 상황을 가정하려는 등 여러가지 뜻을 나타낸다. 문장 중간에 자주 쓰는 어기조사는 "啊","吧","呢","么" 등이 있다.

1. 啊

是水果我都喜欢，什么苹果啊，香蕉啊，桔子啊都好。
과일이면 나는 다 좋아해요. 사과, 바나나, 귤 다 좋아요.

어기조사 "啊"는 문장에서 열거를 나타낼 수 있다. 이때 앞에 이어진 음절의 맨 끝소리에 상관 없이 다 "啊"로 쓴다. 또한 "啊"는 문장에서 말하는 사람이 주저할 경우에도 쓰인다.

我对中国的社会啊，政治啊，经济啊都感兴趣。
나는 중국의 사회, 정치, 경제에 다 관심이 있다.

我啊，今天啊，心情不太好。 나, 오늘 말이야, 기분이 별로 안 좋아.

这件事啊，我也不知道怎么办才好。
이 일 말인데, 나도 어떻게 해야할 지 모르겠어요.

2. 吧

就拿小王来说吧，他就是典型的上海人。
샤오 왕으로 말하자면 그야말로 전형적인 상하이 사람이다.

어기조사 "吧"는 문장 가운데에 열거의 뜻도 나타낸다. 이럴 때는 "就拿 ~ 来说吧", "譬如 ~ 吧", "举例来说吧", "就说 ~ 吧"의 문형이 자주 쓰인다. 또한 정반 가정문에 쓰여 이러지도 저러지도 못하는 진퇴양난에 빠진다는 뜻도 가진다.

譬如周休二日吧，明年实施是早了点。
주 5일 근무를 가지고 말하자면, 내년 실시는 좀 시기 상조이다.

韩国有很多好玩儿的地方，就说汉城吧，有爱宝乐园，乐天世界，景福宫什么的，都值得一去。

한국은 재미있는 곳이 많아, 서울을 놓고 말하자면 에버랜드, 롯데월드, 경복궁 등등 다 가 볼만해.

去吧，得花上一天的时间，不去吧，又说不过去。

가자니, 시간을 하루 소모해야 되고, 안 가자니 인정상으로 말이 안된다.

告诉她吧，怕她不高兴；不告诉她吧，她又一个劲儿地问，真伤脑筋。

그녀에게 말하자니, 그녀가 기분 나빠할까봐 겁나고, 말하지 말자니, 그녀가 계속 묻고, 정말 골치 아프네.

3. 呢

我反对这个计划，一来呢，经费不足，二来呢，人手不够。

나는 이 계획을 반대한다. 첫째, 경비가 부족하고 둘째, 일손이 모자란다.

> 어기조사 "呢"는 문장에서 잠시 문맥을 끊어 말하는 사람의 관점을 해석, 원인을 설명하는 뜻을 나타낸다.

他说他忙，没空儿去，实际上呢，是他根本不想去。

그는 바빠서 갈 시간이 없다고 하는데, 사실 그는 전혀 가고 싶어하지 않는다.

你喜欢呢，就买；不喜欢呢，就别买。좋으면 사고, 안 좋으면 사지 마.

4. 嘛

这个问题嘛，其实很简单。이 문제는 실은 아주 간단하다.

> "嘛"는 문장 중간에 쉬는 곳에 써서, 때로는 상대방의 주의를 환기시키기 위해, 때로는 말하는 사람이 다음에 어떻게 말할까를 고려하기 위해 쓰인다.

我在中国住了十年，所以嘛，可算是个中国通。

나는 중국에서 십년 동안 살았다. 그러니까 중국통이라고 볼 수 있다.

我这么做的原因嘛，主要有以下几个 : …

내가 이렇게 하는 이유는, 주로 다음과 같다.

(二) 의문문

간단한 진술문은 거의 문장 끝의 억양을 올리가만 해도 의문문으로 만들 수 있다. 예를 들어 "下雨了" 이 말은 어조에 따라 긍정적인 진술문이 되기도 하고 의문문이 되기도 한다. 이런 억양에 의존한 의문문은 주로 친한 사람과의 일상적인 회화에 자주 사용한다. 중국어에서의 의문형식은 모두 네 가지가 있다. (一) 문말 어기조사 의문문 (二) 의문사의문문 (三) 정반의문문 (四) "是～还是～"로 만든 선택 의문문이다. 그 이외에 강조의 의미를 표시하는 반어문도 있다.

1. 문말 어기조사 의문문

1 吗

(1) A : 你不吃饺子吗? 당신은 만두를 안 드세요?

　B : 不，我吃。/ 嗯，我不吃。 아니요, 난 먹어요. / 네, 안 먹어요.

　A1 : 你见到小王了吗? 당신은 샤오 왕을 봤어요?

　B1 : 没有，没见到。 / 见到了。 아니요, 못 봤어요. / 봤어요.

진술문의 문미에 "吗"를 더하면 의문문이 되어 의문을 제기한다. 이런 의문문은 긍정형식일 수도 있고 부정형식일 수도 있다. "吗"를 사용한 의문문은 시비(是非)를 묻는 의문문이므로 이에 대답할 때 의문문이 나타내는 뜻에 동의하면 "嗯", "对", "是的" 등을 사용하며, 동의하지 않으면 "不", "没有" 등을 사용한다.

　A : 你不喜欢这本书吗? 당신은 이 책을 안 좋아해요?

　B : 是的，我不喜欢。 / 不，我很喜欢。 네, 안 좋아해요. / 아니요, 좋아해요.

　A1 : 你去过上海吗? 당신은 상하이에 가 본 적 있어요?

　B1 : 去过两次。 / 没有去过。 두 번 가 봤어요. / 가 본 적 없어요.

(2) 我们下午一起去打保龄球，好吗?
　　우리 오후에 같이 볼링 치러 가는 게 어때요?

먼저 자신의 의견이나 추측을 제시한 후, 상대방의 의견을 확인할 경우, 문장 끝에 "好吗", "行吗", "可以吗", "对吗", "怎么样" 등 부가의문문을 쓸 수 있다. 대답은 각각 "好 / 不好", "行 / 不行", "可以 / 不行", "对 / 不对" 등을 사용한다.

A : 你的自行车借我骑骑，行吗? 당신 자전거를 내가 좀 타도 괜찮아요?

B : 行，你骑吧。/ 不行，我马上要出门了。
　　괜찮아요. 타세요. / 안돼요, 저 곧 나갈 거예요.

A : 这本小说我拿回去，可以吗? 이 소설 내가 집으로 가지고 가도 돼요?

B : 可以，你拿走吧。/ 不行。(不可以는 강한 부정의 표현이다).
　　네, 가지고 가세요. / 안돼요.

2. 呢

(1) 现在几点(呢)? 지금 몇 시예요?

어기조사 "呢"로 의문을 나타낼 때는, 대개 문장 안에 의문을 나타내는 의문대명사가
있다. 문장의 의문기능은 주로 의문대명사가 담당하기 때문에 "呢"를 생략할 수 있다.

你是怎么来的(呢)? 당신은 어떻게 왔어요?

你找谁(呢)? 누구를 찾으세요?

(2) A : 我的眼镜呢? 내 안경 어디에 있지?
　　B : 在桌上。책상 위에 있어요.

어떤 경우에는 의문대명사를 쓰지 않고, 명사, 대명사 뒤에 "呢"만을 써서 의문을 나타
낼 수도 있다. 이런 의문문은 대화할 때 가장 처음 한 말이 " ~呢"이면 '~는 어디에 있느
냐'를 묻는 것이고, 다른 말을 하다가 "~呢"를 물으면 '~는 어떠냐'를 묻는 뜻이다. 이것
은 문맥을 통해서 알 수 있다.

A : 你的课本呢? 책은 어디 있니?

B : 没有带来。안 갖고 왔어요.

A1 : 我去图书馆看书，你呢? 나는 도서관에 공부하러 가는데, 당신은요?

B1 : 我不想去。나는 안 가요.

3. 吧

她也许已经走了吧? 그녀는 아마 벌써 갔겠죠?

구조상으로 볼 때 "吧" 의문문과 "吗" 의문문은 모두 문장 끝에 의문조사 하나를 첨가
하면 바로 진술문에서 의문문으로 바뀌게 된다. 하지만 "吧" 의문문은 질문만이 아니라
추측의 어기도 담고 있다. 따라서 의문문에 "可能", "大概", "也许"와 같은 추측을 나타내

는 부사가 있으면 의문문 끝에 "吧"만 쓸 수 있고 "吗"는 쓸 수 없다.

你大概是新搬来的吧? 당신은 새로 이사 오신 분이시지요?

我们以前见过面吧? 우리 예전에 만난 적 있었지요?

4. 啊

谁啊? 누구세요?

진술문의 문말에 "啊"를 쓰면 의문문으로 바뀌게 된다. "啊"는 의문의 어기를 완화시킨다. 어기조사 "啊"는 발음할 때, 그 앞에 이어진 음절의 맨 끝소리가 'n'이면 "啊"는 "哪"로 고쳐 쓰고 발음은 'na'로 읽는다. "啊"가 만약 어기조사 "了" 뒤에 쓰이면 "了"와 한 음절로 합해져서 'la'라 읽고, "啦"로 쓴다.

小姐, 你到底买不买啊? 아가씨, 도대체 살래요 안 살래요?

你什么时候有空儿啊? 당신은 언제 시간 있어요?

咱们什么时候见面哪? 우리는 언제 만나지?

你昨天去哪儿啦? 당신은 어제 어디 갔었어요?

2. 의문대명사의문문

질문을 할 때, 상대방에게 '예', '아니요'와 같은 긍정이나 부정의 대답만 요구하는 것이 아니고, 설명하는 대답을 요구할 경우가 있다. 이런 경우에 의문문의 어순은 서술문의 어순과 같으며 묻고자하는 부분을 의문대명사로 대체하여 의문을 제기하면 된다. 중국어의 의문대명사는 다음과 같다.

谁明天不能来? 내일 못 오는 사람은 누구죠?

你在想什么? 당신은 무엇을 생각하고 있어요?

你是哪个学校的学生? 당신은 어느 학교의 학생이예요?

你上哪儿? 어디 가세요?

你什么时候回来? 당신은 언제 돌아올 겁니까?

乌龟怎么养? 거북이는 어떻게 기르지?

你怎么老不交作业? 너 왜 늘 숙제를 안 내는 거지?

你为什么不吃? 너는 왜 안 먹니?

你觉得中国怎么样? 당신은 중국을 어떻게 생각하세요?

这个多少钱? 이것은 얼마예요?

你家有几口人? 당신 집은 식구가 몇명입니까?

위의 예문에서 보는 바와 같이 중국어의 의문대명사로는 "谁"(누구), "什么"(무엇), "哪"(어느), "哪儿"(어디), "什么时候"(언제), "怎么"(어떻게), "为什么"(왜), "怎么"(어찌하여), "怎么样"(어때요), "多少"(얼마), "几"(몇) 등이 있다.

3. 정반의문문

정반의문문은 질문하는 사람이 술어에 동사나 형용사의 긍정형과 부정형을 병렬하여, 대답하는 사람이 그 중 하나를 선택해 대답하는 의문문 형태이다.

(1) 你看不看? 당신은 봅니까 안 봅니까?

정반의문문은 문미에 의문조사 "吗"를 쓸 수 없으나 "呢", "啊" 등은 쓸 수 있다.

这件衣服贵不贵呢? 이 옷은 비싸요?

这种牌的洗衣机好不好啊? 이 회사의 세탁기는 좋아요?

(2) 你吃不吃烤肉串儿? (你吃烤肉串儿不吃?) 당신 고기 꼬치 먹을래요?

동사술어문의 동사 뒤에 목적어가 있으면 정반의문문은 보통 두 가지 형식으로 표현할 수 있다. 술어 동사의 긍정형과 부정형을 병렬한 후 뒤에 다시 목적어를 수반하는 형식과, 긍정형에만 목적어를 수반하여 부정형에 목적어를 수반하지 않는 형식이다.

你今天有没有时间哪?(你今天有时间没有啊?) 당신 오늘 시간 있어요?

他喜欢不喜欢打篮球?(他喜欢打篮球不喜欢?) 그는 농구하는 걸 좋아합니까?

(3) 我们明天去看京剧是不是? 우리는 내일 경극 보러 가죠, 그렇죠?

질문자가 어떤 사실에 대하여 어느 정도 확정적인 추측을 하고 있으면서 상대방에게 자신의 예상에 대한 확인을 구하려 한다면 "是不是"의문문으로 물을 수 있다. "是不是"는 술어 앞에 놓일 수도 있고 문두나 문미에 놓일 수도 있다.

你是不是找我? / 是不是你找我? / 你找我是不是?
당신 나 찾았죠. 그렇죠?

他是不是对我有意见? / 是不是他对我有意见? / 他对我有意见是不是?

그는 나에게 불만이 있어요. 그렇죠?

4. (是) ~ 还是 ~ 선택의문문

선택의문문은 질문하는 사람이 선택해야 하는 두 종류 이상을 "(是) ~ 还是 ~"또는 "(是) ~ (还是) ~ 还是 ~"로 병렬하여, 대답하는 사람이 그 중의 하나를 선택하도록 하는 것이다. 이런 선택의문문 문미에 의문어기조사 "呢"를 써도 되고 안 써도 된다.

咱们是走着去呢，还是坐车去?

우리는 걸어서 갈 건가요, 아니면 차 타고 갈 건가요?

你想吃饭，吃面，还是吃饺子?

당신은 밥을 먹고 싶어요, 국수를 먹고 싶어요, 아니면 만두를 먹고 싶어요?

5. 반어문

반어문의 형식은 의문문이지만 대답을 요구하지 않으며, 이는 하나의 명확한 사실에 대하여 긍정이나 부정의 반문어기를 가함으로써 어감을 강하게 한다. 부정형의 반어문은 긍정적인 표현을 강하게 하고, 긍정형의 반어문은 부정적인 표현을 강하게 한다. 반어문은 어감이 강하기 때문에 공손하게 예의를 갖춘 문장은 아니므로, 사용할 때에 때와 장소를 잘 가려야 한다. 반어문 뒤에는 물음표를 쓸 수도 있고, 느낌표를 쓸 수도 있다. 자주 쓰는 반문문의 형식은 다음과 같은 것들이다.

1 难道 ~，难道 ~不成

难道连你也相信他? 설마 당신까지 그를 믿어요? (그를 믿지 말아야 되는데)

干嘛非让我去，难到别人去就不成?
왜 꼭 내가 가야 돼? 다른 사람이 가면 안 돼?

2 还 ~ 吗

管吃，管住，你还不满意吗?
숙식이 다 무료인데도 당신은 만족하지 않나요? (당신은 만족해야 돼)

三百块钱你还嫌贵吗? 300위엔도 비싸다고요? (300위엔이면 아주 싼 편이지)

3 不是 ~ 吗

你不是去过北京吗? 给我们介绍介绍吧。
당신은 베이징에 가지 않았어요? (당신은 베이징에 갔으니까) 우리에게 소개 좀 해 주세요.

我昨天不是说过了吗? 내가 어제 말했잖아요? (당신은 알고 있어야 한다.)

4 哪儿，哪里，怎么

汉语哪儿难啊? 韩语才难呢!
중국어가 뭐가 어려워요? (중국어는 쉬워요) 한국어야말로 어려워요.

她哪里漂亮? 그녀가 어디가 예뻐요? (그녀는 안 예뻐요.)

我怎么知道她在想什么?
그녀가 무엇을 생각하고 있는지 내가 어떻게 알아요? (나는 모른다.)

5 ~ 不 ~ , 의문대명사 ~?

你不知道，谁知道? 당신이 모르면 누가 알아요? (당신은 알고 있다.)

现在不说，什么时候说? 지금 말 안 하면 언제 할 거예요? (지금 말해야 한다.)

这个不吃，那你想吃什么? 이걸 안 먹으면 뭘 먹고 싶어요? (이거 먹어라.)

6 有什么

那有什么了不起? 그게 뭐가 대단해요? (그것은 대단하지 않다.)

美国有什么好! 미국이 뭐가 좋냐? (미국은 안 좋다.)

我这么说有什么不对吗? 내가 이렇게 말하는 게 뭐가 틀렸어요? (내 말이 맞다.)

✳ 잘못 쓰는 문장 길들이기

틀린문장1 鱼，虾，螃蟹啊，尽是海味。

어기조사 "啊"는 문장 중간에 쓰여 열거를 표시할 때, 각 나열된 것의 뒤에 붙여야 한다. 여러 가지를 나열할 경우에는 "什么的"의 형식을 취하여 나열된 내용의 맨 뒤에 붙여도 된다.

鱼啊，虾啊，螃蟹啊，尽是海味。 생선, 새우, 게는 다 해산물이다.

鱼，虾，螃蟹什么的，尽是海味。 생선, 새우, 게 등은 다 해산물이다.

틀린문장2 今天星期几吗?

의문대명사가 있는 의문문에서 문장 끝에 의문어기조사를 붙이려면 "呢"를 써야 한다. "吗"를 써서 "你想喝点儿什么吗?"라고 표현할 수도 있지만, 여기서 "什么"는 의문대명사가 아니라 뭔가의 불특정한 대상을 대신하는 의미이기 때문에, 문미에 "吗"를 쓰면 '당신은 뭔가 좀 드시고 싶으세요?'라는 의미를 나타낸다.

今天星期几呢? 오늘은 무슨 요일이에요?

틀린문장3 这本刚刚出版的书，你读完了嘛?

어기조사 "嘛"는 문장에서 여러 뜻을 나타내지만 의문을 제기할 수 없다.

这本刚刚出版的书，你读完了吗? 나온지 얼마 안 된 이 책, 당신은 다 읽었어요?

틀린문장4 你去买些水果来，桔子呢，梨呢，香蕉呢，多买几样来。

열거를 표시할 때 어기조사 "啊"를 써야 한다.

你去买些水果来，桔子啊，梨啊，香蕉啊，多买几样来。
과일을 좀 사와라. 귤, 배, 바나나 같은 것들 여러 가지 사와.

틀린문장5 你喝汽水或者牛奶?

접속사 "还是"는 그 앞의 "不论", "不管"과 호응하여 '~하든 ~하든 언제나/항상'이라는 뜻을 나타낼 때, 즉 언급한 조건의 영향을 받지 않음을 나타낼 때는 "或者"와 바꿔 쓸 수 있다. 예를 들어 "不管朝南还是(或者)朝北的房子都是一个价钱。" 하지만 선택의문문일 경우에는 "还是"만 쓸 수 있다. 따라서 틀린문장5에 대답할 때, '사이다나 우유나 다 괜찮다.'라고 대답하려면 "汽水还是(或者)牛奶都可以"라고 대답하면 된다.

你喝汽水还是牛奶? 사이다를 마실래요, 아니면 우유를 마실래요?

틀린문장6 **我看起来，下去乡下看看好。**

　　한 사실에 대한 개인적인 의견을 피력할 경우에는 문장 맨 앞에 "**我看**"을 붙인다. ' 사람 + **看起来**'는 그 사람이 다른 사람의 눈에 어떤 모습 혹은 모양으로 비친다는 뜻이 된다. 또 한국어는 고향을 시골로 표현하고 시골로 내려간다는 표현을 많이 쓰는데, 그렇다고 "**下去乡下**"라고 하면 잘못된 표현이 된다. 시골에 내려간다는 말은 중국어로 "**回老家**"로 표현한다. 틀린문장6의 경우는 몇 가지의 상황을 비교했을 때 "**回老家**"를 결정하여 선택 하는 것이 낫다는 의미를 나타내기 때문에 문장에 "**还是**"를 삽입해야 한다. "**还是**"는 서술 문에 쓰여 몇 가지의 일, 몇 가지 종류의 물건을 비교한 후 그들 중 하나를 결정하여 선택 함을 의미한다.

　　我看，还是回老家看看好。 내 생각엔 시골에 내려가보는 것이 낫겠다.

틀린문장7 **你的牛仔裤已经够多了，何苦再买?**

　　부사 "**何必**"과 "**何苦**"는 다 반어문을 만들지만 "**何必**"는 '그럴 필요 없다'는 뜻이고 "**何苦**" 는 '그럴 가치가 없다'는 뜻이다.

　　你的牛仔裤已经够多了，何必再买?
　　당신 지금도 청바지가 충분히 많은데, 더 살 필요 있겠어요?

✱ 연습문제

一 다음을 중작하시오.

1. 당신은 무협소설을 좋아합니까? (吗)

2. 여러분 모두 서로 다 알지요? (吧)

3. 어디 가서 이 많은 사람들을 구해와요? (呢)

4. 차사고가 났다는데 그들은 다치지 않았지요? (吧)

5. 모두 다 나를 기다리고 있나요? (吗)

6. 우리 내일 뭐 하지요? (什么)

7. 당신 부인은 어느 직장에 다닙니까? (哪儿)

8. 당신네 집은 언제 저녁 식사를 합니까? (什么时候)

9. 그는 왜 기분이 안 좋은 겁니까? (为什么)

10. 그들은 어떻게 온 것입니까? (怎么)

11. 이 집은 어때요? (怎么样)

12. 이런 차는 얼마나 빨리 달립니까? (多)

13. 모두 몇 명이 왔어요? (多少)

14. 어떤 것이 쌉니까? (哪)

15. 당신은 어제 낱말 몇 개를 외웠어요? (几)

16. 너 갈래 안 갈래? (要不要)

17. 당신은 영화를 볼래요, 안 볼래요? (看不看)

18. 우리 내일 떠나는게 맞죠? (是不是)

19. 우리는 커피를 마실 건가요 아니면 차를 마실 건가요? (是 ~ 还是)

20. 당신은 빨간색인 것을 좋아해요, 하얀색인 것을 좋아해요, 아니면 회색인 것을 좋아해요? (还是)

二 다음 문장의 틀린 부분을 고치시오.

1. 事实难道不是最好的证明嘛?

2. 我现在口语没有问题，但是写还是念有问题。

3. 你觉得(是)这本书好，或者那本书好?

4. 你是不是韩国留学生吗?

5. 我想买点儿青菜还是水果。

6. 你的同屋是日本人或者中国人?

7. 你又把车给买了，这是何必呢?

8. 她说的不对，你说的也何必全对。

9. 都是自己人，何苦这么客气。

10. 你何苦什么，这么怕考试。

27 복합문 연습(一)这里的饭菜既经济，又实惠

一 복합문의 특징과 유형

우리는 언어를 사용해 자신의 의사를 전달하려고 할 때 때로는 좀 복잡하고 다양한 의미와 논리 관계를 표현하려고 한다. 이 때는 복합문을 쓰게 되는데 복합문은 두 개 혹은 두 개이상의 의미관계가 밀접한 단순문을 엮어서 구성된 문장을 가리킨다. 복합문 속의 단순문을 분구(分句)라고 한다.

복합문을 구성하는 각 분구 사이에는 연결어를 이용하여 분구 간의 의미관계를 명확하게 표시할 수 있다. 이 고리역할은 접속사, 일부 부사, 접속사와 부사를 연용한 것과 부사와 부사를 연용한 것, 그리고 "一面", "一边"과 같은 연결 기능을 갖는 어휘 등이 맡고 있다. 하지만 때때로 특히 구어의 경우는 연결어 없이 분구들이 앞뒤로 배열되어도 복합문을 구성할 수 있다. 예를 들어 "(因为)人太多，(所以)我们不去了"와 같은 문장이 바로 연결어가 없는 복합문이다. 이런 연결어 없는 복합문은 내용이 단순하거나 앞 뒤 문맥을 통해 뜻히 명확히 전달될 수 있을 경우에만 가능하다. 대부분의 복합문은 연결어를 사용해야만 분구와 분구 사이의 의미 관계를 표시할 수 있고 연결어를 제거하면 분구와 분구가 연결될 수 없다.

분구와 분구 사이에는 의미상 일정한 상관관계가 있지만 서로 독립적이며, 쉼표(,)를 찍는다. "大家都知道，他是个好人"(그가 좋은 사람인 것은, 다들 알고 있다.) 이 문장은 언뜻 복합문처럼 보일지 모르지만 이것은 "他是个好人"이 동사 "知道"의 목적어라는 문장성분이 되며 복합문이 아니라 단순문이다.

복합문의 유형은 분구 사이의 의미가 동등한 관계를 갖고 서로 수식하거나 설명하지 않은 연합(联合)관계 유형과 의미의 비중이 한쪽으로 치우치는 편정(偏正)관계 유형의 두 가지로 나눌 수 있다.

㈜ 연합(联合)복합문

연합(联合)복합문의 분구와 분구 사이의 의미 상관관계는 매우 다양하지만 대표적인 것들은 다음과 같다.

1. 병렬관계

각 분구는 몇 가지 일이나 상황에 대하여 각각 무엇인가를 서술하거나 한 사물의 여러 측면을 설명하여 묘사하는 것이다. 이런 경우 분구와 분구 사이에 연결어를 쓰지 않아도 된다.

> 他喜欢看电视，我喜欢听音乐。
>
> 그는 텔레비전을 보는 것을 좋아하고, 나는 음악을 듣는 것을 좋아한다.

> 小美坐公共汽车去，小玲英骑车去，我搭老王的车去。
>
> 샤오 메이는 버스를 타고 가고, 샤오 링은 자전거를 타고 가고 나는 라오 왕의 차를 타고 간다.

병렬관계 복합문에 자주 쓰는 연결어는 다음과 같다.

1. ~，也 ~ : ~ 하고 ~ 도(하다)

> 这里的交通很方便，物价也很便宜。
>
> 이곳은 교통이 매우 편리하고, 물가도 아주 싸다.

> 这儿有家速食店，那儿也有家速食店。
>
> 여기에 패스트푸드점이 하나 있고, 저기에도 패스트푸드점이 하나 있다.

2. (又)~，又 ~ : 하고, 또 ~ 하다

> 他又会弹钢琴，又会拉小提琴，很有才华。
>
> 그는 피아노도 칠 줄 알고, 바이올린도 킬 줄 알고, 재주가 많다.

> 他是我的老师，又是我的朋友。 그는 나의 선생님이자 친구이다.

325

3. 既 ~, 又 / 也 ~ : ~ 하고(이고), 또 ~하다(이다)

他既有学问，又有丰富的经验。 그는 학식도 있고 풍부한 경험도 있다.

考完期末考，我心里既轻松又不免有点儿紧张。
기말 시험을 다 보고 나니 후련하기도 하고 또 어쩔 수 없이 좀 긴장이 되기도 한
다.

他既没来过我这儿，我也没去过他那儿，每次我们都是在公园见面。
그도 나한테 온 적이 없고, 나도 그한테 간 적이 없다. 우리는 매번 공원에서 만난다.

学习汉语，既要练习听和说，也要练习看和写。
중국어를 배우려면 듣기와 말하기도 연습해야 하고, 읽기와 쓰기도 연습해야 한다.

4. 一边 ~, 一边 ~(一面 ~ 一面 ~) : ~ 하면서 ~하다

몇 가지 동작이 동시에 진행되고 있음을 나타낸다. "一边"의 "一"자를 생략하여 "边 ~
边 ~"의 형식으로 바꿔 써도 되지만 분구의 주어가 반드시 같아야 한다. "一"가 생략된
후에 단음절 동사와 조합되면 중간에 쉬지 않는다.

我喜欢一边听音乐，一边做饭。你呢?
나는 음악을 들으면서 밥을 하는 것을 좋아한다. 당신은요?

咱们边吃边说吧。우리 먹으면서 얘기 합시다.

老师一面讲，一面在黑板上写。선생님은 말씀하시면서 칠판에 쓰신다.

我在这里一边工作，一边学习。나는 여기서 일하며 공부한다.

5. 一方面 ~, (另)一方面 : 한편으로는 ~하고, 다른 한편으로는 ~하다

서로 관련 있는 두 사물을 잇거나, 한 사물의 두 측면을 나타낸다.

为了改善生活，我们一方面要开源，一方面要节流。
생활을 개선하기 위해 우리는 수입을 증대시키는 한편 지출을 줄여야 한다.

他一方面安慰家属，另一方面派人去医院打听情况。
그는 한편으로는 가족들을 위로하고, 다른 한편으로는 병원으로 사람을 보내 상황
을 알아보았다.

6. 不是 ~ 而是 ~ : ~이 아니라 ~이다

앞과 뒤가 서로 대조를 이루는 것을 나타낸다. 두 분구의 주어가 다를 때는 "不是", "而是"모두 주어 앞에 두어야 한다.

我不是不想去，而是真的没有时间。
나는 가고 싶지 않은 것이 아니라, 정말로 시간이 없다.

昨天来买汽水的不是他，而是他弟弟。
어제 사이다를 사러 온 사람은 그가 아니라 그의 동생이다.

妈妈骂你，不是不喜欢你，而是为了你好。
어머니가 너를 야단치신 것은 너를 싫어해서가 아니라, 니가 잘 되기를 위해 그러신 것이다.

2. 연계관계

각 분구는 연속 발생한 몇 가지 동작이나 몇 가지 일을 순서에 따라 서술한 것으로 각 분구의 순서는 일정한 것이어서 바꿀 수 없다.

연계관계 복합문에 자주 쓰는 연결어는 다음과 같다.

1. (先) ~, 然后 ~ : 먼저 ~하고 나서 ~하다.

请大家先讨论一下，然后再做决定。
모두들 우선 토론을 좀 하고 나서, 결정하자.

我们先参观果园，然后访问果农。
우리는 먼저 과수원을 참관하고 나서, 농가를 방문한다.

我们先复习旧课，然后上新课。
우리 배운 과를 먼저 복습한 다음에 새 과를 공부하자.

2. 刚 ~, 就 ~ : 막 ~, 바로 ~

我刚进门，电话就响了。 내가 들어오자마자, 전화벨이 울렸다.

他刚走，你就来了。 그가 막 가자마자 네가 왔구나.

天刚亮，爸爸就出去了。 날이 밝자마자, 아버지가 나가셨다.

3. 一 ~ 就 ~ : ~하자마자 바로 ~하다

앞뒤 두 동작이 연달아서 발생함을 나타낸다. 때로는 뒷 동작이나 상황이 앞 동작에 의해 필연적으로 생겨남을 나타낼 수도 있다.

除夕夜一过十二点大家就放鞭炮。
그믐날 밤 12시가 지나자마자 모두 폭죽을 터뜨렸다.

一下飞机，我就到你这儿来了。
비행기에서 내리자마자 나는 곧장 당신에게로 왔다.

游泳池一开，咱们就去游泳。 수영장 문을 열자마자 우리 수영하러 가자.

昨天晚上我一躺下就睡着了。 어젯밤 나는 눕자마자 잠이 들었다.

春天一到，迎春花就开了。 봄이 되면 개나리가 핀다.

人一老，手脚就不灵活了。 사람이 늙으면 손발이 말을 듣지 않는다.

4. 于是 : 그리하여

爸爸不断地鼓励我，于是我又恢复了信心。
아버지께서 나에게 계속 용기를 불어넣어 주셔서 나는 다시 자신감을 회복했다.

导游告诉我们，西湖到了，于是我们都下了车。
관광가이드는 서호에 도착했다고 말했다. 그래서 우리는 모두 차에서 내렸다.

在小芬的建议下，同学们决定组织起来，于是一个中国歌社团就这样成立了。
샤오 펀의 건의로 학생들은 동아리를 만들기로 결정하였고, 그리하여 중국 노래 동아리가 만들어졌다.

5. 就 : 바로, 곧

"就"가 복합문에서 여러 가지 관계를 나타낸다. 앞에 분구가 없는 경우는 "就"가 무슨 의미를 뜻하는지 문맥을 통해 살펴보아야 한다. 연계관계의 경우는 "就"는 '~바로'의 의미를 나타낸다.

送他上了火车我就回来。 그를 기차 타는 데까지 배웅하고, 바로 돌아올게요.

我坐了二十分的车就到这儿了。 나는 20분간 차를 타서 여기에 도착했다.

他听了那些话，一句话也没说，转身就出去了。

그는 그 말들을 듣고 나서, 한 마디도 안 하고, 돌아서 바로 나갔다.

3. 선택관계

몇 개의 분구가 각자 몇 가지의 상황을 말하고 그 중에서 하나를 선택함을 나타내는 복합문이다. 선택관계 복합문에 자주 쓰는 연결어는 다음과 같다.

1. 是 ~ 还是 : ~인가, 아니면 ~인가

你们是骑自行车去，还是坐公共汽车去?

여러분은 자전거를 타고 갈 거예요, 아니면 버스를 타고 갈 거예요?

教你们口语的是朱老师，还是赵老师?

여러분에게 회화를 가르치는 분은 주 선생님이예요, 아니면 조 선생님이예요?

坐飞机，还是坐火车，快决定啊。

비행기를 탈 건지, 기차를 탈 건지 빨리 결정을 내리세요.

2. 或者 ~ 或者 ~ : (~하든지), 혹은 ~

선택을 표시하며 서술문에만 쓰인다. "或者" 하나만 쓰기도 하고 "或者 ~ 或者 ~"로도 쓴다.

或者你来，或者我去，都可以。 당신이 오든지, 내가 가든지 다 되요.

请你把这本书交给老王或者老杨。

이 책을 라오 왕이나 라오 양에게 전해 주세요.

毕业以后当翻译或者导游，我都乐意。

졸업한 후에 번역을 하든 관광가이드를 하든 나는 다 좋다.

3. 要么 ~ 要么 ~ : ~하든지

선택을 표시한다. "要么" 하나만 쓰기도 하고 "要么 ~、 要么 ~"로도 쓴다.

大家都累了，要么休息两三天吧。 모두들 지쳤으니, 며칠 쉬든지요.

现在已经很晚了，要么我们明天再谈吧。

시간이 많이 늦었으니, 우리 내일 다시 이야기하든지 합시다.

329

路这么远，要么坐车去，要么骑车去，走着去就太累了。
길이 이렇게 먼데, 차를 타고 가든지, 자전거를 타고 가든지 하자. 걸어서 가면 너무 힘들어요.

你要么好好儿学，要么不要学，不要那副样子。
너는 제대로 배우든지, 아니면 배우지 말든지 하지, 그 꼬락서니는 하지 마라.

4. 不是 ~ 就是~ : ~아니면 ~이다.

星期天我在家不是睡觉，就是看电视。
일요일에 나는 집에서 잠을 자든지 아니면 텔레비전을 본다.

这几天不是刮风，就是下雨。 요즘은 바람이 불지 않으면, 비가 내린다.

他不是法国人，就是德国人。 그는 프랑스 사람이 아니면 독일사람이다.

九七以前的香港人都说要移民。不是到欧洲，就是到加拿大。
97년 이전에는 홍콩사람들이 다 이민을 원했다. 유럽이 아니면 캐나다로.

5. 宁可 ~ 也不 : ~할 지언정 ~하지 않다.

我宁可不及格，也不打小抄。 나는 불합격을 할 지언정, 컨닝은 하지 않겠다.

我宁可饿肚子，也不吃你的饭。 나는 굶을 지언정, 당신 밥은 먹지 않겠다.

我宁可自己吃亏，也不占别人的便宜。
나는 내가 손해를 볼지라도 남을 등쳐먹지는 않는다.

4. 점층관계

　　점층관계 복합문의 두 번째 분구는 첫 번째 분구보다 정도가 한층 더 심해짐을 나타낸다. 이런 점층관계에 쓰이는 연결어는 첫 번째 분구에 "不但", "不仅"을 두 번째 분구에 "而且", "也", "还", "甚至"등이 쓰인다. 첫 번째 분구에 "不但", "不仅"을 쓰지 않아도 점층의 의미를 나타낼 수 있는데, 첫 번째 분구에 "不但", "不仅"를 쓰면 두 번째 분구에 상응하는 연결어를 쓰지 않으면 안 된다.

> 警察不仅罚了款，而且还扣了我的行车执照。
> 경찰은 벌금을 징수했을 뿐만 아니라, 내 운전면허증도 압수했다.

> 您儿子不但聪明，而且很有耐心。
> 아드님이, 총명할 뿐만 아니라, 게다가 인내심도 있습니다.

> 针灸不仅能治病，还能改善体质。
> 침은 병을 고칠 수 있을 뿐만 아니라, 체질도 개선할 수 있다.

> 他不但会说汉语，而且说得很流利。
> 그는 중국어를 그냥 할 줄 아는 것에 그치지 않고, 매우 유창하게 한다.

> 不但他会说汉语，而且他弟弟也会。
> 그만 중국어를 할 줄 아는게 아니라, 그의 남동생도 할 줄 안다.

✳ 잘못 쓰는 문장 길들이기

틀린문장1 这家商店的水果也便宜也新鲜。

한 사물의 두 가지 면을 설명하거나 묘사할 때는 "又 ~ 又 ~"나 "也 ~ 也 ~"의 문형을 쓴다. 하지만 "也 ~ 也 ~"는 일반적으로 동사와 사용하며 "又 ~ 又 ~"는 동사나 형용사와 모두 다 사용할 수 있다. "便宜", "新鲜"은 형용사이기 때문에 "又 ~ 又 ~"로 고쳐야 한다. 틀린문장1은 "既 ~ 又 ~"로 고쳐도 되는데 "又 ~ 又 ~"가 같은 비중으로 나열하는 것에 반하여 "既 ~ 又 ~"는 뒤쪽에 비중을 둔다.

这家商店的水果又便宜又新鲜。 이 가게의 과일은 싸고 신선하다.

틀린문장2 听到这个消息的时候，我一边气愤，一边难过，不知道怎么办才好了。

"一边 ~，一边 ~"는 몇 가지 동작이 동시에 진행되고 있음을 나타낸다. "气愤"과 "难过"는 동사가 아니라 형용사이기 때문에 "又 ~ 又 ~"로 고쳐야 한다. 그리고 틀린문장2는 비록 과거에 있었던 일이지만 과거의 일을 그냥 서술하는 것이기 때문에 문미에 조사 "了"를 안 붙인다.

听到这个消息的时候，我又气愤，又难过，不知道怎么办才好。
이 소식을 듣고서 나는 분하고 슬퍼서 어떻게 해야할 지 몰랐다.

틀린문장3 这件大衣的颜色不是不好，而是样子不好看。

"不是 ~ 而是 ~"는 한 사물의 대비된 두 면을 설명하는 문형이며 각각 그가 설명하는 부분의 바로 앞에 나와야 한다. 틀린문장3은 "颜色"과 "样子" 두 방면의 대비를 묘사하는 것이기 때문에 "的"을 삭제하면서 "颜色"를 "不是" 뒤로 이동시켜야 한다.

这件大衣不是颜色不好，而是样子不好看。
이 외투는 색상이 안 예쁜 것이 아니라 디자인이 안 예쁘다.

틀린문장4 她婆婆病了，一方面她要照顾老人，一方面要照顾小孩，一方面要工作，很辛苦。

틀린문장4는 각 분구의 주어는 같아서 주어 "她"를 "一方面" 앞으로 이동해야 한다. 그리고 "一方面 ~，一方面 ~"는 한 문장에 두 번만 사용될 수 있기 때문에 한 분구를 삭제하거나 마지막 분구 앞의 "一方面"을 부사 "还"로 고치면 된다.

她婆婆病了，她一方面要照顾老人，一方面要照顾小孩，还要工作，很辛苦。
그녀는 시어머니가 편찮으시다. 그녀는 시어머니를 돌봐드리는 한편 어린 아이도 돌봐 줘야 하고, 또 일까지 해야 하니, 매우 고생스럽다.

틀린문장 5 我和我弟弟学校一放暑假，就去姥姥家。

틀린문장5는 문맥으로 보면 앞뒤 두 분구의 주어는 각각 "学校"와 "我和我弟弟"이다. 따라서 앞 분구에 나오는 "我和我弟弟"는 뒤 분구의 문두로 이동시킨다.

学校一放暑假，我和我弟弟就去姥姥家。

학교 여름방학이 시작하자마자, 나와 남동생은 외가집으로 간다.

틀린문장 6 不但我游览过西安，而且游览过成都。

틀린문장 6-1 玛丽不但会打太极拳，而且大卫也会。

"不但 ~ 而且 ~ " 문형을 사용할 때, 앞 뒤 분구의 주어가 같으면 주어는 "不但" 앞에 나와야 하며, 앞 뒤 분구의 주어가 다르면, 앞 분구의 주어가 "不但" 뒤에 나와야 한다.

我不但游览过西安，而且游览过成都。

나는 시안을 관광한 적이 있을 뿐만 아니라, 청뚜도 관광했다.

不但玛丽会打太极拳，而且大卫也会。

메리만 태극권을 할 줄 아는 것이 아니라 데이빗도 할 줄 안다.

틀린문장 7 他说他不是下午来，就是晚上。

"不是 ~ 就是 ~ " 문형을 사용할 때 앞 뒤 분구는 같은 유형이어야 한다. 틀린문장8의 앞 분구에는 술어 동사가 있는 데, 뒷 분구에는 술어 동사가 없어서 뒷 분구에 동사 "来"를 붙여야 한다.

他说他不是下午来，就是晚上来。 그는 오후에 오지 않으면 저녁에 온다고 말했다.

✱ 연습문제

一 다음을 중작하시오.

1. 그녀는 예쁘고 실력도 있다.

2. 그는 전화를 하면서 메모를 하고 손님이 자리에 앉도록 안내했다.

3. 그는 문학가이자 화가다.

4. 우리 학교는 조용하고 또 아름답다.

5. 당신은 오늘 와도 되고 내일 와도 됩니다.

6. 텔레비전을 보면서 공부하지 마라.

7. 나는 상하이로 가는 것이 아니라, 광저우로 가는 것이다.

8. 그녀는 영어도 할 줄 알고, 불어, 독일어도 할 줄 안다.

9. 그들은 걸으면서 이야기한다.

10. 내가 나가자마자, 비가 내리기 시작했다.

11. 오늘 가든지 내일 가든지 다 되요.

12. 당신은 동생이에요? 형이에요?

13. 그가 먼저 말하고 그리고나서 그녀도 말했다.

14. 나는 티베트만 가 본 적이 있는 것이 아니라, 몽고도 가 본 적이 있다.

15. 이 일은 사람들이 다 알고 심지어 어린 아이도 안다.

16. 나는 중국어도 배우고 일어도 배워요.

17. 자전거를 타면 빠르고 안전하며, 또 몸도 단련할 수 있다.

18. 아이들은 춤을 추면서 노래를 부르며, 너무나 기뻐한다.

19. 그가 안 오는 것이 아니라, 내가 그에게 알리지 않았다.

20. 그는 아주 똑똑해서 배우자마자 습득한다.

二 다음 문장의 틀린 부분을 고치시오.

1. 我工作很忙，他工作很忙。

2. 中国的建筑又很大，又很鲜艳。

3. 我又很爱他，又很恨他。

4. 我一喝酒，脸红。

5. 一放假我开始自己做饭。

6. 社会上有两种人，有钱的或者没钱的。

7. 他喜欢一方面听音乐，一方面吃饭。

8. 我们先念课文，就做练习。

9. 一我做完练习以后，就去找你玩儿。

10. 他不但数学好，而且也英语好。

335

28 복합문 연습(二)要不是你提醒我，我就真忘了

一 편정(偏正)유형복합문

편정관계복합문은 일반적으로 두 개의 분구로 이루어져, 그 중 하나는 전 문장의 주요한 뜻을 나타내고 정문(正文)이라고 한다. 정문을 수식, 제한하는 다른 하나의 분구는 편문(偏文)이라고 한다. 편정관계복합문은 정문과 편문의 의미관계에 따라 아래의 몇 가지 유형으로 나눌 수 있다.

1. 조건관계

일반적으로 앞 분구에서는 조건을 제시하고, 뒤 분구에서 이 조건하에 생기는 결과를 서술한다. 조건관계복합문에 자주 쓰이는 연결어는 다음과 같다.

1 只有 ~ 才 ~ ; 除非 ~ 才 : ~해야만 ~

유일한 조건을 내세워, 이 조건을 만족시켜야만 이런 결과를 낳을 수 있다. '~ 해야지만 비로소 ~ 하다'의 의미를 갖는다.

只有你去叫她，她才会来。당신이 불러 가야지만, 그녀가 올 것이다.

只有学好汉语，才能真正了解中国和中国人。
중국어를 습득해야만 진정으로 중국과 중국 사람을 이해할 수 있다.

只有开车的时候，我才戴上太阳眼镜。나는 운전할 때만 선그라스를 쓴다.

除非你答应我的条件，我才告诉你。
당신이 내 조건에 응답해야만 나는 얘기해 줄 것이다.

除非你出面，问题才能解决。당신이 나서야만 문제가 해결될 수 있다.

2 只要 ~ 就 ~ : ~하기만 하면 ~

필요한 조건을 나타내서, 이런 조건이 있으면 이런 결과를 가져올 수 있다는 것을 설명한다. '~ 하기만 하면 곧 ~ 하다'의 의미를 갖는다.

只要再加把劲儿，就能大功告成了。
조금만 더 힘 내서 하면 모두 완성될 것이다.

只要小心点儿，就不会有问题。조금만 조심하면 문제가 없을 것이다.

只要好好复习，就一定能考好。
복습을 잘 하기만 하면 시험을 잘 치룰 수 있을 것이다.

只要你不断练习，就能把字写好。
당신이 끊임없이 연습하기만 하면 글씨를 잘 쓸 수 있을 것이다.

只要你去，我就去。당신이 가기만 하면 나도 간다.

3 无论 / 不管 ～ 也 / 都 / 总 : ～에 관계없이(막론하고) ～하다

无论你怎么说，我也不会相信。
당신이 어떤 말을 하든지 간에 나는 믿지 않을 것이다.

无论是什么酒，我都不爱喝。무슨 술이든 나는 다 안 좋아한다.

他不管做什么事，都很慢。그는 무슨 일을 하든지 간에 아주 느리다.

不管你愿不愿意，你总得去一趟。
당신이 원하든 원하지 않든 한 번 가야만 해요.

不管怎么说他，他也不认错。
그에게 아무리 얘기를 해도 잘못을 인정하지 않는다.

4 동일 의문대명사의 호응

앞의 의문대명사는 임의의 것을 가리켜 '누군가', '어느 것인가'라는 것을 의미하며, 뒤의 의문대명사는 앞의 의문대명사가 가리키는 그것을 나타낸다. 이때 앞의 분구는 일반적으로 조건을 나타낸다.

你喜欢怎么做，就怎么做吧。당신이 하고 싶은 대로 하세요.

谁想去谁去。가고 싶어하는 사람이 간다.

我不挑食，有什么吃什么。나는 음식을 가리지 않고, 있는 대로 먹어요.

他的模仿力真强，学什么像什么。

그는 모방 능력이 아주 뛰어나, 무엇을 모방하든 꽤 그럴듯해.

2. 인과관계

한 분구는 원인을 서술하고 한 분구는 결과를 설명하는 복합문을 인과복합문이라 한다. 인과관계 복합문에 자주 쓰는 연결어는 다음과 같다.

1. 因为 ～ 所以 ; 由于 ～ 所以 / 因此 ～ : ～이기 때문에 ～

"因为、所以"와 "由于、所以 / 因此"에서 두 가지 중 하나를 생략할 수 있다. '～하기 때문에 ～하다'의 의미를 갖는다. "由于、所以"는 문어체에 더 많이 쓰인다.

因为天气不好，所以飞机改在明天起飞。

날씨가 좋지 않기 때문에, 비행기는 내일 이륙하는 것으로 바꼈다.

由于一时大意，所以把三百看成三千。

한순간 방심해서 나는 삼백을 삼천으로 봤다.

他平时注意锻炼，所以身体一直很好。

그는 평상시에 운동과 단련에 신경을 많이 써서, 건강상태는 줄곧 아주 좋다.

因为他病了，今天没来上课。그는 아파서 오늘 수업에 오지 않았다.

由于他优柔寡断，常常错过好机会。

그는 우유부단하기 때문에 좋은 기회를 자주 놓친다.

2. 之所以 ～ 是因为 : ～인 것은 ～이기 때문이다

인과관계 복합문에서 원인은 앞분구에 결과는 뒷분구에 나온다. 하지만 어떤 때는 결과를 먼저 서술한 후에 원인을 뒤에 보충 설명해도 된다. 이런 경우, 두 가지 문형으로 표현할 수 있다; (1) 결과를 먼저 서술하고, 원인을 나타내는 뒷분구는 "因为"로 이끈다. (2) "(之)所以、是因为"의 문형으로 앞분구에 결과를 먼저 서술하고 뒷분구에 원인을 설명한다.

他今天高兴极了，因为面试非常顺利。

그는 오늘 아주 기뻐했는데, 그것은 인터뷰가 아주 순조로웠기 때문이다.

我特别关心韩国队，因为我是韩国人。

내가 특별히 한국팀에 관심을 갖는 이유는 내가 한국사람이기 때문이다.

他和他同屋所以合不来，是因为他们的生活习惯不同。
그와 그의 룸메이트와 사이가 안 좋은 이유는, 그들의 생활 습관이 다르기 때문이다.

我之所以比较了解他，是因为我和他一起工作过。
내가 그에 대해 비교적 잘 아는 것은 내가 그와 함께 일한 적이 있기 때문이다.

我们之所以赞成，是因为那可以解决一部份的失业问题。
우리들이 찬성하는 이유는 그것이 실업문제를 일부 해결할 수 있기 때문이다.

3. 既然 ~ 就 : ~ 한 이상, ~ 하다

이미 일어난 일의 원인과 결과를 설명한다.

他既然知道，就该告诉我。그는 알고 있는 이상 나에게 말해야 한다.

你既然没有钱，今年就不要再去欧洲度假了。
돈이 없는 이상 올해는 다시 유럽으로 휴가를 떠나지 말아요.

既然决定去了，就快走吧。기왕 가기로 했으니, 빨리 가자.

你既然来了，就住下吧。 기왕 왔으니, 여기서 살아요.

3. 가설관계

일반적으로 앞의 분구에서 가설을 설정하고 뒤의 분구에서 가설이 실현될 경우 생기는 결과를 서술한다. 가설관계복합문에 자주 쓰이는 연결어는 다음과 같다.

1. 如果 / 假如 / 要是 ~ (的话)，就 ~ : ~한다면 ~ 하다.

如果明天下雨的话，我们就不去参观景福宫吗?
내일 비가 오면 우리는 경복궁에 안 가는 건가요?

如果有什么困难，就告诉我。만약 무슨 어려움이 있으면, 내게 말해 주세요.

你要是明天不忙，就来我家吃晚饭。
당신 내일 바쁘지 않으면, 우리 집에 저녁 식사 하러 오세요.

要是维修这台旧电脑太贵，就买一台新的好了。
만약에 이 헌 컴퓨터를 수리하는 것이 너무 비싸면, 새 것을 하나 구입하는 것이 좋겠다.

假如我考不上研究生，我就去当兵。
만약에 대학원 시험에 떨어진다면 나는 군대에 갈 거다.

2 要不是 ~ (的话), 就 ~ : ~아니었더라면, 벌써 ~하다.

要不是你拉了我一把, 我早就被车撞了。
당신이 나를 끌어 당기지 않았더라면 나는 벌써 차에 치였다.

要不是你提醒我, 我就真忘了。
당신이 나를 일깨워주지 않았더라면 나는 까맣게 다 잊어 버렸을 것이다.

要不是你把我晒的被子收进来, 被子就给雨淋透了。
당신이 내가 밖에 널어놓은 이불을 거둬주지 않았더라면, 이불은 벌써 비에 흠뻑
젖었을 것이다.

4. 목적관계

어떤 목적을 제시하여, 목적을 이루기 위하여 취하는 행동을 서술하는 복합문을 목적
관계복합문이라 한다. 자주 쓰는 연결어는 "为了", "为", "为的是", "好" 등이 있다. "为
了", "为"는 일반적으로 앞 분구에, "为的是", "好"는 언제나 뒷 분구에 쓰여 목적을 표
시한다. 또한 어떤 일의 발생을 막기 위한 목적을 나타내는 복합문도 있는데, 일반적으로
뒤의 분구에서 연결어인 "以免", "免得", "省得"을 써서 목적을 제시한다. 목적관계를 표
시하는 연결어는 대체로 단독으로 사용된다.

1. 为了~ ; 为~ : ~를 위해

为了学好汉语, 我一个人来中国。
중국어를 잘 배우기 위해, 나는 혼자 중국에 왔다.

为了听这场演唱会, 很多歌迷排队排了好几天。
이 콘서트를 듣기 위해, 많은 팬들이 며칠 동안 줄을 섰다.

2. 为的是~ : ~를 위해서

他今天很早就起来了, 为的是跟我们一起去看日出。
그는 오늘 아주 일찍 일어났는데, 우리와 함께 일출을 보러가기 위해서였다.

我把作业都写完了, 为的是星期日能好好休息。
나는 숙제를 다 했는데, 일요일에 푹 쉬기 위해서였다.

3. 好 ~ : ~ 할 수 있도록

我们走吧，让老师好早点休息。선생님이 일찍 쉴 수 있도록 우리 그만 가자.

请你让让，我好过去。제가 지나갈 수 있도록 좀 비켜주세요.

4. 以免，免得，省得 : ~ 않기 위해서, ~하지 않도록

开车不要超速，以免发生意外。
교통사고를 막기 위해서, 운전할 때 과속하지 말아요.

明天你早点来，省得我们等你。
우리가 당신을 기다리지 않도록 내일 좀 일찍 오세요.

你最好提醒我一下，免得我忘了。
내가 잊어 버리지 않게 당신이 나를 일깨워주는 것이 낫겠다.

常常来信，免得家人挂念。식구들이 걱정하지 않게 편지를 자주 해라.

有事可以打电话来，省得你来回跑。
당신이 괜히 왔다갔다 하지 않도록 일이 있으면 전화로 하세요.

5. 전환관계

앞분구에서는 한가지 사실을 서술하고 뒷분구에서는 앞분구의 내용과 상반되는 내용으로 전환하는 문장을 전환관계복합문이라고 한다. 전환관계복합문에 자주 쓰이는 연결어는 다음과 같다.

1. ~, 只是 : ~ 다만, ~이기는 한데, ~이지만

我早就想搬家了，只是一直找不到合适的房子。
나는 진작부터 이사하고 싶었다. 다만 좋은 집을 여태 못 구했을 뿐이다.

这东西好是好，只是贵了点儿。이 물건 좋기는 한데, 좀 비싸다.

她各方面都很好，只是个子矮了点儿。
그는 모든 면이 다 좋은데, 단지 키가 좀 작다.

2. ~, 不过 : 하지만

단독으로 사용할 수 있고 "虽然"과 함께 사용할 수도 있다.

(虽然)你的身体比以前好多了，不过还是不能大意。
비록 당신의 건강은 전보다 많이 좋아졌지만, 그래도 방심하면 안된다.

刚到中国时，生活很不习惯，不过现在好多了。
중국에 처음 왔을 때는 생활이 매우 익숙하지 못했지만, 지금은 많이 좋아졌다.

这个人很面熟，不过我一时想不起来是谁。
이 사람은 매우 낯이 익지만 누군지 바로 생각나지 않는다.

房间不错，不过暗了点儿。 방은 괜찮은데, 좀 어둡다.

3. 偏偏 : 하필이면, 공교롭게도

나타난 사실이나 결과가 기대했던 것과 반대됨을 나타낸다.

我昨天找了你好几次，偏偏你都不在家。
나는 어제 너를 몇 번이나 찾았지만, 너는 공교롭게도 그때마다 집에 없었다.

这阵子正忙，偏偏老幺赶这阵儿出水痘，你看怎么办好?
요즘 한참 바쁜데, 막내가 하필이면 지금 수두에 걸렸으니, 어떻게 해야 하지?

今天举行运动会，可是老天偏偏下雨了。
오늘은 운동회가 열리는데, 하필이면 비가 내려요.

4. 虽然 ~ 但是 / 可是 : 비록 ~하지만

"虽然"은 첫 번째 분구의 주어 앞이나 뒤에 쓰여, 어떤 때는 생략할 수도 있다. "但是"
와 "可是"는 일반적으로 뒷 분구의 맨 앞에 둔다.

这孩子虽然个子不高，但是力气很大。
이 아이는 비록 키가 크지는 않지만 힘은 아주 세다.

虽然生活很苦，可是她从来不抱怨。
생활이 고달프지만 그녀는 한 번도 불만을 품은 적이 없다.

我想送她一件礼物，可是不知道送什么好。
나는 그녀에게 선물을 해 주고 싶지만 무엇을 선물해야 할 지 모르겠다.

他上了年纪，但是精神还挺好的。
그는 나이를 먹었지만 정신 상태는 여전히 굉장히 양호하다.

5. 就算 / 即使 ~ 也 ~ : '설령 ~라 해도'라는 의미를 갖는다.

就算你有理，也不能这么说他。
설령 당신이 옳다고 하더라도 그 사람에 대해 그렇게 말하면 안 된다.

就算你不高兴，也得将就点儿啊。
설령 당신이 기분이 안 좋더라도 좀 참아야지.

即使有天大的困难，也难不倒我。
아무리 큰 어려움이 있더라도 나는 헤쳐나갈 수 있다.

即使你不说，我也有办法知道。
설령 당신이 말을 안 하더라도 나는 알아낼 방법이 있다.

6. 却 : 도리어, 오히려

"虽然"과 호응하여 사용해도 되는데, 주어 뒤에 나와야 한다.

我正在气头上，他却故意逗我。
나는 화를 내고 있는데, 그는 오히려 나를 약올린다.

我有很多话要说，一时却说不出来。
나는 할 말이 많은데 갑자기 말이 안 나와요.

我对她很好，她却在我需要帮助的时候不理我。
나는 그녀에게 잘 대해 주는데, 그녀는 내가 도움을 필요로할 때 나를 외면한다.

虽然他的态度不好，老师却一点儿也不生气。
그의 태도가 안 좋은데도 선생님은 도리어 전혀 화를 안 낸다.

343

✱ 잘못 쓰는 문장 길들이기

틀린문장1 如果你看过那部电影，就你给大家介绍介绍。

　　가설관계 복합문의 앞분구에 "如果"로 가설을 설정하고, 뒷 분구에서 가설이 실현될 경우 생기는 결과를 "就"가 이끌었을 때 "就"는 뒷 분구 주어의 뒤에 위치해야 한다. 또 앞 뒤 분구의 주어가 같을 때, 뒷 분구의 주어를 생략해도 된다.

如果你看过那部电影，(你)就给大家介绍介绍。
네가 그 영화를 봤다면 모두에게 소개 좀 해봐

틀린문장2 即使明天下雨，演唱会要举行。

　　앞분구에 "即使"로 어떤 사실을 서술하고, 뒷 분구에서 앞 분구의 내용과 상반되는 내용으로 전환할 때 뒷 분구의 주어 뒤에 "也"로 호응해야 한다.

即使明天下雨，演唱会也要举行。 내일 비가 오더라도 콘서트는 열릴 것이다.

틀린문장3 要是你平时不去关心别人，生病时没人关心你。

　　앞분구에 "如果", "要是", "假如"로 가설을 설정하면 뒷 분구에서 가설이 실현될 경우 생기는 결과를 "就"가 이끌어야 한다.

要是你平时不去关心别人，生病时就没人关心你。
만약 당신이 평상시에 다른 사람에게 관심을 가져주지 않으면, 병이 났을 때 아무도 당신을 돌봐주지 않을 것이다.

틀린문장4 不管你不同意，我都要这么做。
틀린문장4-1 无论天气坏，我们明天都要去郊游。

　　"不管", "无论", "不论"으로 '~에 관계없이'라는 의미를 나타낼 때, 그 뒤에는 두 가지 이상의 상황이 있어야 하며, 어떤 상황이든지간에 결과가 변함없다는 뜻을 나타낸다.

不管你同意不同意，我都要这么做。
당신이 동의하든 안 하든, 나는 이렇게 할 것이다.

无论天气好坏，我们明天都要去郊游。
날씨가 좋던 나쁘던 간에 우리들은 내일 소풍을 갈 것이다.

틀린문장5 就算没有多少成功的机会，反正你可以试试。

　　"反正"과 호응하여 쓸 수 있는 단어는 "不管", "无论", "不论"이다. 전환관계 복문에서 "就算"과 호응할 수 있는 단어는 "也"이다. 틀린문장 5는 뒤분구의 "反正"을 사제하면시 "你" 뒤에 "也"를 첨가하거나 앞 분구의 "就算"을 "不管", "无论", "不论"으로 고치면 된다.

就算没有多少成功的机会，你也可以试试。

성공할 기회가 얼마 안 되더라도 네가 시도해 볼 만하다.

无论（不论，不管）有没有成功的机会，反正你可以试试。

성공할 기회가 있는지 없는지를 떠나, 아무튼 너는 시도해 볼 만하다.

틀린문장 6 因为我的学分不够，因此今年不能毕业。

앞분구에 "因为"를 쓰면 뒷 분구에 "所以"를 써서 호응해야 한다. 앞분구에 "由于"를 쓰면 뒷분구에 "因此"로 호응해도 된다.

因为我的学分不够，所以今年不能毕业。

나의 학점이 모자라서 올해는 졸업을 할 수 없다.

由于我的学分不够，因此今年不能毕业。

나의 학점이 모자라서 올해는 졸업을 할 수 없다.

틀린문장 7 申请的人因为太少，所以这门课就取消了。

인과관계 복합문에 있어서 앞뒤 분구의 주어가 다를 경우, "因为"는 원인을 나타내는 분구의 주어 앞에만 나올 수 있다.

因为申请的人太少，所以这门课就取消了。

신청한 사람이 너무 적어서 이 과목은 폐강되었다.

틀린문장 8 尽管工作怎么忙，他每天还是坚持锻炼。

틀린문장 8-1 不管火车票很难买，我还是买到了。

"尽管"과 "不管"을 잘 구분해서 사용해야 한다. "尽管"뒤에는 한 가지 사실만 제시해야 되고, "怎么"와 같은 의문대명사를 사용하면 안 된다. 따라서 틀린문장8은 "尽管 ～ 还是"를 "不管 ～ 都"로 고치면 되고 틀린문장 8-1은 "不管 ～ 还是"를 "尽管 ～ 还是"로 고치면 된다.

不管工作怎么忙，他每天都坚持锻炼。 일이 아무리 바빠도 그는 매일 운동을 한다.

尽管火车票很难买，我还是买到了。 기차표 구하기가 어렵지만 그래도 나는 구했다.

틀린문장 9 只要什么动物，一定要呼吸。

"只要" 뒤에는 무엇이든 가리킬 수 있는 "什么"를 쓰면 안 되고, 확실한 조건을 제시해야 한다. 따라서 "什么"를 "是"로 고치면 된다. 그리고 뒷분구에는 "就"를 써서 앞에 제시된 조건하에 가져올 결과를 설명해야 한다.

只要是动物，就一定要呼吸。 동물이라면 반드시 숨을 쉬어야 한다.

✱ 연습문제

— **다음을 중작하시오.**

1. 당신이 와야만 이 문제가 해결될 수 있다.

2. 대량으로 물품주문을 하는 경우에만 우리는 할인해 줄 것이다.

3. 당신이 내 옆에 있기만 하면 나는 기쁠 것이다.

4. 조금만 해석하면 바로 이해할 것이다.

5. 어떠한 어려움이 있든지 간에 우리는 극복해야만 한다.

6. 아이들이 아무리 소란을 피워도 그는 화내지 않는다.

7. 네 마음에 드는 걸 주겠다.

8. 그는 그를 필요로 하는 곳이 있으면, 그곳으로 간다.

9. 중국의 견직물이 아주 유명하기 때문에 나는 몇 개를 샀다.

10. 나는 어제 열이 났기 때문에 휴가원을 내고 출근하지 않았다.

11. 한 시간으로 완성할 수 있는 이상 두 시간으로 끌지 마세요.

12. 내가 이렇게 빠른 시일 안에 수영을 배울 수 있다는 것은 코치의 정확한 지도 때문이다.

13. 내가 찾아갈 수 있도록 그가 어디에 있는지를 나에게 알려줘라.

14. 우리가 같이 밥 먹으러 갈 수 있도록 당신은 반드시 와야 되요.

15. 샤오 왕은 모든 면에서 다 좋은데, 단지 건강이 좀 나쁘다.

16. 나는 영화를 너무 보고 싶지만 시간이 없다.

17. 나는 중국어 신문을 읽을 수 있지만, 어떤 낱말은 사전을 찾아야 한다.

18. 그의 성격은 줄곧 급했지만, 지금은 많이 좋아졌다.

19. 그는 중국어를 할 수 있지만 한자는 모른다.

20. 설령 네가 그 자리에 있었다 하더라도 다른 방법은 없었을 것이다.

二 다음 문장의 틀린 부분을 고치시오.

1. 要是你不努力学习，成绩不好。

2. 如果你不来，谁那么来处理这件事呢?

3. 不管时间太晚，我都要把作业写完。

4. 只有努力学习，学习好汉语。

5. 只要坐飞机去，中午以前才能到。

6. 他退休以后还要读书，是因为上大学是他从小的梦想。

7. 天气虽然好了，但是注意身体。

8. 只要你多说话，就才能进步得快。

9. 因为做好考试准备，许多同学都熬夜。

10. 因为抢救及时，因此病人很快就脱离了危险。

해답

제 2 장 해답

제 2 과

1. 她不来。
2. 我看报。
3. 他吃水果。
4. 老师问我一个问题。
5. 他找我五千块钱。
6. 老师分给每个学生两张纸。
7. 我认为你应该道歉。
8. 最近不是下雨，就是阴天，要不然就是刮大风。
9. 我不同意你的意见。
10. 她以前是护士，现在是医生了。
11. 公寓前边是足球场。
12. 我是教书的。
13. 请等一下，让我想想。
14. 是电影，我都喜欢看。
15. 他退休以后，每天看看书，听听音乐，散散步，过得很愉快。

1. 火车站前是一个宽阔的广场。
2. 我不是老师，我是学生。
3. 那把伞是你的吗?
4. 他是你的朋友不是?
5. 鲸不是鱼类。
6. 这些书都是儿童读物。
7. 那个人是卖水果的。
8. 过去，这个工厂是我爸爸的。
9. 这个问题我们再研究研究。
10. 他尝了尝菜说：真好吃。
11. 我正在休息，他来了。
12. 学骑自行车的时候，不要急。
13. 她一边哭，一边说。
14. 你最好听清楚了再回答。
15. 小王病了，我想去看(一)看他。

제 3 과

一

1. 我（C有）过这种教训，不会再傻了。
2. 他不（A是）一个忘恩负义的人。
3. 你没（C有）机会跟他说话了。
4. 妈妈没（B在）客厅里。
5. 他非常（C有）实力。
6. 他（A是）学生代表团的团长。
7. 他可能正（B在）飞往美国的飞机上。
8. 近来他的汉语水平很（C有）进步。
9. 马路对面那栋房子就（A是）我家。
10. 这座大楼（C有）三十层。

二

1. 这部电影很有意思。
2. 我们都有哥哥。
3. 你有空跟我一起去看看吗?
4. 有的东西贵，有的东西便宜。
5. 这种海报我多的是。
6. 一个星期有七天。
7. 学校前边有邮局和面包店。
8. 屋里没有人。
9. 电脑在哪儿?
10. 中央邮局在中国大使馆前边。

三

1. 我没有中国朋友。
2. 我又有了机会。
3. 晚上你有时间没有?
4. 这种书一般书店里没有卖的。
5. 今天有课吗? (今天上课吗?)
6. 教室里，一个学生也没有。
7. 那家饭店就在河边。
8. 信在爸爸那儿。
9. 你怎么这么没有打算。
10. 明天下午我不在家。

제 4 과

1. 你不用付钱，我已经付了。
2. 他喝醉了，不要给他酒了。
3. 小王，我想跟你聊聊。
4. 我们得准备点儿礼物。
5. 他很会照顾孩子。
6. 你应该常给父母写信，不然他们会不放心。
7. 苹果熟了，就自然会掉下来。
8. 蜂王能活三年，工蜂至多活六个月。
9. 这些空瓶子能废物利用。
10. 泡菜可以煮汤，炒饭，也可以拿来包饺子。
11. 你明天可以再来一趟吗？
12. 我敢保证，明天一定不会下雨。
13. 我喜欢打高尔夫球。
14. 在公共场所是不可以抽烟的。
15. 我决定坐韩航去。

1. 月底我就可以回到学校。
2. 一个好演员既要跳得好，又要唱得好。
3. 我喜欢说汉语，但是我只会说一点儿。
4. 他明天会来吗？／他明天会不会来？
5. 你拉开灯，就可以看书了。
6. 太晚了，他不会来了。
7. 小丽，我可以用你的自行车吗？
8. 我相信你的话。
9. 我最担心孩子生病了。
10. 公司决定派我去中国。
11. 这个箱子要两个人才能抬走。
12. 旧杂志可以借吗？
13. 你能不能去参观？
14. 你能不能把你的学习方法给我们介绍一下儿？
15. 我很想去那儿看看。

제 5 과

1. 这个故事情节比那个简单。
2. "王"字比"玉"字少一笔。
3. 我父亲比我母亲大五岁。
4. 这本小说不如那本小说有意思。
5. 那件衣服不如这件衣服漂亮。
6. 这个字跟那个字的用法不一样。
7. 他跟从前一样爱跳舞。
8. 他跟我一样想学法语。
9. 这块石头跟那块石头一样很重。
10. 他的身体没有以前那么健康。
11. 今年的冬天有去年的冬天那么冷。
12. 他没有我高。
13. 专家对这个问题的研究越来越深入了。
14. 这本书像那本书那么厚。
15. 他像他爸爸那么勇敢。

1. 我觉得他的生活不快乐。
2. 你看，这个杯子好很漂亮。
3. 他很吝啬，花钱小里小气的。
4. 刚下过雨，街上不热闹。
5. 哥哥比弟弟高一点儿。
6. 昨天有今天这么冷吗?
7. 他比我更高。
8. 韩国的冬天比北京的冬天还冷。
9. 韩国队比日本队踢得好一点儿。
10. 这儿不如那儿那么安静。
11. 小美像她妈妈那么漂亮。
12. 你比她更高。
13. 生活一年比一年好。
14. 我比她早到十分钟。
15. 他的酒量没有你的好。

제 6 과

1. 第一个月，同学们学了十五天。
2. 只花四五百万就能买到一套很好的家俱。
3. 我整个寒假只看了两三本书，真后悔。
4. 穿着红毛衣的那个小姐，大概有三十来岁了。
5. 我等他等了一个小时左右。
6. 这个西瓜有五斤来重。
7. 从我家到学校有四里来路。
8. 我只有一百多块钱，不够钱买顿牛排吃。
9. 我在中国学汉语学了两年左右。
10. 看了半天，才买了这么几本。
11. 今天早上七点前后下雨了。
12. 我花了一个月左右的时间才把那本小说看完。
13. 大概三个月前吧，我在图书馆见过他一次。
14. 刚学了几句汉语就想当翻译，真是笑话。
15. 　A：你懂得真多，一定读了不少书。
　　　B：哪里，哪里! 没读几本。

1. 这两天老是下雨。
2. 下午两点大家在宿舍楼前边集合。
3. 我吃了二两饺子。
4. 今天我们用了二十五块八毛二。
5. 他们俩今天晚上也动身。
6. 小丽住院已经十五、六天了。
7. 这个礼堂坐得下七、八百人。
8. 这课生词我写了十来遍。
9. 我一个多月没有接到他的电话了。
10. 这是我第二次来中国。
11. 老师，您今年多大岁数了?
12. 我还有一百多块钱。
13. 中午我复习了两个多小时。
14. 我有几个中国朋友。
15. 今年那儿的水果产量提高了百分之二十左右。

제 7 과

1. (1)封 　(2)块 　(3)颗 　(4)根 　(5)块，个
　(6)把 　(7)顶 　(8)朵 　(9)篇 　(10)间
2. (1)批 　(2)套 　(3)批，群 　(4)双 　(5)排
　(6)副 　(7)对 　(8)帮 　(9)群 　(10)套
3. (1)斤 　(2)尺 　(3)米 　(4)里 　(5)亩
4. (1)车 　(2)身 　(3)桌子 　(4)屋子 　(5)盒 　(6)瓶 　(7)屋子 　(8)脸
5. (1)场，阵 　(2)回 　(3)阵 　(4)顿 　(5)趟
6. (1)眼 　(2)脚 　(3)口 　(4)刀 　(5)枪

1. 我头疼，吃了几个药，好一点儿了。
2. 我认识那个人。
3. 我们之间发生了些矛盾。
4. 一年有十二个月。
5. 我听说过他的一些情况。
6. 你等我一下儿，我马上就来。
7. 这些地图是朋友送给我的。
8. 这家饭店的生意很好。
9. 我们每个学期要交两篇论文。
10. 听说，那部电影很有意思。
11. 今天天气有一点儿冷。
12. 我已经来韩国三次了。
13. 我们俩很快成了好朋友。
14. 刚才谁推了我一下?
15. 我住在二楼。

제 8 과

1. 来看电影的学生很多。
2. 所有的人都知道。
3. 听说他大学毕业以后，在上海一家贸易公司(里)工作。
4. 他把书放在桌子上了。
5. 外边刮着风，又下着雨。
6. 东边儿的路特别陡。
7. 以前这个院子里有一棵桃树。
8. 杭州是有名的花园城市。
9. 中秋节前后非常热闹。
10. 同学们站两边儿，老师站中间。
11. 我以前没来过这儿。
12. 讨论中发现了一些新问题。
13. 以上的论述说明了三个问题。
14. 在这个问题上我们的意见完全一致。
15. 外边冷，进屋里来吧。

1. 对刚毕业的大学生来说，失业是个严重的问题。
2. 现在是两点半。
3. 我已经学了两个半月的汉语了。
4. 明天有几个朋友要来我家玩。
5. 一个男老师教我们汉语。
6. 屋子里在开会。
7. 我现在在台北学习。
8. 他把那张画挂在墙上了。
9. 有一个小孩儿掉进河里。
10. 开车的时间到了，车怎么还不开?
11. 我从1990年九月六号开始学习汉语。
12. 现在已经十点过五分了。
13. 他每天学习四个小时。
14. 我们上午九点上课。
15. 因为椅子不够，我坐在床上。

제 9 과

1. 爸爸是一个正直的人，我们也应该做那样的人。
2. 姐姐走过去，对他说 : "你别这样."
3. 过去的事，提它干什么?
4. 我给弟弟买的包子，被小美都给吃了，弟弟为这哭了。
5. 不要随便用人家(别人)的东西。
6. 你这样做，人家会看不起你的。
7. 人家都已经做完了，你怎么还没做完?
8. 这儿没有别人，有话就直说吧!
9. 我家只有我和我妈妈，没有别人，你来玩吧 !
10. 请大家安静。
11. A : 他怎么不去?　　　　B : 人家(他)有事。
12. 你这么固执，只会害了你自己。(你这么固执，只会自己害了自己。)
13. 这种机器自己有控制机能，会自动停机。
14. 这是我爸爸，那是我爱人。
15. 那不算什么帮助。
16. 这个人真奇怪。
17. 这个孩子真聪明。
18. 忙这忙那，一天就这么过了。
19. 那些书一个星期看得完吗?
20. 自己的事自己做。

1. 你别急，我们等你。
2. 小兰和小美来了，你问问她们。
3. 去年的降雨量没有今年的这么多。
4. 这几本书都是新的。
5. 那时我很小，现在我不但长大了，还做了妈妈。
6. 我也不知道，为什么老师对我这么好。
7. 我不爱看这样的电影。
8. 这是我自己对这个问题的看法。
9. 他和别人发生了口角。
10. 大家都来了以后，我们才吃饭。

제 1O 과

1. 这是谁的书?
2. 你要哪种颜色的?
3. 这次出差到什么地方去?
4. 这是什么时候的报纸?
5. 这种桔子和那种桔子，哪一种贵?
6. 你为什么来晚了?
7. 老师，这个句子怎么解释?
8. 你怎么学会说广东话的?
9. 你怎么了?
10. 屋里怎么这么暗?
11. 你怎么会知道这件事?
12. 咱们学校这次得奖的是哪几位同学?
13. 他的观点多少受了鲁迅的影响。
14. 水怎么不热?
15. 螃蟹怎么走路?
16. 你这毛头小子懂什么?
17. 这家饭店一共有多少(个)服务员?
18. 这件事好像谁告诉过我。
19. 这双鞋多少钱?
20. 这条绳子有多长?
21. 我第一次来中国，哪儿都想去看看。
22. 是水果，我什么都喜欢。
23. 有什么吃什么。
24. 整天没人接电话，你去哪儿了?
25. 他当时没说什么吗?
26. 这种事，难不倒我金某人。
27. 不去不行，怎么办?
28. 我家离这儿不怎么远。
29. 怎么努力也不行。
30. 这孩子什么也不怕。

제 11 과

1. 他是那种有钱就花的人。
2. 单单老王不去。
3. 光帽子她就有三十多顶。
4. 就她唱了一首歌。
5. A：最近没看到智英，出差了吗？
   B：也许。
6. A：那本小说你看完了吗？
   B：没有。
7. 你再这样，我就不客气了。
8. 我很赞成小孩从小就学习外语。
9. 他呀，连我都不放在眼里。
10. 刚来中国时，我连一个汉字也不认识。
11. 大家越讨论，问题就越明确。
12. 来也可以，不来也可以，你总得给我个信儿。
13. 才过完端午，天气就热得不得了。
14. 我最爱吃饺子，我一口气能吃二十个。
15. 他们都很想念你。
16. 他非常喜欢看书。
17. 从这儿去比较近。
18. 这花挺香的。
19. 这个任务相当艰难。
20. 箱子太沉了，提着怪吃力的。

1. 他很愿意帮助别人。
2. 我奶奶病得很重。
3. 我对你的好意十分感谢。
4. 这儿比较脏。
5. 他这个学期的学习挺好的。
6. 今年的天气比去年的冷。
7. 中国的传统节日很多，其中最重要的是春节。
8. 他的个子稍微矮了点儿。
9. 老王是一个很好的人。
10. 我的头疼得越来越厉害。

제 12 과 ·

1. 他刚从这儿走过，骑车还能赶上。
2. 伤口刚好，还要多注意。
3. 他一直学到十二点才睡。
4. 你怎么现在才来?
5. 我等了两三分钟车就来了。
6. 您稍等，饭就好了。
7. 雨一直下个不停。
8. 几年前我曾经见过他。
9. 他本来就很认真。
10. 这种事我从来没听过。
11. 先吃饭吧！ 回头再说。
12. 回头见。
13. 屋里热得简直待不住。
14. 仔细找找，也许能找得到。
15. 这明明是他说的。
16. 那天到底哪些人跟他在一块儿了?
17. 她仍然不死心。
18. 吃了那药，病反而更重了。
19. 反正不忙，咱们去玩儿吧。
20. 他差点儿(没)被汽车撞死。

1. 我刚三年级的时候，妈妈去世了。
2. 下课以后，我仍然想着老师问的那个问题。
3. 只要坚持锻炼，身体就会好起来。
4. 剩下的活儿不多，我们索性干完再休息吧。
5. 他大学毕业以后，一直研究针灸。
6. 有什么困难，我随时可以帮助你。
7. 他今年已经八十岁了，还很健康。
8. 你到底还进不进城?
9. 时间快到了，我只能大概地讲讲。
10. 我偏不走，你有什么办法?

제 13 과

1. 不论大小工作，他都非常认真。
2. 不管刮风还是下雨，我都要去学校。
3. 凡是问题都出在这个地方。
4. 光说不做怎么行?
5. 我只吃过水饺，没吃过煎饺。
6. 一年级一共有多少学生?
7. 他仅仅说了几句话就走了。
8. 洗衣机又故障了。
9. 我们在一起工作了 19 年。
10. 他再三拜托我。
11. 学外语最重要的是要经常练习。
12. 今天早上我太忙了，没听天气预报。
13. 昨天他特地来看你，你不在。
14. 这件事我要亲自处理。
15. 一过中秋节，天气就渐渐冷了。

1. 这些书我都读过。
2. 中国人都喜欢喝茶。
3. 凡是你的要求我都满足了。
4. 他买了四本书，我也买了四本书。
5. 先给他打个电话，如果他在家，再去找他。
6. 下学期你还教汉语语法吗 ?
7. 那个同学上课总是迟到，真没办法。
8. 我昨天没见到他。
9. 我以前不认识他。
10. 我从来没见过熊猫，今天是第一次。
11. 我在中国喝过普洱茶，味道很特别。昨天在林老师家又喝了一次。
12. 我说完了你再说，行吗?
13. 这本书的课文都学完了。
14. 我只要一杯啤酒。
15. 我有弟弟，没有妹妹。

361

제 14 과

1. 妈妈在家看电视。
2. 我给他买了一件衣服。
3. 韩国的苹果比美国的好吃。
4. 我妈妈从台湾来了。
5. 他把书包往地上一扔，就出去玩儿了。
6. 朝南的房子冬暖夏凉。
7. 这些沿海的城市西化得比较早。
8. 我们第一次见面是在 1985 年夏天。
9. 我这次来不只是为了工作，也是为了小孩儿。
10. 他们俩的关系从开始就很好。
11. 自从他离开北京以后，我就没再看到他。
12. 趁热吃吧。
13. 你从家里来的吗？
14. 他连他妈妈的电话号码都不知道。
15. 你们需要什么，可以向我要。
16. 去不去由你自己决定。
17. 请替我向你父母亲问好。
18. 离圣诞节还有一个星期。
19. 他对孩子很严格。
20. 替我接一下电话好吗？

1. 我从今天起要努力学习。
2. 我从心里讨厌他。
3. 上星期，莫斯科下了一场史无前例的暴雪。
4. 你经常给国内的朋友写信吗？
5. 智英问我：“你明天什么时候来？”
6. 我同意他的看法。
7. 妈妈从小就教我汉语。
8. 我们对朋友要真诚。
9. 有件事我想跟你商量。
10. 他对我很亲切。

제 15 과

1. 他还没有把这篇课文背出来。
2. 你把书架上的书整理整理。
3. 校长把新的统计资料分给在场的老师。
4. 把钱拿出来。
5. 你把介绍信带着。
6. 你为什么不把这个事实告诉他？
7. 快把这件事告诉大家。
8. 小姐，你还没把钱找给我。
9. 小丽把布鞋洗干净了。
10. 我把居留证丢了。
11. 我的自行车被弟弟骑到学校去了。
12. 把药放在冰箱里吧。
13. 门票已经卖完了。
14. 我的秘密被他发现了。
15. 门给风吹开了。

1. 他一脚把球踢进了球门。
2. 这些练习我一个小时做得完。
3. 他学汉语学得很努力。
4. 那件事我知道得很清楚。
5. 我非把这个工作完成不可。
6. 你不要把那张画挂在墙上。
7. 这些画儿因为这里天气的关系，只能在十月展览。
8. 因为他缺课太多，被学校退学了。
9. 老师教我们汉语。
10. 这个问题今天下午我们讨论得完吗?
11. 树都被风刮倒了。
12. 他说的不是真话，我们都让他骗了。
13. 那个孩子被妈妈打了。
14. 这件事他办不好。
15. 饭已经做好了。

제 16 과

1. 他开门见山地(直截了当地)说明了来意。
2. 我去百货商店买了一斤牛肉。
3. 李老师出院了没有? - 还没有。
4. 昨天我跟从日本来的学生们一起吃了晚饭。
5. 我在汉城住了五年了。
6. 你毕了业就去服兵役吗?
7. 毕了业我准备去服兵役。
8. 我终于听懂了他的话了。
9. 妹妹打电话打了一个多小时。(妹妹打了一个多小时的电话。)
10. 明天要是他来了，你把这本书给他。
11. 我妈妈教了四十年的书了。(我妈妈教书教了四十年了。)
12. 以前他不喝酒现在却每天不喝不行。
13. 我上大学的时候，住在姨妈家。
14. 他想了想说："我不买。"
15. 你打过高尔夫球吗?
16. 我从来没有生过大病。
17. 你吃过这种疏菜吗?
18. 他们吃了晚饭就出去了。
19. 两年前我在中国做过事。
20. 我刚才吃过(了)两个面包，还不饿。

1. 我没买那件外套。
2. 我们下(了)课了。
3. 昨天我在小丽家没看电视。
4. 我在公园和同学聊了聊就回来了。
5. 去年冬天我常常滑冰。
6. 我找你找了一天。
7. 我没去过美国，去过法国。
8. 我没看过这部电影。
9. 那时，我没有工作，每天都玩。
10. 当兵以前，我在报社当过记者。

제 17 과

1. 下个月他要来上海了。
2. 报名日期月底要截止了。
3. 他正哼着歌儿，干着活儿呢。
4. 他说着说着不说了。
5. 四年的大学生活就要结束了。
6. 再过五分钟就下课了。
7. 塑料袋里装着什么东西？
8. 你在写什么呢?
9. 你敲门的时候，我正打着电话呢。
10. 他们正在吃点心呢。

1. 孩子没有在哭。
2. 她来的时候，我们没有在上课。
3. 外头没在下雨。
4. 桌子上没有摆着碗筷。
5. 墙上没有挂着钟。
6. 这个包裹上没有写着寄件人的姓名。
7. 教室的灯没有开着。
8. 衣柜里没有挂着衣服。
9. 妈妈没在做饭。
10. 昨天我回到家的时候，他没有在看电视。

三

1. 天阴沉沉的，看样子要下雨了。
2. 他四点就要来了
3. A：研究生考试快要开始了吧？
   B：还没呢，还有一个来月呢。
4. 我一直在等你。
5. 我去找他的时候，他没在家。
6. 我们正在上课。
7. 衣服还湿着，怎么能穿?
8. 我的皮包一直放在那儿，不知怎么就不见了。
9. 胡同里住着一个老大爷，大家都叫他王老好。
10. 校门口围着一群人。

제 3 장 해답

제 18 과 ·

1. 주어부분 : 饺子	술어부분 : 是食品。
2. 주어부분 : 骑摩托车	술어부분 : 要注意安全。
3. 주어부분 : 今天	술어부분 : 九月二十号。
4. 주어부분 : 我讲的	술어부분 : 都是真的。
5. 주어부분 : 马和骆驼	술어부분 : 都可以骑。
6. 주어부분 : 蟑螂	술어부분 : 打死了。
7. 주어부분 : 你的理由	술어부분 : 不充分。
8. 주어부분 : 赞成或者反对	술어부분 : 都要说明理由。
9. 주어부분 : 有教无类	술어부분 : 是老师的责任。
10. 주어부분 : 模仿	술어부분 : 是学习外语的好方法。

1. 教室里的同学都到外面去。
2. 这只纸箱子里装的全是钱。
3. 他的病恐怕好不了。
4. 对我来说，做饭是有趣的一件事。
5. 东大门已成为外国观光客最喜爱的观光地之一。
6. 小丽的歌声很美。
7. 这已经是三年前的事了。
8. 他是一个很好的人。
9. 刚才来的客人是我婶婶。
10. 我和他的想法一样。

1. 幼儿园时老师讲的那些美丽动人的故事我还记得。
2. 他是我校最有影响力的一位教授。
3. 她戴了一顶黑底白点的皮帽子。
4. 她一个不满百日的男孩子病了。
5. 门前站着一个八、九岁的小姑娘。
6. 他从巴黎买了一条很别致的丝巾送我。
7. 他是我一个最值得信赖的好朋友。
8. 中国是一个具有悠久历史的文化古国。
9. 这是智英的一本新中文书。
10. 我们学校两位有三十年教龄的优秀数学教师退休了。

제 19 과

1. 天气逐渐暖和起来了。
2. 他们都起床起得很早。
3. 你们两个人赶快回去报告。
4. 关于这件事，我们以后再讨论。
5. 的确她这样想过。/　她的确这样想过。
6. 我们当然也想休息。
7. 他说他明天一定会来。
8. 你看看，我都被你搞糊涂了。
9. 小丽非常清楚地说出了自己的名字。
10. 他知道了结果，才放心地回家去了。

1. 我们每天从下午两点到六点一直上课。
2. 我最近常常失眠。
3. 我们明天早上六点就走。
4. 他狼吞虎咽地大吃起来。
5. 他只是傻笑着，什么话也不说。
6. 他很认真地回答老师的问题。
7. 我这里只剩下一瓶可乐了。
8. 他向来很准时，可是昨天却迟到了。
9. 他上午已经来过了。
10. 你要非常小心地处理这个事件。
11. 她一直哭，不停地哭，哭到两眼都肿了。
12. 你们一个一个(地)出去。

1. 我跟家人一起愉快地度过了今年暑假。
2. 每当亲友来信时我就很小心地从信封上把邮票剪下来。
3. 他始终十分谦虚地介绍自己的作品。
4. 我从小就跟爷爷住在重庆。
5. 五年之后他终于又一次得到了冠军。
6. 他最近常常为一些小事发脾气。
7. 他不顾一切地往前冲过去。
8. 他在那张纸上又草草地写了几个字。

제 2〇 과

1. 请翻到第12页。
2. 好不容易买到两张火车票。
3. 我们在那儿一直玩到天黑。
4. 没想到你是这种人。
5. 你很快就会听到确实的消息。
6. 小丽出差去美国，昨天回到北京了。
7. 昨天晚上我看书看到凌晨两点。
8. 他上高中的时候，交上坏朋友，学坏了。
9. 一到秋天，树叶都变成红的了。
10. 把窗户打开。
11. 金老师住在三楼。
12. 声音太小，我没听清楚。
13. 你记住他的地址了吗?
14. 我已经吃惯韩国菜了。
15. 走累了，就休息一会儿吧。
16. 他改掉了抽烟的习惯。
17. 他把这个月的薪水都花掉了。
18. 刚才我说的你听懂了没有?
19. 我说错了，我再说一遍。
20. 今天的气温比昨天的低三、四度。
21. 重庆我只去过一次，没去过两次。
22. 他狠狠地骂了我一顿。
23. 他死了四年了。
24. 我学汉语学了两年。（我学了两年的汉语。）
25. 他的病情今天比昨天好了一点儿。
26. 这个班的学生比那个班多二十个。
27. 我来中国已经三年了。
28. 开了一天(的)车，很累。（开车开了一天，很累。）
29. 我只写了一遍。
30. 他才大我一岁。

제 21 과 ·

1. 这张画儿画得很好。
2. 昨天晚上我睡得晚。
3. 他哭得眼睛都红了。
4. 孩子们都高兴得跳了起来。
5. 我妹妹(写)字写得很快。
6. 她说话的声音太小，我听不清楚。
7. 我(写)汉字写得不太好。
8. 我的同屋(说)汉语说得跟中国人一样流利。
9. 他们高兴得流下了眼泪。
10. 你今天的作业写得很好。
11. 妈妈一整天忙得没时间吃饭。
12. 这本书不难，我们都能看得懂。
13. 这个房子住得下三个人吗?
14. 雪下得这么大，她可能来不了了。
15. 今天的作业一个小时做得完吗?
16. 一个小时做不完，今天的作业真的很难。
17. 你看得到黑板上的字吗?
18. 看得到，但是看不清楚。
19. 汉语不简单，不常常练习的话就学不好。
20. 那个人靠得住。
21. 救人要紧，顾不得这些了。
22. 花这么多钱送小孩去美国学英语，一点儿都划不来。
23. 你跟你同屋合得来吗?
24. 下雨了，怪不得这么闷热。
25. 你还记得我吗?
26. 你舍得离开我吗?
27. 他(唱)歌唱得很好。
28. 那座山不高，我爬得上去。
29. 我吃不太习惯中国菜。
30. 在别人家里睡觉，我总睡不好。

제 22 과 . . . .

1. 老师刚走，你有问题的话赶快追上去问。
2. 这么做下去，下周就能完成。
3. 我想出了一个好主意。
4. 他的自行车骑起来很舒服。
5. 窗户我关起来了。
6. 要下雨了，快把晒在外边的衣服收进来。
7. 车停在食堂前边。
8. 天气再冷下去的话怎么办？
9. 来不及了，我们不能再说下去了。
10. 他看来身体不太好的样子。
11. 我看到他们走了过去。
12. 我们快进去吧，电影就要开始了。
13. 我忍不住说出了那句话。
14. 鲁迅1881年生于绍兴。
15. 行李可以寄放在你家吗？

1. 起来
2. 上／起来
3. 下去
4. 下去
5. 起，来
6. 下来
7. 下来／上去
8. 下
9. 起来
10. 出来
11. 上
12. 下
13. 进去
14. 过来
15. 于，于

제 4 장 해답

제 2 3 과

1. 他们都有房子住。
2. 不要躺着看电视。
3. 他写完作业躺了一会儿就出去了。
4. 小王吃了早饭就急急忙忙去学校了。
5. 你现在可以叫他出去。
6. 我想请他来做个演讲。
7. 老师禁止我们上课的时候用韩语说话。
8. 我没有叫他去买。
9. 让客人干活儿，太不好意思了。
10. 这件事会叫他感到为难。
11. 老板要员工今天晚上加班。
12. 我没有请他来。
13. 爸爸不准我在外头过夜。
14. 我打了一通电话叫小王马上来。
15. 墙上挂着一张中国地图。
16. 十年前村里发生了一件大事。
17. 这行漏了两个字。
18. 院子里摆满了花。
19. 路上有很多人。
20. 路边围着很多人。
21. 后边坐着三个人。
22. 我们宿舍搬走了四个同学。
23. 前边来了一辆公共汽车。
24. 餐桌上摆满了吃的、喝的。
25. 我家来客人了。
26. 我去老王家下象棋。
27. 我坐飞机去釜山。
28. 楼下有两个人找你。
29. 智英下了电梯飞快地向大门跑去。
30. 这个学期考进来五个插班生。

제 24 과

1. 今天他赢了我三盘棋。
2. 我想请教您一个问题。
3. 我能不能麻烦您一件事?
4. 你浪费我一天的时间。
5. 林老师教我们汉语。
6. 助教通知小丽明天下午来补考。
7. 我告诉你们一个好消息。
8. 小丽还给图书馆四本书。
9. 她正在喂孩子牛奶。

1. 你是怎么来的?
2. 暑假是什么时候开始的?
3. 你是什么时候来韩国的?
4. 你是哪年毕业的?
5. 这本书是什么时候买的?
6. 这道菜是你亲手做的吗?
7. 我是三年前在一家画廊认识他的
8. 我是绝对不会原谅他的。
9. 我是从来不抽烟的。
10. 我的心情你是不能理解的。
11. 老师对我们的要求是很严格的。
12. 这次你不来是可以的,可下次一定要来。
13. 小李是会来的,晚一点儿就是了。

A. 你是刚烫的发吧?
B. 不是,我是昨天烫的,怎么样?
A. 满漂亮的,你是在哪儿烫的?
B. 在学校前边的 "姐妹" 美容院烫的。
A. 那家美容院是挺不错的,刚才我看见小丽了,她说她也是在那儿烫的发。
B. 是吗? 我正在找小丽呢,你是在哪儿看到她的?
A. 在食堂前边看到她的。

제 5 장 해 답

제 25 과 ·

1. 这件事我会处理好的。
2. 好的。
3. 放心吧！你会考上的。
4. 我是同意你的意见的。
5. 这件衣服太红了。
6. 晚上我有事，不能去参加晚会了。
7. 春天了。
8. 我不过做了我应该做的事罢了。
9. 只是写错几个字罢了，改改就可以。
10. 人多力量大嘛。
11. 汉语很难吧。
12. 好吧，咱们试试吧。
13. 你一定要去，就去呗。
14. 你不会骑车就学呗。
15. 别找了，你的相片在桌子上。
16. 那部电影可有意思了。
17. 能到中国来，我太高兴了。
18. 太晚了。
19. 你得好好儿干啊。
20. 请坐啊。

1. 平原多么广阔啊!
2. 我喜欢吃鱼，因为韩国的周围都是海。
3. 书包里装着书、本子、铅笔盒什么的。
4. 事情还没有办成呢。
5. 那件事是去年暑假发生的。
6. 明天就要考试了。
7. 在中国，我觉得什么都是新鲜的。
8. 下个月我要结婚了，所已现在很忙。
9. 这儿的生活我还没习惯呢。
10. 作业还没做完，可是我该去练琴了。

제 26 과 ·

1. 你喜欢看武侠小说吗?
2. 你们大家都认识吧?
3. 去哪儿找这么多人呢?
4. 汽车出事，他们没有受伤吧?
5. 大家都等着我吗?
6. 我们明天做什么?
7. 你太太在哪儿上班?
8. 你们家什么时候吃晚饭?
9. 他为什么不高兴?
10. 他们是怎么来的?
11. 这栋房子怎么样?
12. 这种汽车跑多快?
13. 一共来了多少人?
14. 哪个便宜?
15. 你昨天背了几个单字?
16. 你要不要去?
17. 你看不看电影? (你看电影不看?)
18. 我们是不是明天动身?
19. 我们是喝咖啡，还是喝茶?
20. 你喜欢红色的，白色的，还是灰色的?

1. 事实难道不是最好的证明吗?
2. 我现在口语没有问题，但是写和念有问题。
3. 你觉得(是)这本书好，还是那本书好?
4. 你是不是韩国留学生(呢)?
5. 我想买点儿青菜或者水果。
6. 你的同屋是日本人还是中国人?
7. 你又把车给买了，这是何苦呢?
8. 她说的不对，你说的也未必全对。
9. 都是自己人，何必这么客气。
10. 你何苦呢，这么怕考试。

제 27 과 ·

1. 她又漂亮，又有实力。
2. 他一边听电话，一边记，一边招呼客人坐下。
3. 他既是文学家，也是画家。
4. 我们学校既安静，又漂亮。
5. 你可以今天来，也可以明天来。
6. 不要一边看电视，一边看书。
7. 我不是去上海，而是去广州。
8. 她既懂英语、法语，又懂德语。
9. 他们一边走路，一边谈话。
10. 我一出门，就下起雨来了。
11. 或者今天去，或者明天去，都可以。
12. 你是弟弟，还是哥哥？
13. 他先讲话，然后她也讲了话。
14. 我不仅去过西藏，还去过蒙古。
15. 这件事大家都知道，甚至小孩子也知道。
16. 我学习汉语，也学习日语。
17. 骑自行车又快又安全，又能锻炼身体。
18. 孩子们一边跳舞，一边唱歌，高兴极了。
19. 不是他不来，而是我没有通知他。
20. 他很聪明，一学就会。

二

1. 我工作很忙，他工作也很忙。
2. 中国的建筑又大，又鲜艳。
3. 我又爱他，又恨他。
4. 我一喝酒脸就红。
5. 一放假我就开始自己做饭。
6. 社会上有两种人，有钱的和没钱的。
7. 他喜欢一边听音乐，一边吃饭。
8. 我们先念课文，再做练习。
9. 我一做完练习，就去找你玩。
10. 他不但数学好，而且英语也好。

제 28 과

1. 只有你来，这个问题才能解决。
2. 只有在大量订货的情况下，我们才给折扣。
3. 只要你在我身边，我就很快乐。
4. 只要解释一下，你就会明白了。
5. 不管有什么困难，我们也得克服。
6. 不管孩子们怎么闹，他都不发火。
7. 你喜欢哪个，我给你哪个。
8. 哪里需要，就到哪里去。
9. 因为中国的丝绸很有名，所以我买了几块。
10. 因为我昨天发烧，所以请假没上班。
11. 既然用一个小时可以干完，就不要拖到两个小时。
12. 我之所以能这么快学会游泳，是因为教练的指导正确。
13. 告诉我他在哪儿，我好找他去。
14. 你一定要来，我们好一起去吃饭。
15. 小王各方面的条件都好，只是身体差了一些。
16. 我很想去看个电影，只是没有时间。
17. 我能看中文报，不过有些生词要查词典。
18. 他的性子一向很急，不过现在好多了。
19. 他虽然能说汉语，但不认识汉字。
20. 即使你当时在场，恐怕也没有别的办法。

1. 要是你不努力学习，成绩就不好。
2. 如果你不来，那么谁来处理这件事呢？
3. 不管时间有多晚，我都要把作业写完。
4. 只有努力学习，才能学好汉语。
5. 只有坐飞机去，中午以前才能到。
6. 他退休以后之所以还要读书，是因为上大学是他从小的梦想。
7. 天气虽然好了，但是仍然要注意身体。
8. 只要你多说话，就能进步得快。
9. 为了做好考试准备，许多同学都熬夜。
10. 因为抢救及时，所以病人很快就脱离了危险。